Alexander
Fest
Verlag

Eckhard Henscheid

Warum Frau Grimhild Alberich außerehelich Gunst gewährte

Neue musikalische Schriften

Mit acht Zeichnungen
von F. W. Bernstein

Alexander Fest Verlag

Für Brigitte Kronauer
zur weiteren Unterrichtung

Inhalt

Warum Frau Grimhild Alberich außerehelich Gunst gewährte

Richard Wagners herbe Versäumnisse in der Dialogstruktur des »Ring«

In Richard Wagners vier Abende langem Opernzyklus »Der Ring des Nibelungen« hat es circa dreißig Dialoge und dialogverwandte Szenen. Darunter durchaus naheliegende und einleuchtende wie den groß aufleuchtenden Liebeszwiegesang der einander verlorengegangenen Zwillingsgeschwister Siegmund und Sieglinde; einen Operntag später das kaum minder leidenschaftswuchernde Duett Siegfrieds mit der soeben erwachten Brünnhilde; es gibt im »Ring« gleich zwei Gespräche zwischen den Alteheleuten Wotan und Fricka, beide sehr schlüssig, zuerst über den Walhallbau gewissermaßen als großbürgerliche Göttereigentumswohnung im Vorspiel des »Rheingold«; dann, was Fricka als Frau und etwas scheelsüchtig geifernde Ehefrau fast noch mehr interessieren muß, am ersten Tag, in der »Walküre«, über den geflissentlichen Sinn der Ehe (Monogamie) sowie die im Dienste des Zusammenhalts des Ganzen allfällige Beachtung gewisser Tabus (Geschwisterliebe); wieder einen Zyklustag später Gespräche zwischen Siegfried und seinem possierlichen Ziehvater Mime, etwas blasierte und launig übermütige Scharmützel und Scheingefechte auch im Zuge der Vater-Sohn-Generationsthematik; oder zum »Ring«-Beginn, gleich nach dem ausgerechnet im Hotelzimmer in La Spezia von Wagner zusammengehalbträumten Elementareinfall des treudeutsch tiefsttauchenden und -brummenden Kontra-Es auf dem Rhein-Urgrund, natürlich auch die alles auslösende Schäkerei des Zwergen und Nachtalben Alberich mit den drei ihn foppenden Rheintöchtern; am Schlußtag dann der Tetralogie etwa das ehern nächtige Gebrumme und Rachgeraunze des seltsamen anderen Vater-Sohn-Pärchens Alberich-Hagen (»Schläfst du, Hagen, mein Sohn?«) im scharf charakterisierenden Gegeneinander von geängstigt beflissener Hektik und mißgelaunter Gemütlichkeit.

Es hat aber in diesem »Ring« auch eine Reihe eher absonderlicher und fast abenteuerlicher Zwiegespräche und Dialoge: Noch nicht einmal so sehr das etwas befremdende und verblasene Rätselquiz zwischen Zwerg Mime und Wanderer Wotan im Mittelteil des 1. »Siegfried«-Aufzugs, der ja einem gewissen dramatischen Plan des beschaulich Retardierenden folgt, auch dem eines wohltuenden Stimmengleichgewichts (es wären sonst einen Akt lang nur zwei Tenöre am Möhren); und über die musikalische Charakterkomik hinaus immerhin auch Wagners offenbare Zwangsidee nochmals einfährt, im »Ring« immer wieder, insgesamt sechsmal, eine Reportage über das bisher Geschehene und seine Hintergründe vorzutragen. Schon wirklich abseitiger, aparter aber gleich darauf dann der recht kontingente Dia- bzw. Trialog Wanderer-Alberich-Fafner (die beiden kennen sich bereits kurz von der vierten »Rheingold«-Szene her), eine Szene, die da außer dreifach nächtiger Schwärze und Verhangenheit erst mal wenig heim- oder jedenfalls vorwärtsbringt. Auf Anhieb auch nicht so ganz plausibel und allenfalls als lyrische Einlage und dramatische Rundung einsehbar das halberotische Genecke zwischen den drei Rheinnixen und jetzt, nach Alberich, Siegfried zu Beginn des 3. »Götterdämmerungs«-Aufzugs, der dem noch ganz

Ahnungslosen den Tod bringen wird. Und strenggenommen ist auch das Dreigespräch Gunther-Gutrune-Hagen zu Beginn der Oper und vor der Gibichungenhalle am Rhein ein bißchen sinnlos, ja albern: Die drei erzählen sich mehr oder weniger nur das, was sie als ihren Status quo schon wissen – daß sie mehr oder weniger »herrlich am Rhein sitzen«, und das nämlich tun sie ja täglich schon seit circa fünfundzwanzig Jahren.

Not macht erfinderisch, und fünfzehn Stunden reine Tetralogie-Spieldauer müssen, auch wenn Wagner sich immer wieder, z. B. im Brief an Liszt vom 28. 6. 1857, über das »obstinate Unternehmen« des ihn insgesamt neunundzwanzig Jahre lang belastenden »Rings« beklagte, über die eines einzelnen Menschen Kraft übersteigende dramatisch-kompositorisch-philosophische Überbordungsstruktur des Ganzen – fünfzehn Stunden müssen umgekehrt auch erst mal gefüllt werden. Gefüllt einerseits mit eher statischen Monologen, gefüllt andererseits mit Mord und Totschlag, Bigamie und Meineid und anderen Rechtsbrüchen fast ohne Zahl – und weil sich aber bekanntlich nicht alles immer vorwärts und auf Klimaxe und Katharsen hinbewegen kann, zuweilen auch mit Momenten des Beschaulichen, des Übergangs, des Rapports, der Reflexion und gehörigen Welterklärung. Eben mit Dialogen. Und man braucht ja kein gelernter Theatermann zu sein, um zu wissen oder doch zu erahnen, daß Musik und Dramatik sich dann zuweilen verselbständigen, divergieren, nämlich zu einem gewissen Proporz: ihrer je eigenen Gesetzlichkeit; eine Art binnendramatisches l'art pour l'art erzwingen: Ein großes und achtfaches Sopran- und Altgeheule am Beginn des 3. »Walküre«-Aufzugs verlangt quasi eigendynamisch im Anschluß schmerzlösende Männerstimmen (hier mindestens: Wotans Heldenbariton; ein weiterer Tenor hätte, statt Brünnhildes Sopran, akustisch noch besser getan).

Gewisse figurale Einführungen erheischen – so wie noch bei Mozart jeder Sopran und Baß und Tenor seine zwei Arien und mindestens zwei Duette abkriegte – auch gewisse Wiederauftretensechos und damit neue Zwänge und Zwangsverpflichtungen noch über die schmerzliche kleine Sekunde des Wagnerschen Fron-und-Zwangs-Leitmotivs hinaus, also beispielsweise: Nachdem wir nun mal wohl oder übel mit diesen neun Schwestern im besagten »Walküre«-Akt Bekanntschaft geschlossen haben, lautet, ein elementares Gefühl für formale Gewichtungen vorausgesetzt, die ästhetische Konsequenz, daß der Dichterkomponist, am Ende des 1. »Götterdämmerungs«-Aufzugs, zumindest eine dieser Walküren, Waltraute, nochmals auftreten läßt. Zu einer wenn auch nicht so ganz einsichtigen, stark zudem sich hinziehenden, etwas unproportionierten Erzählung; und am Ende der Arie sogar zu einem recht – buchstäbliche Symbolik der Felsenszene – verstiegenen Duett mit der strohwitwenden Schwester Brünnhild'.

Insgesamt macht Wagner im »Ring« seine Sache nicht schlecht; wenn auch, gemessen an der dramatischen Vollkommenheit und makro- sowohl als mikroarchitektonischen Fehlerlosigkeit der »Meistersinger«, nicht durchaus optimal. Wirkte sich derart makelhaft der Elaborationszeitbruch des Jahres 1857 mitten im 2. »Siegfried«-Akt mit der Folge einer rund fünfjährigen Pause zugunsten des »Tristan« aus? Überhaupt die Weitung des Ganzen vom kleinen Einteiler zum tendenziell endlosen Vierteiler? Verlor selbst Wagners synthetisches Genie, ein Genie des allseitigen Raffens und Plünderns und Wiederverarbeitens von Material, in der überfließenden Themen- und Motiv- und Figurenmasse manchmal die Übersicht? Den »Ring« zu preisen und zu loben bedeutet nicht, ihn kritiklos zu goutieren. Gerade in dem angesprochenen Dialogbereich wären Verbesserungsmöglichkeiten a posteriori sehr und durchaus zu bedenken, wären, nun es freilich zu spät, seltsame Mankos immerhin anzumahnen:

Was z. B. spräche eigentlich dagegen, daß im 2. »Walküre«-Aufzug, bei gleichzeitiger Kürzung der Dialoge Wotan-Fricka und Wotan-Brünnhilde, ein zusätzlicher und der dramatisch legitimen Kurzweil dienender und etwas Leben und Farbe in diesen stark sich streckenden Akt bringender Dialog zwischen Fricka und Siegmund stattfindet? Kurz vor der dann freilich noch unabwendbareren Todverkündung durch Brünnhilde – ein Dialog z. B. über sexistischen Penetrationsfetischismus im hochbürgerlichen Vorkapitalismus und weit über die spezielle Geschwisterthematik hinaus! Und, falls sich Siegmund zum Diskutieren zu unwillig und brummig zeigt, dann immerhin ein heftigst verabfolgter Fluch Frickas – in schöner weiblicher und agonaler Antithetik zu Alberichs doppeltem und musikalisch in der Folge oft überstrapaziertem aus dem »Rheingold«! Ein Fluch, der weißgott etwas Saft in den Laden dieses (unter uns) doch recht faden 2. Aktes brächte!

So stark und markant Hagens Nachtgespräch mit dem Vater Alberich (»Ich höre dich, schlimmer Albe, was hast du meinem Schlaf zu sagen?«) – musikalisch womöglich noch zwingender und gestaltenreicher wäre ein Gespräch dieses schwarzbassistischen Schwarzalbensohns Hagen mit dem Gott und Tenorbuffo Loge, sagen wir im 2. »Götterdämmerungs«-Aufzug, sagen wir darüber, daß er, Hagen, nicht nur ihm, Loge, sein Leben verdanke, denn ohne des Feuergotts List hätte ja Alberich sein Geld noch, und er, Hagen, wäre mithin ungezeugt geblieben; daß er, Hagen, es ihm, Loge, aber gleichwohl wenig danke, denn »störrisch und kalt, nicht edel wie euch« fließe oder vielmehr stocke sein, Hagens, Blut und Leben dahin, freudlos alle Frohen hassend – und gerade Hagens kolkrabenschwarzer Baß könnte sich ganz besonders superb und neuartig zu jenem schwirrigen Feuergeflackere und -geflirre fügen, welches Loges reale und virtuelle Auftritte mit hohen Streicherchromatiken und Pikkoloflöten stets umgibt und das sogar Hagen fast unfreiwillig recht gefällt; und ihm am Ende sogar noch etwas schleppend funesten Dank abzwackt.

Alberich seinerseits könnte sich vor jenem nachtfalben Plausch mit dem fahlen Sohne noch schnell mit der in der »Götterdämmerung« eh schmerzlich fehlenden Erda über allgemeine Erfahrungen mit außerehelichen Kindern (Brünnhilde bzw. Hagen) unterhalten; oder auch z. B. darüber, daß ihm, Alberich, nun ihm schon die drei fixen Rheintöchter durch die Lappen gegangen, der Sinn zur Not auch nach den drei Erda-Töchtern, den mausgrauen Nornen, stehe; oder er sollte Erda werweiß auch selber ein paar fast unschickliche Anträge machen, nun, da ja Wotan sehr sexistisch-machomäßig sich wieder von ihr zurückgezogen; zu zeugen vielleicht noch und auf Vorrat einen Helden, der Hagen schlüge, falls dieser mit dem endlich wiedererbeuteten Geld durchgehen würde. Erda ihrerseits sollte Alberich aber abwimmeln, indem sie ihm indirekten Mord an seinem Bruder Mime zur Last legt, Mime, der durch Siegfried ja quasi im unbewußt projizierten Wunschauftrag Alberichs erschlagen wurde, und mit einem Mörder möchte sie nichts zu schaffen haben. Bringt dieser Dialog nichts, möge Alberich der allwissenden Urmutter doch immerhin die noch ungelöste Frage stellen, woher jener Bruder Mime zu Beginn des »Siegfried« eigentlich gewußt habe, daß »Siegfrieds kindischer Kraft wohl Fafners Leib erläge«. Von ihr, Erda, etwa? Von Wotan gar? Wie auch immer, so oder so erwirkte das eine spannungsreiche Duettszene von guten acht Minuten, mit einer euryanthenfuriosen, fast verdisch briohaften Stretta-Coda; hätte erwirkt und bewirkt, jetzt ist es zu spät, è tardi, verloren, verloren, Annabel Lee.

Nach Anna Russells und Bülow-Loriots, der beiden Opernkomiker, offenbar gemeinsamer Beobachtung ist das Gibichungenkind Gutrune die ungefähr einzige im »Ring« vorkommende Frau, die nicht Siegfrieds Tante ist. Und die er, vielleicht deshalb, auch prompt heiratet – und nämlich, anders als die heimliche Brünnhilde, öffentlich, in der Germanenfesthalle zu oder bei Worms. Über diesen schwer Freudschen Ersatzhandlungskasus könnten, sagen wir, Gunther und der Mannenchor sich eine Zeitlang respondierend unterhalten (»Sonst immer die Tante, doch diesmal nicht?« – »Nein, diesmal nicht, nein, ihr Mannen, diesmal nicht!«) – vielleicht ja auch Gutrune und Siegfried sich selber, in einer Art schwerelos serenem Nachparlando nach dem Racheterzett des 2. »Götterdämmerungs«-Aufzugs – denn: Ist eigentlich schon mal jemandem freundlicherweise aufgefallen, daß Gutrune und Siegfried, was bei diesen beiden Brautleuten ja eigentlich nahegelegen hätte, die ganze Riesenwurmoper hindurch nicht das geringste Liebesduett, kaum auch nur ein Zuneigungssignal von sich geben? Gerade darüber aber könnte Gutrune sich, sei's spielerisch, sei's bitterernst, beklagen – darüber könnte aber auch z. B. Wotan, statt in der »Götterdämmerung« zur Gänze auszuscheren, kurz vor der Feuerapotheose noch schnell spotten; dergestalt, daß damit Richard Wagners sublim sublimierte Rache an Cosima ja ebenso werkimmanent wie stringent und gleichzeitig hochdiskret, kurzum: sublimst ausgefallen sei, in Wiederaufnahme und Eskalation des Motivs aus der »Walküre«, wo Wotan selbst via die Opern-»Allegorie« (Bernard Shaw), nämlich über Frickas bärenstarke Engherzigkeit (»Die alte Müh«), Wagners Eheleben mit der löwenstarken Cosima sehr schön in nuce vorführt –

– in dieser Variante wolle aber dann Gutrune schadlos gehalten werden durch ein piccolo Duettino mit der Walküre Waltraute etwa des Inhalts: Wenn diese Brünnhilde nach Walhall zurückritte, wäre doch ja ihnen beiden, Gutrune und Waltraute, wenn auch aus ganz unterschiedlichen Gründen, sehr gedient. Und eine Last von der Seele. Und von der Bühne. Und sofern man diese gleichfalls ja sehr kräftige Frau zur Not entführen müßte, zu zweit packten sie es schon, nein, Hagen dürfe man da nicht zuziehen, der habe ja ganz andere Pläne, da käme ja nicht nur dessen, sondern endlich auch Wagners »Ring«-Konzept schon allzu kreuzweis und rettungslos durcheinander und – –

Allerdings auch schon mit dem Vorspiel des »Rheingold« läßt dieser fädenziehende Wagner ja etliche durchaus schöne und zwiegesangliche Möglichkeiten glatt aus. Etwa das kantilenenreine Lamento der sich über den sterbenden Riesen Fasolt beugenden Göttin und Unglücksbetreiberin Freia: Wie schön doch hier in Walhall durch seine, Fasolts, Hand alles geworden sei und jetzt alles noch schöner hätte werden können ..., und jetzt (händchenhaltend) tue es ihr richtig leid um ihn, daß ... nun er von ihr scheide ..., daß sie (und in manchen Inszenierungen, etwa Hamburg 1993, wird dies Moment ja durchaus regielich angedeutet) sich nicht mit ihm verbunden und ihm anheimgegeben; wobei ja allerdings auch die synchrone und noch viel bedrängendere Frage nach hundertachtzehn Jahren »Ring« und »Ring«-Ausdeutung noch gänzlich offen und uns weiter bedrängend ist: die Frage, ob Fasolt und Fafner in dem halben »Rheingold«-Tag von Freias Walhall-Abwesenheit sich bei ihr schon bedient, so eilfertig wie möglicherweise sogar rechtens und ... hintereinander und ... jedenfalls zu Freias gar nicht geringer ... Freude und froherdings ...

Wie auch immer, in ihren, Freias, Armen verscheidet Fasolt, wozu der mordende Bruderriese Fafner jäh auflacht, um dann so roh wie nur möglich sein Couplet »Ja, das Gold regiert die

Richard Wagner

Welt« aus Gounods »Marguérite« von 1859 zu singen – ja, es wäre diese Szene Freia-Fasolt aber sogar auch als nachgetragenes Intermezzo zwischen dem 1. und dem 2. »Siegfried«-Aufzug denkbar, warum nicht? – inklusive der Klärung der ja seit dem 2. »Rheingold«-Bild gleichfalls noch sperrangelweit scheunentoroffenen Frage: was er, Fasolt, einst mit dem Satz »Viel Not schuf uns der Nibelung« (Alberich) genau gemeint habe. Welche Not um Wotans willen? Indem er ihnen, den Riesen, nach Wagners aber weisungslosem Willen, beim Walhall-Bau die eigentlich als Bauhilfsarbeiter vorgesehenen Nachtalben i. e. Nibelungen als Schwermalocher entzog?? Oder doch einfach, in Abwandlung eines Morgenstern-Verses zu wähnen, des notfalls notorischen Stabreims selber willen?

»Keine wie sie kannte mein innerstes Sinnen, keine wie sie wußte den Quell meines Willens«: Warum erzählt Wotan das ausgerechnet in diesem aufgewühltesten Augenblick ausgerechnet den jetzt nach ihrem Getobe reichlich dumm herumstehenden Walküren? Warum nicht viel placierter dem zu Brünnhildes Einschläferung kurz leibhaftig auftauchenden Loge? Weil der Sänger des Loge am »Walküre«-Tag nebenan im Kleinen Haus den Johannes Heesters als Graf Danilo geben muß und also nicht kann? Warum dann nicht wenigstens dem Publikum? So gut sich Richard Wagner auf sein dramatisches Genie insgesamt verlassen kann, auf sein Gefühl für Ökonomie und auch Psychologie: Im »Ring«-Monster verläßt ihn beides aber dann doch nur allzuoft; nicht zuletzt eben bei den inhaltlich oder personal falsch besetzten oder falsch getimten Dialogen. Keineswegs vom Dichterkomponisten ganz ausgereizt ist die dem Wagnerfreund allbekannte und pikant ausgereifte Paradoxie: daß Siegfried mit Brünnhilde nicht allein seine Stieftante heiratet; sondern daß dieser Siegfried, weil Sproß der ihrerseits wotangezeugten unkeuschen Geschwister Siegmund

und Sieglinde, damit und darüber hinaus zugleich Enkel Wotans und sein Schwiegersohn ist. Genau darüber könnte der todesahnungsferne Helde im 3. »Götterdämmerungs«-Akt sich schäkernd sehr schön mit den drei Rheinnackten unterhalten; vielleicht aber auch schon im 1. Akt mit den drei vielwissenden Nornen – und auch darüber: ob er, Siegfried, in ihnen, den Nornen, eher (über die Gen-Linien Wotan-Erda und Wotan-Sieglinde-Siegmund samt Frau X bzw. Erda sowie unbekannter Schwängerer Y) Schwippstieftanten oder (über die Hauptlinie Wotan-Erda-Brünnhilde) mehr Stiefschwägerinnen zu sehen und zu erkennen habe –, sofern in dieser nächtig fahlfalbfehlfarbenen Dämmerung überhaupt noch was zu erkennen und durch »Weise der Welt (zu) melden« ist.

Was aber apropos Wotans »erotische Hochform« (Loriot) in diesem Vierteljahrhundert zwischen »Rheingold« und »Walküre« angeht: Möchte es nicht, spätestens mit dem 2. »Siegfried«-Akt, sein, daß sich Fricka auf die Suche nach ihrem immer schweifenderen und walhallaushäusigeren Gemahl Wotan (»Wanderer«) macht – andererseits aber auch jene Erda ihn suchen geht, daß beide zum Keifduett direkt vor Fafners Höhle aufeinanderrauschen und, kurz vorm mittäglichen Eintreffen Siegfrieds und Mimes, nach einem so knappen wie pastosen Aufbrummen des Lindwurms beidesamt von diesem verschluckt werden ..., eventuell auch als Folge einer prima aufgegangenen Rechnung und Langzeitkalkulation Alberichs, der auf diese Art und Manier den Lindwurm noch fetter und träger und also schläfriger machen wollte, auf daß dann Siegfried, sobald er käme, leichtes Spiel ... und, nachdem er, Siegfried, Mime gemordet, er, Alberich, dann Siegfried gemeuchelt und, dem wiedergewonnenen Golde wahren Sinn verleihend, seinerseits wie gesagt eine Lebensgemeinschaft mit Erda ... warum nicht ... ja, doch, das ginge durchaus ...

Unklar übrigens, ob hier, in der Waldszene, Hagen schon am Mordplanen ist; ausgewachsen ist er schon; etwas unnütz zwar in dieser Variante, allein – –: nun, wir kommen auf diesen speziellen Fall zurück.

Wenn sowohl Erda als auch Fricka Siegfrieds Stiefgroßmütter sind, Brünnhilde seine kommende Gemahlin, Freia aber seine Großtante: Könnte Siegfried in diesem 2. Akt seiner gleichnamigen Oper zum anstehenden Waldweben nicht – genau darüber reflektieren? Im 1. Akt etwas präziser informiert durch Mime oder – noch schöner, sensitiver, sensationeller! – wie in kurz aufleuchtender Ahnungsvision all der komplizierten, schwer durchschaubaren und nicht allein Siegfried, sondern auch mählich Wagnern und sogar diesen unsern Essay-Autor leicht überfordernden Konfusionen und Komplexionen?! Reflektieren und gemächlich sinnieren schwer überfordert auch z. B. darüber, warum dann Alberich, strafend und rächend Wotans simultane Fremdgeherei, Hagen nicht besser mit Fricka gezeugt habe. Sondern eben dieser Wotan mit Freia bzw. nein: Erda Siegfried, ihn? Nein. Den Vater Siegmund? Auch nicht. Brünnhilde, ja. Ja, Brünnhilde. Tja. Ob er, Siegfried, könnte der lauschig Liegende und lustvoll Lagernde weiterzu sinnieren, lauschend jetzt »aufmerksam und erstaunt« wie Wagner selbst im Juli 1857 im Sihltal (»Mein Leben«, S. 565) dem über ihm zwitschernden und vorstellig werdenden Waldvöglein, ob er, Siegfried, nicht lieber statt der dicken und bald allfällig anstehenden Brünnhilde dieses ziere und holde und lieblich über ihm schwebende so herzig singende Waldvöglein haben möchte, dies Waldvöglein alias Rita Streich heimführen statt der schon gar zu massiven Birgit Nilsson, hm. Halblaut zu sinnieren auch ggf. sogar im zuerst keuschen, dann immer schmelzenderen Duett mit dem Vögelchen, was (aber das könnte im Prinzip auch ein noch gänzlich fehlendes Duett Wotan-Hagen abgeben) so eine Gattin, sagen wir mit Namen Cosima, eigentlich letztlich soll. Und will. Was sie sich erlaube. Was sich diese Cosima z. B. neulich erst wieder gedacht habe, als sie nach dem Ersthören von Verdis Requiem herablassend und saudumm Unflätiges in ihr Tagebuch gekritzelt der Art, über dieses Requiem »nicht zu sprechen (sei) entschieden das beste« (2. 11. 1875), mein Gott, wie peinlich selbst für den Gatten Richard! Mezza voce singend weiter herumzusinnieren, ob sich das, nur um diese Cosima abzustrafen, gleichwohl wirklich gelohnt habe, eine sageundschreibe fünfzehnstündige Oper zu fabrizieren, nur um diese schwerstbornierte Kuh drin vorzuführen. Kunst hin, präfreudianischer biographistischer Symbolcharakter hin und her – –

Und vorausspekulierend sich wünschen könnte der noch immer idyllisch lagernde Siegfried den raschen Tod einer solchen sich anbahnenden Ehefrau, heiße die nun Brünnhilde oder Waldvogel oder Gutrune Gibich (»Gutrune G. Bitch« macht Russell sie sehr schön als Hündin kenntlich) – wir uns aber andererseits und spätestens für den 4. »Götterdämmerungs«-Akt (zu dem es leider nicht mehr kommt) einen arrondierenden und sextettischen Plausch der drei Rheintöchter mit den drei Nornen. Über die (inklusive Brünnhilde) neun Walküren. Was das für Schnallen seien. Phallusfixiert und »schwanzgeil« (A. Schwarzer), trotz und gerade wegen ihrer martialischen Zurichtung! Auch darüber, warum diese Walküren nicht auch bloß drei sind. Hätte der Intendanz einiges erspart. Oder darüber, ob die mythische Zahl neun wirklich über die heilige Zahl drei gehe. Bzw. auch zur Abwechslung darüber, warum sie, die Nornen, obzwar »urerschaffen«, eine Mutter (Erda) haben – die Rheintöchter aber offensichtlich keine Mutter, jedoch einen Vater – Wotan ist es aber ausnahmsweise gerade nicht. Sondern der – Tutti-Einsatz aller sechs! – ist ja quasi nur der uneheliche Stiefvater dieses Nornentrios. Welches diesen Fakt (und nun spalten sich wieder die Stimmen zu zwei Terzettgruppen) in elegisch absteigender wie echoweher Chromatik zutiefst bedauert, pianissimo diminuendo verwehend.

Und dann aber wieder anschwellend auf fünfzehn Stimmen zum gemeinsamen Auftritt Nornen/Rheintöchter/Walküren. Die da nämlich chorisch gemeinsam erwägen und dran rätseln, ob Mime mit dem für Alberich produzierten Tarnhelm wirklich und genial den Orwellschen totalen Überwachungsstaat um genau hundert Jahre vorwegvisioniert. Und warum eigentlich das allbekannte Siegfried-Leitmotiv (»Den hehrsten Helden der Welt«) so eminent ähnlich dem doch eigentlich charakterlich kontrapunktischen Alberich-Fluchmotiv sei; wie umgekehrt zwischen dem 1. und 2. »Rheingold«-Bild das »Ring«-Leitmotiv direttissima in das als Figur sehr ähnliche und nur harmonisch weniger schräge und gekrümmte Walhall-Motiv überlaufe, seltsam, seltsam. Um sich endlich alle fünfzehn Frau hoch im Crescendo zum hohen C hinauf in fünfzehnfacher Akkordbrechung zu vergewissern, ob man bei all dem chamäleoniden und reziprokischen Affinitäts- und Symbiosengewürge überhaupt noch ganz richtig im Kopf sei ...

»Vom Niblung jüngst vernahm ich die Mär«, vertraut im 2. »Walküre«-Aufzug Vater Wotan höchst pp misterioso der Tochter Brünnhilde an, »daß ein Weib der Zwerg bewältigt.« Wie das, da er der Liebe abgeschworen und nach aller Logik somit auch von der Sexualität Abschied genommen hat, faktisch kastriert ist? »Ein Weib, des Gunst Gold ihm erzwang«, so Wotan. Wieso das, da er's doch schon unjüngst, im 4. »Rheingold«-Bild, restlos verloren? Wagner scheint das Ungereimte selber registriert zu haben und läßt Hagen zwei Abende später etwas halbherzig korrigieren, Alberichs »List« sei seine Mutter erlegen. Über diesen Doppel-, ja Tripelwiderspruch sollte, müßte eigentlich spätestens im 2. »Siegfried«-Akt Alberich Mime kurz aufklären, der es dann, knapp vor seinem Ableben, eilig Siegfried weitergibt und –

– heraus kam jedenfalls, nachdem der Zwerg von dem Weib wieder runtergepurzelt, eindeutig Hagen; dieser aber dezidiert ausgewiesen als der Halbbruder des »herrlichen«, wennschon recht bläßlichen Gibichungen Gunther – »die beid' uns Brüder gebar«, zuerst den »echt genannten« Gunther, dann den gesellschaftlich etwas zurückgesetzten, jedoch wiferen Hagen, wird auch als »Frau Grimhild« präzisiert –, und doch werden wir damit stante pede und a posteriori nochmals und über das obige Mehrfachparadox weit hinaus vor die herz- und hirnzerreißendsten neuen Mysterien und Unerklärlichkeiten gestellt. Und, wenn man leider schon nicht live und direkt auf der Bühne zu sehen kriegt, wie der Zwerg es zwingt – vor die Möglichkeit neuer Dialogszenen en masse:

Einerseits noch einmal: Woher hat Wotan »die Mär«? Das könnte, rasch dazwischentretend der Gruppe Wotan-Brünnhilde, der neugierige Froh fragen, den wir im restlichen »Ring«, nach seinem frühen Ausscheiden mit dem »Rheingold«, ja eh schmerzlich vermissen, den Schwachkopf, den göttlichen. Wenn er, Wotan, das nämlich von Loge habe, so Froh, dann, so habe ihm, Froh, Donner angedeutet, sei für die Wahrheit weißgott keine Garantie zu übernehmen. Die andere, trotz Wotans Erwähnung eines diesbezüglich rätsellösenden »wilden Worts der Wala« Erda eben komplett ungelöste Frage aber, wie er, Alberich, der »der Liebe Macht Entsagende« (und gemeint ist bei dieser Liebe durchaus und pur Sex!) – wie dieser Asket und Renegat einen Sohn zu basteln vermocht: die sollte am gescheitesten Alberich im Wachtraum-Dialog mit Sohn Hagen kurz vorm Schlußappell (»Sei treu! – treu!«) selber irgendwie wegbeantworten, notfalls mit irgendeiner den Liebesfluch kurzzeitig dispensierenden und liquidierenden Meineidsfluchvariante. Den noch ärger bohrenden Fragenrest indessen: Wo und wann und warum haben sich Alberich und jene mächtige »Frau Grimhild« kennengelernt und aufgetan? Jene hohe Frau und offenbar legale Gemahlin des Herrn Rheinfürsten »Gibich«, nach welchem der kahnfahrende Siegfried dem Hörensagen folgend namentlich frägt. Der inzwischen wohl tot ist – offenbar aber sehr noch am Leben zeit Alberichs rohem Zugriff war. Wo, wo genau hat der es, das Weib, bewältigt? Im Gebüsch am Wormser Rheinufer? Mit welcher Macht, da er doch weder schön noch (da täuscht sich Wagner wirklich; siehe oben) reich, noch wenigstens phallisch berühmt? Hat er sie, Frau Grimhild, gleisnerisch bezirzt mit – purer Häßlichkeit? So wie dann Jean-Paul Belmondo die abendländische und inzwischen christliche Frauenwelt 1960ff.? Oder wie wiederum zwei Jahrhunderte früher ihre Bräute Lichtenberg und Moses Mendelssohn? Letzterer, indem er seine Häßlichkeit charmant gewissermaßen der Braut zum Brautgeschenk machte, der Großvater also jenes verhaßten jüdischen Pseudokompositeurs, dem Wagner zwar ein Drittel seiner musikalischen Ideen klaute, dem er aber in seiner berühmtberüchtigten Schrift von 1850 über das leidige Judentum in der Musik – –

Hm, ja, all diese offenen Fragen und auch die, warum der alte Gibich von all dem nichts spitzgekriegt hat, wären noch wegzuschaffen, am besten im Zuge eines Alla-breve-Duetts zwischen Hagen und Nornentrio auf der Jagdgesellschaft des »Ring«-Beschlusses. Hagen: »Ei Possen, er bewältigt' sie, mein Vater?« Die Nornen: »Traulich und treu. Gibich weilte auf Urlaub zu Xanten. Die Strohwitwe nahm alle, so wie sie kamen …«

Die magsein noch aufwühlendere, brennendere, ja schon

sengende Zusatzfrage aber nach dem Bewältigungs- und Zeugungsort, die sei nicht dem Rapport, sondern einer letzten und noch fatal fehlenden Dialogszene überantwortet: Gunther selbst sollte Alberich nach dessen albtraumartig nibelheimischem Nachtgespräch mit Sohn Hagen erwischen und am Schopf packen und ihm coram publico ein für allemal verbieten, andauernd im Nebel nächtens in den buschichten Rheinauen gleich hinter der Wormser Gibichungenhalle herumzulungern, andernfalls, mein lieber Herr Schwipponkel und Gesangverein, passiere aber bald wirklich was!

Splitter zu »Don Giovanni«

Eine Bilanz

Der Dämon in der Bürgerwelt: Wenn der Mythos Don Giovanni lediglich darin gründen sollte, daß er den Bürgern radikal den sexuellen Hammer weist, ihnen im Zuge einer ständig sich wiederholenden Leistungsschau und Rekordmarkensteigerung die Weiber und die Töchter wegnimmt und kurz bedringt – die Figur wäre, und mit ihr Mozarts Oper, ja ganz und gar erbärmlich, unerträglich; nämlich selber Bourgeois archetypisch und in extenso und ad infinitum. Erträglich, freundlich, am Ende vorbildlich wird Don Giovanni, jedenfalls der Mozarts, fast allein durch seinen schäkernden Charme, durch die alerte Leichtigkeit und zugleich Bodennähe, ja Trivialität all seiner Aktionen: Um Zerlina zu verführen, muß er den Bauerntölpeln tatsächlich im Zuge eines schwerlich glaubwürdigen »gran festa« alternierend »caffè« und »cioccolata« verabfolgen. Tolerabel, gewinnend, vielleicht mitreißend wird Don Giovanni sodann vorzüglich durch seine Fehlleistungen und Niederlagen, bei Frauen zumal, und dies bei all seiner gerade deshalb sich steigernden Unwiderstehlichkeit. Kein Zufall, daß keine der vier in der Oper für ihn in Frage kommenden Frauen im Zuge der Oper sein Opfer sein wird; selbst Elviras Kammerzofe – welch ein schmählicher Erfolg! – entgeht ihm; und gerade darüber scheint Don Giovanni richtig froh zu sein und bei den Kasperliaden vor Elviras Balkon, mit den Bauern, im Friedhof gerade deshalb richtig aufzuleben! Ein noch über Hemingway hinaus humorvoller Held: Niederlagen machen ihn nur noch stärker. Dies Stehaufmännchen definiert sich nicht allein durch diese seine Leggierezza und Allegro-Gesinnung, eine, die noch Kants Begriff des Schönen als des interesselosen Wohlgefallens spielend vorführt; sondern noch darüber hinaus durch seine Windigkeit; durch seine, mit Don Ottavio, dem Gegenbild, zu reden, Unvereinbarkeit mit dem Ideal von seinesgleichen: »Kaum kann ich einen Kavalier eines solch tiefen Vergehens für fähig halten« – »Come mai creder deggio, di si nero delitto capace un cavaliere!«

Wehe einer Inszenierung, welche diesen subtilen Zug, dieses von Mozart/da Ponte ganz genau elaborierte Paradox unterschlägt und zum Gegenteil verkehrt, indem sie bei etwelchen sich bietenden Gelegenheiten z.B. im 2. Akt den Titelhelden dann eben doch und vor den Augen des Publikums beim Kopulieren mit irgendeiner Dienstmagd zeigt oder gar mit der abermals weich werdenden Zerlina, einer inzwischen nach dem allzu naheliegenden Willen des Regisseurs verhurten und heruntergekommenen. Dieser »Don Giovanni« – er möge nun aber wirklich in die Hölle fahren. Und sein besinnungsloser Regieesel hinterher.

◇

Nachdem er schon im 1. Bild der Oper gleich zweimal Blutrache geschworen und auch noch ein funestloderndes d-moll-Duettino mit der halbentehrten, im Prinzip aber jederzeit unbescholtenen Donna Anna drangehängt hat; nachdem er zwanzig Minuten später deren Bericht von der Quasivergewaltigung mit feurigen Exklamationen kommentiert und abermals »Rache« an dem mittlerweile identifizierten ruchlosen Unhold und seinem »so schwarzen Verbrechen« zugesagt hat; nachdem er diesen im nächsten Bild mit der Pistole stellt und ihn allerdings recht obskur wieder entwischen läßt; nachdem er Don Giovanni gleich darauf leider nur als Leporello nochmals einfängt, geruht der Tenor und tadellose Bräutigam Don Ottavio (ca. 44) angesichts dieses neuerlichen und schändlichen, eines Cavaliere unwürdigen und schwarzen Delikts (ihn, Ottavio, durch Maskerade hereingelegt zu haben) einer interessiert aufhorchenden Öffentlichkeit mitzuteilen, daß er nun, vor dem Hintergrund all der erwähnten Zerwürfnisse und »eccessi enormi«, Don Giovanni insgesamt wohl doch für den Mörder von Donna Annas Vater erachten müsse, und mißvergnügt bequemt er sich also zu einer abermaligen Racheankündigung in Form einer bräsig-sämigen, freilich auch sehr dekorativ leis-wutdurchzuckt vergnügten B-dur-Arie:

Es ist, als ob in der Evolution, in der Weltgeschichte des Komischen das Große Tor nicht des Monats, nein, des Jahrtausends im Rahmen einer weltatemholenden Sternstunde weit seine Flügel aufschlüge, um gleichzeitig über unseren hoch benommenen Köpfen dröhnend wieder zusammenzuschlagen.

Der Schock dankt sich wem? Richtig, dem Fadenschein, dem Quatsch, der Oper immer auch ist; selbst die größte. Aber zweitens wiederum der genauen Planung oder bereits halluzinatorischen Fügung Mozarts und da Pontes. Denn: Schon mit seinen feurigen Einstandssätzen im 1. Bild, mit dem Ruchbarwerden der Untat, hatte der Tenor Ottavio die seltsamliche Ambivalenz ja akkuratest antizipiert; nämlich Rache angesagt, freilich nur für den Fall, daß diese partout nötig sein sollte, »se bisogna«.

Es sollte, Schlußrundung des tenoralen Kasus ins Seraphische, nicht nötig sein. Der Himmel selbst, man höre Ottavios wie somnambulischen Kommentar beim Finalduett, wird es erbarmend übernehmen.

◇

Wenn Don Ottavio ein Meister, eine Koryphäe der Rhetorik, der Übertreibung, des blumigen Stils ist: »Stelle! Seguite!« – »Tutto il mio sangue!« – »Nol sperate nol sperate!« – »Ohimè; respiro!« – (»Himmel! Weiter!« – »Mein ganzes Blut!« – »Hofft nichts!« – »O Gott; ich atme auf!«): so Don Giovanni schön konträr das Ingenium der Verkleinerung, des Understatements, dem sein eigenes dämonisch-antibürgerliches Treiben eigentlich nur »ridere e scherzar – Lachen und Scherz« ist; letzten Endes der Realität und des Realismus: »Certo, io«, bescheidet er ohne jede gleisnerische Fioritur, fast schon schamlos und zugleich wie beschämt Zerlinas Frage, ob er, der Herr, sie, die Bäuerin, denn auch heiraten wolle. Nur einmal, kurz vorm Wiedererkanntwerden durch Donna Anna, baut und bläst er sich auf, haut er deklamatorisch auf den Busch: »Comandate, i congiunti, i parenti, questa man, questo ferro, i beni, il sangue spenderò per servirvi: ma voi, bella Donna Anna, perchè così piangete? Il crudele chi fù che osò la calma turbar del viver vostro« –

– mit derartiger Tirade gleichsam mimetisch-intuitiv, vielleicht auch ironisch-plaziert Annas Bräutigam zitierend, stilzitierend. Der wird, dabeistehend, recht fragend gelauscht und reichlich schattig geschaut haben. Was soll das, daß dieser Herr und Weiberzwinger, dem doch kraft seiner bella figura eh schon alles zu Gebote steht, sich erfrecht und auch noch auf sein, Ottavios, ureigenstes Terrain vorwagt? Jenes, mit dem er, der bläßlich-schwächliche Ottavio, immerhin virtuell alle Don Giovannis dieser Welt kompensiert!

Wie auch immer, die Strafe für den rhetorischen Frevel folgt auf dem Fuß. Mit dem herrlich fallhöhensatten, aus dem Munde der höchst deplaziert zueilenden Donna Elvira geschleuderten Reim: »Find ich dich schon wieder, treuloser Schurke! – Ah, ti ritrovo ancor, perfido mostro!«

◇

Der Seele dunkle Pfade: Donna Anna wäre unter allen Frauenfiguren Mozarts der naheliegendste Fall von Psychoanalyse. Es wurde seit E. T. A. Hoffmann auch schon genügend an ihr geforscht, eins wurde gleichwohl zu wenig beachtet und erkannt: Unter allen vergleichbaren Protagonistinnen wie Susanna, Gräfin Almaviva und Fiordiligi singt sie besonders ostentativ an ihrer wirklichen Seelenverfassung vorbei. Denn vor allem ihre große F-dur-Arie hat ja keineswegs nur den biederen Sinn, den langsam unter Hoffnungslosigkeit dahindarbenden Ottavio zu kalmieren; ist auch keinesfalls, wie der Dirigent und Biograph Bernhard Paumgartner schon ahnungslos hinschreibt, »lyrischer Ruhepunkt« vor der letzten dynamischen Klimax des Dramma giocoso. Sondern recht eigentlich: Offenbarungseid.

Statt findet eine höchst befremdliche, kaum noch erwartete und doch zwingende, den Rahmen selbst der Opera assoluta fast sprengende Offenbarung von schwerster Irritation, Zerrissenheit, ja innerer Selbstzerfleischung – unterm täuschenden Gewand eines besonders schönen Gesangs.

»Augen wie griechisches Feuer« bescherte E. T. A. Hoffmann Donna Anna etwas arg bildhaft. Die Metapher ist trotzdem nicht ganz wahllos: Verbrannt wird auch etwas in dieser F-dur-

Arie. Anna, verzweifelt den Racheengel vorstellend, in Wirklichkeit von Don Giovanni gebannt, wenn ihm nicht schon in Haßliebe verfallen, singt im langsamen Arienteil dem zulauschenden Bräutigam etwas Schönes vor, dessen Inhalt der schwache Versuch bräutlicher Wärme ist – und doch eben genaugenommen nur die Leere der schönen Form. Die Balance zwischen Seele und Seelenlosigkeit, ein zentrales Mozartsches Motiv seit spätestens »Figaro«, ist die einer als todmüder Automatismus verschleierten Beschwörung – und deshalb im Doppelsinn unerhört. Im scheinbar unmotiviert sich entspinnenden Koloraturteil der Arie aber singt Anna (womöglich erstmals in der Musikgeschichte tut eine Opernfigur das vom Komponisten geplant und auch wohl planvoll): Verdrängung und Abwehr; die sich beide als wunderlich gegenstandslose Verzückung gerieren.

Verdrängung als eine der Formen von Abwehr wird von Anna Freud bestimmt als »Schutz des Ichs gegen Triebansprüche«. Tatsächlich sucht Anna Schutz – hinter Koloraturgefunkel! Eine Art erotischer horror vacui wird überspielt durch sopranistischen Pomp. Was der Dichter E.T.A. Hoffmann zur Ouvertüre der Oper fabulierte, läßt sich gut auf Annas Koloraturen übertragen: Sie sind ein Tanz »auf des bodenlosen Abgrunds dünner Decke«. Anna verdrängt, was ihr wohl erst im Lauf der Oper, des einen Operntags, vollends aufgeht: daß sie Ottavio nicht liebt – und im nämlichen Augenblick wehrt sie den Gedanken ab, daß sie Don Juan ja schon (im Herzen? im Bett? Viele Möglichkeiten bleiben während der Oper denkbar und plausibel) geliebt hat. Die Koloraturgespinste sollen gleichsam übertünchen, überspielen; aber dann funkeln sie eben doch wieder als »echtes Gefühl« hoch, nimmermehr für Ottavio, wahrscheinlich für Don Juan, möglicherweise auch schon primär als objektlos desperate Lust an der eigenen Ausweglosigkeit, dem nicht mehr sichtbaren Ausweg aus der erotischen Ambivalenzfalle!

Annas Rätsel bleiben unlösbar, und keine Interpretation wird ihnen je ganz gerecht. Aber wenn irgend etwas, so bestätigen erst diese exaltierten Koloraturen ganz ihr Seelenchaos. Wolfgang Hildesheimer hat recht: »Wenn wir uns fragen, wie diese Musik wäre, wenn Mozart bewußt Donna Annas Leidenschaft für Don Giovanni hätte darstellen wollen, so kommen wir zu dem Schluß: Sie wäre, wie sie ist.« Rührend bleibt, daß sich Anna am Ende sogar noch verplappert: »Eines Tages«, teilt sie Ottavio mit, werde der Himmel vielleicht noch ein Einsehen haben, nämlich »Pietà«, Erbarmen – mit ihr! Das ist entweder unsinnig – oder Annas unfreiwilliges Geständnis, daß sie Don Giovanni forciert vergessen möchte. Oder eines Tages doch noch von ihm heimgeholt werden.

So oder so, ein Freudscher Versprecherdenker angesichts einer drohenden Mesalliance; schöner, weil diskreter als der drollige Selbstverrater Mimes im 2. »Siegfried«-Aufzug.

◇

Wenig ist an Mozarts Frauen »naiv«, »gesund«, »intakt«, »ungebrochen«. Die Unwörtlichkeit ihrer Töne ist seit Susannas Rosenarie von 1786 eine beherrschende und bedenkliche und zuweilen destruktive – und die Schwammigkeit der Gefühle ist es auch. Selbst Zerlina, der Adorno seine »Huldigung« aussprach, weil »an ihren liedhaften Arien ein Moment der Humanität« aufgehe, das »die entzweite Menschheit selber zu versöhnen scheine«, entzweit nämlich vor allem zwischen Menschen hie und Bürgern dort – auch Zerlina ist ja durchaus nicht ganz und nur das Naturkind, dessen »lalalala« im rotierenden Auftrittsliedchen Mörike so gefiel. Auch sie flötet ihre sanften und niedlichen Noten ja nicht nur und vielleicht nicht einmal primär Masetto in die angenehm berührten Ohren; sondern sie erprobt an ihm wohl nur, gleichsam raffiniert und aufgeklärt, die Technik und Wirkung ihrer Naivkunst; ganz wie es die Adele in der »Fledermaus« im Couplet von der gespielten Unschuld vom Lande modellhaft und so desillusionierend wie gerade deshalb wieder reizend vorführt – die Menschen haben's nun mal laut Nietzsche und Kritischer Theorie gern, beschwindelt zu werden.

Und: Zerlina trifft, wie vorher Susanna, aufs genaueste die Grenzlinien von »Natur« und »Seele« und eben schon Kitsch als beider Uneingelöstes, Denaturiertes; sie manipuliert mit »Seele« und verfällt ihr doch auch ein bißchen – noch im approximativen Kitsch. Ähnlich wie Susanna, die Braut Figaros, markiert Zerlina Emanzipation – und verstrickt sich in ihr. Heranwachsende Bürgerin, die doch Naturkind bleiben möchte, bewahrt sie den Herzenston der Schäferin und nimmt doch auch den heutigen Dorf- und Kleinstadtteenager vorweg, der, wenn er Groschen in die Musikbox wirft, was herauskommt, für die eigenen Gefühle und Seele und weißgott was hält und anbietet; Gefühle, die in Wahrheit nichts sind als der vage und unwiderstehliche Drang nach Glanz und Gloria. Selbst noch bei Goethes Gretchen, wenn sie Fausts Schmuckgeschenk entdeckt.

Rousseaus »Zurück zur Natur« tönte 1755. Zwanzig Jahre später, bei Mozart, ist der Kampfruf schon wieder als halber Betrug entzaubert. Zerlina drängt's sehr wohl ins Schlößchen Don Giovannis, in seine Traumfabrik.

◇

Alfons Rosenberg billigt wie Kierkegaard Don Giovanni ein Lebensalter von dreiunddreißig Jahren zu (»würde er auf der Höhe seines Lebens stehen und bereits eine lange Vergangenheit erotischer Ausschweifungen hinter sich haben«), hält aber auch einen ca. zweiundzwanzigjährigen Mann für denkbar. Das würde sich über die Jesus-Affinität hinaus recht zahlensymbolisch-reflexiv mit den von mir in meinem großen Aufsatz vorgeschlagenen vierundvierzig Jahren für den Rivalen Don Ottavio verbündeln – aber nein, heute wären mir genaubedacht fünfundfünfzig Jahre noch einleuchtender – doch, doch, je mehr eins selber an dies Alter ranrückt, desto mehr weiß eins: Anna braucht einen sehrsehr reifen Gatten.

◇

Sollte eines Tages doch noch die Geschichte der Peinlichkeit geschrieben werden: Knapp vor dem Balkonterzett des 2. Akts wäre das Quartett »Non ti fidar, o misero« aus dem 1. Akt ihr Haupt- und Staats- und Krönungsexempel – es sind diese fünf Minuten auch noch um etliche Punkte unauslotbarer als der Rest der Oper. Erst mit Dostojewskis »Peinlicher Geschichte« kam derartiges als Großparadigma ein zweites Mal zustande.

◇

»Alsdann ging Spiegel seine eigenen Wege, streifte in verliebter Begeisterung über die fernsten Dächer und sang die allerschönsten Lieder. Als ein rechter Don Juan bestand er bei Tag und Nacht die bedenklichsten Abenteuer ...«

Anders als bei Gottfried Kellers glänzendem Kätzchen überwölbt einen aber beim mozartischen Don Juan das Gefühl, es sei diesem nichts so verdrießlich, ja zuwider wie das verliebte und offenbar renommeenotorische Ständchensingen. Obwohl ja »Deh vieni alla finestra« musikalisch so übel keineswegs ist.

Aber hier schwindelt Mozart. Oder er hat diese Krisis des Donjuanismus eben doch nicht gemerkt. Dagegen greift die Gebieterin des Kellerschen Kätzchens sie als Motiv sehr genau auf: »Aber Spiegel! Schämst du dich denn nicht, ein solches Leben zu führen?« Und eine Ahnung dessen bewegt seufzend ja auch jenen, den Keller hier offensichtlich halbzitiert: Leporello, welcher in mehreren Rezitativen verwandte Bedenken formuliert, andeutend, wie erniedrigend es doch sei, sich derart von den Weibern und der Reputation, die von ihrer Beherrschung ausgeht, zu ernähren. Und er, der Herr, möge doch davon lassen. »Lasciar le donne? Pazzo! Lasciar le donne?« Sie seien, verwahrt sich Don Giovanni, so notwendig wie das tägliche Brot usw., es folgt ein ganzer Sermon mit handelsüblicher Legitimation – seltsam, nirgends sonst mahnt uns der Held, der der Sache des Donjuanismus den Namen gab, glatter, rhetorischer, undonjuanischer.

Er glaubt's ja selber keine Silbe lang. Muß aber weitermachen.

◇

Was aber wäre, wenn Donna Anna schon im 1. Bild Don Giovanni sehr wohl erkannt hätte? Ihr Wissen indessen Ottavio verschwiegen hätte? Diesen zum formellen Racheeid »gegen Unbekannt« aufgefordert hätte, in der heimlichen Hoffnung, der Täter werde erstens nie gefaßt und Don Giovanni käme (schon aus Dankbarkeit?) zweitens erotisch auf sie, Anna, bald zurück? Indessen dieser nicht dran denkt, bei der nächsten Begegnung nur vorsichtig-munter daherplaudert (»Comandate!

Questa man, questo ferro« – »Hand und Degen sind für Euch bereit!« und ähnlichen Unfug) – was Anna in eine solche Wut-Enttäuschung manövriert, daß sie nach dem gloriosen Quartett des 1. Akts so *tut*, als habe sie Don Giovanni – gerade jetzt erst! – wiedererkannt? Womit das Explodieren der Musik nicht Annas Erkenntnisschock beschriebe; sondern erstens ihren tödlichen Groll, ihre maßlose Enttäuschung – oder auch zweitens nur vorgetäuschten Affekt? Wonach Anna Ottavio die Geschichte der Nacht (offenbar nur halb wahr) erzählt, nicht damit der Verlobte den Mord am Vater und die versuchte Vergewaltigung räche – sondern: Don Giovannis Desinteresse an Anna tödlich bestrafe.

Unterstellt man, daß Donna Anna ein sehr disziplinierter *und* leidenschaftlicher Mensch ist und eine gute Schauspielerin obendrein: nichts spräche gegen diese Deutung und annähernd poirotnah dialektische Lösung.

◇

»So wenig wie Faust *kann* Don Juan zum vollkommenen Drama werden« (Friedrich Dieckmann, Die Geschichte Don Giovannis, 1991, S. 28). Nicht nur wegen der strukturbildend episch-reihenden Momente beider Figuren- und Dramentypen, wie Dieckmann fortfährt. Sondern weil beiden, Gretchen hin und Donna Elvira her, die rechte Anima im C. G. Jungschen Sinne mangelt. Eine äquivalente Kraft den beiden fehlt. Die kommt für Don Juan erst achtundachtzig Jahre später:

»Carmen ist die Figur, die das bürgerliche Jahrhundert Don Juan gegenüberstellt – eine Gestalt, von der eine ebenso starke Bedrohung des gesellschaftlichen Gleichgewichts ausgeht wie einstmals von der des anarchisch frondierenden Adelsmannes. Die Bedrohung kommt, seit die Könige gestürzt sind, nicht mehr von den Höhen, sondern aus der Tiefe der Gesellschaft« (ebd., S. 433). –

Mit einem Wort: Don Giovanni *und* Carmen in *einer* Taverne draußen am Wall von Sevilla: das hätte was gegeben. O mei o mei.

Vor allem, wenn dann noch Faust als ihr Mephisto dazugekommen wäre.

◇

Für eine Streichung des Sextett-Finales nach Don Giovannis Höllenfahrt machte sich, gegen die neoklassizistische, auf Cocteau und Nietzsche zurückdatierende »intellektuelle Liebe zu den Konventionen«, die hier auch aus dem »Widerstand gegen das Wagnerische Musikdrama« erwachse, u.v.a. auch Adorno stark:

»Mittlerweile trägt die Restauration des Topos vom fröhlichen Beschluß, nur weil es gut wäre, einen zu haben, nicht mehr recht. Die Größe der Komturszene übersteigt gebietend alles vorhergegangene Spiel; danach muß das wiederhergestellte abfallen. Keine Berufung auf Stil hat Macht über ein Werk, das auf seiner Höhe sein eigenes Stilisationsprinzip außer Kraft setzt. Die Schwäche des Durfinales ist keine glückliche Rückkunft in die Form: sie bezeugt, wie unwiederbringlich durch Mozart das Dixhuitième geworden ist ... Schließlich hatte – wenn es schon um die ominöse Werktreue geht – Mozart selber den Strich gebilligt. Zu schützen ist das Werk vor Einbrüchen einer krampfhaften Naivität, welche die Szene des Komturs, letzte barocke Allegorie als vorweltliches Bild, rückwirkend zum Läppischen verurteilt.« (Aus einer Schallplattenrezension in der SZ vom 24. 2. 1967.)

Fast alles richtig, die Streichung geht aber, im Zweifelsfall selbst gegen Mozart, aus grundsätzlichen Erwägungen trotzdem nicht. Dabei nicht einmal primär der schieren musikalischen Qualität der wunderbar gestuften Ensemblegestalten insgesamt wegen. Sondern entscheidend wegen der vollkommen singulären Schönheit von Ottavios »Or che tutti« mit anschließendem G-dur-Duett. Ironischer wurde, wovon Adorno allzuwenig verstand, ein ironischer Inhalt – »vendicati siam dal cielo«, der Himmel selber hat die Rache erledigt – nie in sammetweiche Töne gesetzt; selbst von Mozart und selbst in »Così fan tutte« nicht. Die dumme Sache mit der von der 1. Szene an das Drama bewegenden Rache – so unangenehm, ja unappetitlich und jedenfalls die Verlobung und überhaupt den Frieden störend sie eigentlich allzeit war: mit einer warmen, sanft glutvollen G-dur-Phrase aus Don Ottavios melodischer Hausapotheke hat sich die beschwerliche wie im Grunde überflüssige Sache ausgemärt, der heimliche Spiritus rector der Oper, Ottavio, kann seine allzeit mit »tenero amor« umgaunerte Donna Anna endlich ordnungsgemäß heiraten, werweiß, vielleicht kommt ihm das aus Pietätsgründen auferlegte weitere Jahr Verlobungswartezeit ja sogar sehr zupaß, für den »Bräutigam der Bräutigame« (Adorno) ist es eigentlich ja immer zu früh.

Damit es nicht am Ende aber doch noch ein ewiger Bräutigam bleibe, wird man übers Jahr dann einander dennoch heimführen; in eine wahlweise möglichst kinderlose oder kinderliebe Ehe; um in ebendieser hin und wieder im gemütlichen Plausch mit Anna oder der alljährlich aus dem Kloster heraus gastierenden Elvira der schmerzlichsüßherben Verlobungstage samt den »eccessi si enormi« des verflossenen Hans zu gedenken; vor allem seitens Ottavio allzeit kopfschüttelnd betreffs der grauenerregenden Abgründe dieses »Scellerato« und »Fellone« und »Perfido« – und dann, nach Elviras

Verabschiedung, wird der inzwischen achtundfünfzigjährige Ottavio ins Arbeitskabinett schreiten, für Anna und gegen Adorno eine neue or-che-tutti-artige Arietta in behäbigem Esdur oder diesmal in scherzendem F-dur auszutüfteln; um sodann wieder kurz nach draußen zu gehen, den holden und sehr ottavioartigen Hesperus-Dämmerstrahl über der fernen Sierra Nevada zu beschauen und dann wieder ein wenig nach den Dienstboten oder den Hühnern zu sehen.

Winterreise eines Genies

Zum 200. Geburtstag von Franz Schubert

Es ist nicht anzunehmen, daß sich das mit seinem 200. Geburtstag am 31.1.1997 geändert und gebessert hat. Wie bei anderen Großgenies auch, aber doch ganz besonders bei ihm, Franz Schubert, werden seit undenklichen Zeiten unentwegt Mythen entmythisiert und Gerüchte als Gerüchte widerlegt, die oft gar keine mehr sind; Legenden enttarnt, die lang schon entlegendisiert sind; Türen mit Brachialgewalt und wissenschaftlichem oder öffentlichem Getöse eingerannt, die längst offen und jedermann zugänglich sind. Bei Schubert (1797–1828) ist es vor allem die Trivialmythe vom kitschigen Dreimäderlhaus, dem der arme und linkische Kompositeur im späteren Singspiel wie im noch späteren Kinofilm aus unerwiderten Liebesgründen nachstieg; dem der leibhaftige und biographisch festmachbare Franz zeitlebens nicht einmal am Rande gewogen war. Aber um so schöner und dankbarer und ungescheuter funktioniert nicht allein diese Mythe, sondern auch ebenso deren immerwährende Widerlegung unterm Aufklärungsmäntelchen eines angeblich ganz neuen und gereinigten Schubertbilds. Ehe dann, im Verein mit dem Bild des Frühvollendeten, der Kitsch- und Operettentopos erneut losgeht, um wieder widerlegt zu werden. Der Schubert, wie ähnlich übrigens Jean Paul, erst ziemlich lang post mortem auferlegt wurde. Auferlegt und aufgezwungen von interessierten Kreisen – zum Teil fast denselben, die den ganzen Quatsch nun ebenso systematisch und systemdienlich eben wieder »entlarven« und »entmythisieren« oder gar »entmythologisieren«: der allgemeinen Kultur- und speziell Musikindustrie, die von beidem, dem nimmersatten Kreisel, gedanken- und auch schamlos lebt. Aller Voraussicht nach wird sich der Circulus infinitus vornehmlich im Jahr 2028 bei den Feiern zum 200. Todestag zum abermaligen Male runden.

◇

Natürlich geht es da anderen Komponisten kaum anders. Beethoven war und ist immer und immer noch der »Titan« der Trivialmythe der Schallplatten- und der Filmverwertung, seine michelangeleske Büste mehr noch als die Neunte Sinfonie und vorzüglich in der Gestaltung durch Ewald Balser. Mozart das unglückliche, liebenswürdige, wunderkindgeniale, aber halt gar zu lebensuntüchtige, wenn auch von Gott geliebte Wolferl; Haydn immerzu und immer noch sein Papa. Verdi ist der Bär, Wagner das Chamäleon und Schumann der leider verrückte Ehegemahl jener auf dem Hundertmarkschein. Brahms ist kaum mehr als ein Romantitel der Sagan gewesen, und Bruckner war spätestens mit den Nazis einerseits »Gottes Spielmann«, andererseits und in der Konsequenz ihr Blut-und-Boden-Komponist; jetzt, bei den amerikanischen Gestaltern des Musik- und Wissenschaftsbetriebs, wieder mehr, wie man liest, das erstere.

Schubert aber ist, trotz aller Entrümpelung und schon fast wieder überanstrengter Korrektur und Gegenmythisierung als Frühexistentialist und schizogene Doppellebensnatur und dergleichen mehr: neben dem melodramatisch unglückseligen Dreimäderlhauskavalier noch immer wesentlich der – da diente die früh ins Breite gegangene Physiognomie als Vorlage – tolpatschig-gemüthafte »Schwammerl«; der dafür um so ätherischere, himmlischere Musik komponierte; solche mit den, da stimmt sogar die Mythe plötzlich wieder, von Schumann wie von Strawinski so bezeichneten »himmlischen Längen«. In einer Kombination aus wishful thinking der Kulturindustrie und selffulfilling prophecy ebendieser ihrer praktikablen Wünsche wurde das gleichfalls wünschenswert frühverstorbene Komponiergenie zwar immer wieder zum Ernstfall korrigiert und revidiert; um dann aber ebensooft wieder beim Schwammerl, ja Depperl zu landen: in den günstigeren Fällen als Chef der abendmusikgeselligen »Schubertiaden« und als Leiterwagenmitfahrer und Musikregisseur von sonntagnachmittäglichen Gruppenausflügen in den Wienerwald. Der sollte zwar nicht gerade mit dem Johann Straußens und Ö.v.Horváths verwechselt werden; aber auch da stimmten Mythe und Legende schon wieder mehr mit der Realität und Biographie überein – und auch die allzu naheliegende synästhetische Überschneidung des biographischen Franz Peter Schubert mit seinen bekannten Liedinkarnationen, den Wanderburschen der »Müllerin« und der »Winterreise«, ist ja wieder nicht so komplett daneben. Sondern teilrichtig:

Der Schubert dieser »späten« (er war grad mal dreißig) Jahre war ja tatsächlich so einer; ein halb schon Abwesender wie ständig produktiv Träumender oder überm Komponieren Halluzinierender. Freund Josef von Spaun berichtet: »Wer ihn einmal an einem Vormittag gesehen, während er komponierte, glühend und mit leuchtenden Augen, ja selbst mit einer anderen Sprache, einem Somnambulen ähnlich, wird den Eindruck nie vergessen.« Und Moritz von Schwind an den beiderseitigen Schubertianerfreund Franz von Schober: »Wenn man (im März 1824) untertags zu Schubert kommt, sagt er grüß dich Gott, wie geht's? ›gut‹ und schreibt weiter, worauf man sich entfernt.«

Und recht daran tut, die vier verbleibenden Jahre waren kostbar.

◇

Nicht alle künstlerisch-biographischen Bemühungen um Franz Schubert waren dumm und/oder lieblos und korrupt. Aber auch die besseren häufig nur: halt gut gemeint. Die nicht wenigen »kritisch« intendierten Spielfilme z. B. der letzten Jahre, die sich da mehr oder weniger frei an Musikerviten hefteten, sei's um sie zu rehabilitieren, vom angeschwemmten Kitsch zu salvieren, sei's um sie zu »entmythisieren« oder zu »entmystifizieren« (beides ziemlich unsinnige Vokabeln bzw. Vorsätze): samt ihrem kritisch-verehrungsvollen Impetus hängen auch sie manchmal arg verloren in der Luft der ohnehinnigen und allgemeinen Verblasenheit unserer Tage. Das gilt von Kirschners und Formans Mozart-Filmen wie von Baumgart-Patzaks Dreistunden-Opus »Wahnfried« rund um Wagner; und auch Fritz Lehners und seines Protagonisten Udo Samel rund ein Jahrzehnt zurückliegendes und ambitiöses Schubert-Filmportrait »Mit meinen heißen Tränen« hält ungeachtet des darüber ausgeschütteten Lobs keineswegs Stich – ja, diese freibiographistische Gattung verliert sogar um so rascher an Einleuchtkraft, je ernsthafter ihre formalen und ideellen Volten uns auf Anhieb dünken. Abgesehen davon, daß bei solchen Projekten oft eine Menge kongenialisches Imponiergehabe mittransportiert wird, nämlich seitens der Autoren und Regisseure, deren »Mir-nach-da-geht's-lang« dann halt immer wieder zu recht grämlich beflissenen Attitüden und Manierismen sich verkrümelt: abgesehen davon darf man in solchen »Aneignungen« und »Annäherungen« und »Annäherungsversuchen« (und wie dergleichen dann oft neudummdeutsch heißt) eher eine Erweiterung der Hermann Brochschen »Machtsphäre des Kitsches« erwittern denn Sinn. Der allzeit verfemte und allseits bekämpfte Kitsch: als eine Art kritische Folklore kommt er durch die Hintertür wieder zurück und stülpt sich über seine Gegenstände. Der krude Kitsch des altschubertischen Dreimäderlhauses an der schönen blauen Donau (welcher eigentlich: der Johann Strauß'? Brahms'? Dvořáks?) –: manchmal wird er vorm Angesicht des neuen und kritisch und ungeniert kongenielich sich gebärdenden beinahe schon harmlos. Und man darf zuweilen sogar den Verdacht hegen, der altbackene kommt sogar der Wahrheit näher. Der süße Melodien zugunsten irgendeiner Hannerl Matz zusammensinnierende und dann aber doch auf sie verzichtende Karlheinz Böhm alias »Franzl« ist am Ende gar etwas weniger verkehrt als die schwerstaussortierbare Melange aus Samel, Lehner, Winterreisender, Textdichter Wilhelm Müller und Schuberts Franz. Das alles zusammen – der Schönheiten, der bewunderunggebietenden Bilder im einzelnen unbeschadet – kann eigentlich kaum gutgehen.

◇

Außer Lehner hat sich in den letzten Jahren vor allem der frühverstorbene Schriftsteller Hans J. Fröhlich mit seiner Schubert-Biographie von 1978 in ambitionierte Gegenden begeben, in mancherlei Beziehung im Sinne von Imagokorrektur verdient gemacht und sich gewiß einen Ehrenplatz in der Deutergeschichte erworben. »Eine Psycho-Biographie« nannte der

Autor sein Buch gern im Gespräch, sie wandelt deutlich, wenn auch nicht im Übermaß, in den Leitspuren der kurz vorher erschienenen und spektakuläreren und erfolgreicheren Wolfgang Hildesheimerschen »Mozart«-Biographie als einer Art dezidierten Gegenbiographie, folgend nicht primär linear-annalischen, sondern inneren Lebensstrukturen; und andererseits setzte Fröhlich damit die traditionelle, ja durchaus nicht ganz unerfreuliche und tendenziell fast immer »kritische« Linie der spürfreudigen, einfühlsamen Schubert-Einlassungen dieses Halbjahrhunderts fort; von Annette Kolb (1947) über z.B. Marcel Schneider (1958) und Fritz Hug (1976) – ganz schlecht sah es da seit Otto Erich Deutschs Werkerfassung von London 1951 im Schubert-Genre ja eigentlich nie aus.

Ähnlich wie Kolb versteht Fröhlich Schuberts Vita weniger chronologisch als zyklisch und thematisch – und wie schon bei der älteren Kollegin spielt bei Fröhlich die autobiographische Prosaskizze »Ein Traum« aus dem Jahre 1822 eine leitmotivische Schlüsselrolle. Der kindliche Schubert hat den Vater »erzürnt«, weil er die »köstlichen Speisen« eines »Lustgelages« verweigert:

»Ich wandte meine Schritte, und mit einem Herzen voll unendlicher Liebe für die, welche sie verschmähten, wanderte ich in ferne Gegend. Jahrelang fühlte ich den größten Schmerz und die größte Liebe mich zertheilen ... Wollte ich Liebe singen, ward sie nur zum Schmerz. Und wollte ich wieder Schmerz nur singen, ward er mir zur Liebe ...«

»Himmlische Gedanken« betreffen auch den geträumten Tod der Mutter und den tränenreichen Anblick ihrer Leiche – Fröhlich entnahm dem Tagebuch-Traum eben den Mutterverlust als Schlüsselerlebnis des Fünfzehnjährigen, als die Metapher für den Grundkonflikt von Schuberts Leben: den Verlust der mütterlichen Geborgenheit – und in gleicher Bewegung das äußerst gespannte Verhältnis zum Vater. Man kann den Text, der, so Fröhlich, von der Forschung lang als Erguß später Romantik »verdrängt« worden sei, natürlich auch noch anders lesen, vor allem als Pendant zu jenen Texten, die »stellvertretend von anderen geschrieben wurden, die aber seine (Schuberts) eigenen sind« und im Verbund mit seiner Musik unsterblich wurden – es sind die von Wanderschaft und Tod als einem konstanten Paar so vieler Schubertlieder, aber auch der Klaviersonaten und der besten Kammermusiken; beide Motive mündeten für Schubert, so Fröhlich, in das eine des Doppelgängers, welcher am Ende jener »Wege, die noch keiner ging«, sich selbst begegnet, den Zirkel zu beschließen.

Seit Fröhlichs Buch ist wohl keins erschienen, das solche Spuren noch eindringlicher verfolgt hätte; oder aber sie wieder zudeckte, eben seinerseits neue Wege zu beschreiten, die noch keiner ging. Hildesheimer deutete in jenen Jahren an, nach Mozart käme nun vielleicht bei ihm Schubert in Betracht. Dazu kam es nicht mehr, weniger wohl wegen Hildesheimers Ableben: Wahrscheinlich wollte es der Weltgeist selber so – eine Übertragung des Mozartbuch-Schreibmodells auf andere wäre der Sache schwerlich bekommen.

◇

»Kennst du lustige Musik? Ich nicht!« soll Schubert, seither viel zitiert, gefragt haben (Fritz Hug, Franz Schubert, 1976, S. 64) – vielleicht mehr rhetorisch, vielleicht aus einer Laune heraus, vielleicht weil er sich mit der Assoziation lustig-fröhlich doppelt unverstanden wähnte, er, der sich um die gleiche Zeit »als der unglücklichste, elendeste Mensch auf der Welt« fühlte. Im Ernst, physiologische Probleme kollektiven und kulturspezifischen Musikrezipierens beiseite, ist selbstverständlich viele, sehr viele Schubert-Musik fröhlich, extrem fröhlich und fröhlichmachend und auch sogar lustig – gerade weil man sich in den letzten Jahren und Jahrzehnten vermehrt und durchaus mehrheitlich darauf kaprizierte, den unheimlichen, den dämonischen, den beethovennahen und -äquivalenten Schubert ins Licht und ins Zentrum zu rücken, den Romantiker und den Avantgardisten und den sensationell »Modernen« zum Nachteil des Spielmusiken-Kompositeurs und mehr konventionellen Spätklassikers: Deshalb stimmten und stimmen die Akzente jetzt grad wieder andersherum nicht. Über dem wild agierenden Schöpfer der G-dur- und d-moll-Streichquartette, des Streichquintetts und etwa des späten Klaviersonaten-Triptychons geriet sozusagen der Autor des hellklirrigen und freundlich-traulichen Forellenquintetts und der lieblichsten Lieder recht in den Hintergrund, fast ein bißchen in Vergessenheit; wenn schon nicht des Konzert- und Schallplattenbetriebs, so doch der Schubert-Ausdeutungen der progressiveren Art.

Bei Fröhlich – nomen ist hier wahrscheinlich tiefenpsychologisches antiomen – kommt dieser leichte, elegante, heitere, fröhliche, lustige, gemütvolle, lyrisch sich ausgießende, seraphisch träumerische, eben »himmlische« Schubert – sagen wir der Lieder »Im Frühling«, »Auf dem Wasser zu singen«, »Ich denke dein« und eben »Die Forelle« (ich nenne, Ihnen, liebe Leser, zu dienen, vier der schönsten unter den siebenhundert) – kaum noch vor. In Wahrheit ist der aber natürlich nicht weniger groß als der tragische, der dämonische, der zerrissene und möglicherweise kindheitstraumatisierte; und am unwiderstehlichsten ist Schubert wohl da, wo alles zusammenkommt, Naturseligkeit und Weltschmerz und Krankheit zum Tode; sagen wir im Liederzyklus der »Schönen Müllerin« von 1823; und abermals, liebe Leser, Ihnen zu nützen, erteile ich

Ihnen leis schleichwerbend eine, eine einzige und allerdings ewigkeitliche Schallplattenempfehlung; und eine dazugehörige grundsätzliche Erwägung obendrein: Fritz Wunderlichs »Schöner Müllerin« von 1966 ist schlimmstenfalls vorzuhalten, sie sei schon gar *zu* schön gesungen für einen leidenden Handwerksburschen, für einen, von mir aus, Outcast nach frühromantischer Maßgabe; aber das ist natürlich Unsinn, die alte Schallplatte vielmehr eine säkulare Sternstunde und entsprechend »der Himmel da droben: wie ist er so weit«.

Anders als in der »Winterreise«, wo der Baßbariton am überzeugendsten ist (ich empfehle aber hier, auch sehr en passant, die erstaunliche Version mit Christa Ludwig), hat Schubert in der »Müllerin« hörbar an einen Tenor gedacht; mitnichten an Fischer-Dieskau, sondern eben an Wunderlich, den Jüngling schlechthin, den jugendlichen Frühling; während *ich* als Müllerin dem hagestolzig-manieriert vor sich hin pseudotiefsinnenden Dietrich ja gleichfalls den Laufpaß gegeben hätte.

Wunderlich aber hätte ich genommen. Jederzeit genommen und dem grünen Jäger vorgezogen. Aber Weiber sind halt blöd.

◇

Fröhlichs biographische, Lehners filmische, Peter Härtlings mehrfache epische Anstrengungen, in Sachen Schubert Neuland von Verständnis zu betreten, in allen Ehren oder jedenfalls in wohlwollenden Betracht gezogen: Aber den sinnhaltigsten Beitrag zu seiner Neuausdeutung lieferte innerhalb der letzten Dekaden wenn schon nicht der Verfasser dieses Artikels, so doch wieder mal seine Ehefrau, so ganz nebenbei die Ehre der oben soeben beleidigten Weiber wiederherzustellen; mit diesem nachgerade schubertisch-winterreisenden Irrlicht aus dem Jahr 1985 und im Zusammenhang mit dem Weh-Hauchen des Klavier-Trios Notturno in Es-dur:

»Also, der Schubert, wenn der noch mal auf die Welt kommen täte, man müßt' ihm sofort zehn Mark geben, damit er weiß, daß er mit nichts auf der Welt zu bezahlen ist.«

Das dreigeteilte Unikum

Einfälle zu Puccinis »Trittico«

Nicht immer, natürlich, haben Künstler in der künstlerischen Einschätzung ihrer eigenen Werke recht. Wenn zum Beispiel Richard Strauss seine von Anfang an an mangelndem Zuspruch leidende »Frau ohne Schatten« zur bedeutendsten und besten seiner Opern erklärt, so redet daraus ja durchaus mehr die Rechthaberei und beleidigte Besserwisserei des Enttäuschten, dem man zwar seine Meinungsbefugnis und sein Connaisseurtum ja nicht so ganz abdingen kann, der sich hier volens aber doch recht nolens irrt. Wenn dagegen Giacomo Puccini schon kurz nach der Uraufführung seines »Trittico« am 14. Dezember 1918 an der New Yorker Met das Mittelstück, die von Beginn an stark als »Aschenbrödel« behandelte »Suor Angelica«, zu seinem Liebling macht und wiederholt zur »besten der drei Opern« (Brief an Sybil Seligman vom 21. 1. 1921) ausruft, so dürfte er damit nicht schlecht gelegen haben, ja heute, mit einem Dreivierteljahrhundert Abstand, gegen all jene zu Recht recht bekommen haben, die, wie der Kritiker der »Times«, diesen Einakter als »süßlich«, »unwahr«, als »mock-turtle-Mystizismus« (zit. nach: Howard Greenfeld, Puccini, S. 253) empfanden; wobei sich einige der damaligen Geschmackskritiker einer falschen Schildkrötensuppe allerdings nicht so recht zu entscheiden vermochten, ob sie die gleichzeitig herausgehörten »Debussyschen Harmonien« eher als kühn loben oder als plagiatorisch und vor allem unpuccinisch bemäkeln sollten – Verdi erging es ja ganz ähnlich mit dem Wagnerismus-Vorwurf im Fall von »Don Carlo« und »Aida«; im übrigen verstand Puccini sich selber als »glühender Bewunderer Debussys« (Brief an einen Journalisten des »Giornale d'Italia«), kaum allerdings des »Debussysmus« als »Methode«; d. h. Puccini bediente sich, wie vielfach sonst und wie viele andere Komponisten auch, hier rein eklektisch.

Im ganzen aber geht es in Puccinis Frauenstimmenoper von der armen und rührenden Klosterschwester Angelica, wie im gesamten »Triptychon« und auch in »Fanciulla« und »Turandot«, viel weniger um Debussy und Impressionismus und gar Moderne; sondern wie immer seit »Manon Lescaut« handelt es sich primär um »dolcissimo soffrir«, um süßeste und auch erlesenste Leiden – und in dieser von Puccini so nachdrücklich hochästimierten und ans gerechte Vaterherz gezogenen Einstunden-Oper schon um ganz besonders süße; bis, zugegeben, manchmal hart und durchaus riskant an den Kitschrand des Süßlichen. Die Idee des Kindlichen, die der Puccini-Biograph Wolfgang Marggraf (S. 160) hier zentral am Wirken sieht, sie betrifft weit über den Handlungskern der ihres Kleinkinds beraubten und nämlich wegen dieser »Frucht verbotener Liebe« (so hieß das, man erinnert sich, damals) ins Kloster gesteckten adeligen jungen Mutter die gesamte Weltempfindungsweise dieser schmalen Oper und den Grundcharakter ihrer lyrisch-sanften, auch mystisch-warmen, insgesamt wie »pastellenen« (Marggraf) Musik – ungeachtet all ihrer hohen, hochartistischen Ausgereiztheit. Das altabendländische Motiv des Retour-aux-enfants als des Erlösenden und Vorparadiesischen hält das zunächst ganz undramatische und im Undramatischen endende Werk zusammen und gleichsam im Schweben. Kindlich-kindheitserinnerlich klingt schon das einleitende ländlich frauenklösterliche Glockengebimmel, ein weiteres und besonders apartes Exemplar in der Reihe der von Puccini seit »Villi« über »Bohème« und »Tosca« bis zu »Tabarro« so sehr präferierten und raffiniert eingesetzten Kirchengeläutmusiken – ein, wie man weiß, im Komponisten besonders nachhaltig nachhallendes Kindheitsecho aus dem nahen Dom im heimischen Lucca; freilich enthält dieses vermeintlich einfältige und wunderbar atmosphärische Angelica-Glockenmotiv mit seinen vier Tönen aller hörbaren Wahrscheinlichkeit nach auch eine zart chiffrierte und kunstvoll handlungsbezügliche Zitatanspielung auf das altgregorianische »Dies irae« aus der lateinischen Totenmesse; so wie es ähnlich rezitierend gleichfalls z. B. Schumann und Liszt verwendeten.

Das Vierton-Glockenmotiv bildet dann auch den Themenfundus der Angelica-Arie im letzten Drittel, der einzigen der Oper: »Senza mamma« – einer aufs erste Hören etwas zufällig und dramatisch deplaciert anmahnenden: Denn nach dem kurz zuvor passierten wahrlich markerschütternden, dabei doch wundervoll verhaltenen, zurückgenommenen Verzweiflungsausbruch bei der Nachricht vom Tod ihres Kindes scheint die Arie der Protagonistin erst einmal schiere Konzession an die Konvention der Arie zu sein. Das verhält sich aber schon wieder ganz anders, hört man sie dergestalt, daß die Verzweifelte sie sich, zur Besänftigung und allmählichen Entrückung, als Liedchen gleichsam selber vorsingt; oder auch als imaginierten Wiegenlied-Dialog mit dem toten Kind; ehe sie dann, nach ihrer zweiten Desperationsexpression – sie glaubt, mit ihrem Selbstmord die Hölle erwirkt zu haben und so, ein nochmals wunderbarer dramatischer Einfall, ihr Kindchen ja erst recht nie wiederzusehen! – allmählich anschwellend ins sfumato rosafarben Mystische, in den Himmel ihrer ganz autonomen, heiligmäßigen Erlösung entschwebt.

Kindlichkeit als Sehnsuchtsgedanke der Hauptgestalt, der Oper und ihres allerdings hochreflektierten Kompositeurs zugleich: Verwandt ist dies alles sehr den von ihrem Autor und seinen Konzerthörern erlauschten »himmlischen Freuden« in der Vierten und Zweiten Symphonie Gustav Mahlers, dem der späte Puccini zuweilen ja auch sonst kaum weniger nahesteht als andererseits dem auch nicht üblen Österreicher Franz Lehár – unüberseh- und -hörbar freilich auch die Ähnlichkeiten mit der dort aber ganz profanierten Himmelsapotheose am Schluß von Gustave Flauberts Erzählung »Ein schlichtes Herz« von 1877: die unglückliche und scheint's ungetröstet sterbende Magd Félicité geht, zugleich realistischer und mystischer, noch einen epiphanischen Schritt weiter und erkennt, wie Angelica in ihrem Kind einen Engel an der Hand der Gottesmutter, schon leis delirierend in ihrem Papagei den Heiligen Geist. Als Schwester Angelicas wahrlich nächstverwandte und nur viel herbere Schwester.

Aber auch die anderen Schwestern in Puccinis Einakter verdienen, so wie der Komponist viel Detailsorgfalt auf sie verwendete, unsere Aufmerksamkeit und, vielleicht von der skurrilen »Schwester Eifrerin« abgesehen, Zuneigung. Wir hören wundervoll pastellgetönte Kleinseligkeiten aus dem schön kindlich-kindischen Ordensleben. Zauberhaft der Kunstgriff Puccinis und Adamis, daß ausgerechnet die zart geliebten Klostergartenblumen (Fingerhut?) der Titelheroine den Tod bescheren. Vollends herzaufweichend die Engführung von Angelicas Mutterlos mit dem der »Schwester Schäferin«: Fünf Jahre lang die Schäflein nicht mehr gesehen zu haben in freiwilligem Verzicht, das ist ja wirklich fast noch schwerer, als unfreiwillig ebensolang das eigene Kind zu missen.

Ein Werk, welches einundfünfzig Minuten lang starr vor Bewunderung macht und gleichzeitig hinschmelzen läßt in einer ganz raren Art von metakünstlerischer Kompassion und Ergriffenheit.

»Suor Angelica« spielt in Italien um 1700, »Gianni Schicchi« in Florenz präzis 1299 – der immer abschließend gespielte Einakter des »Trittico« ist in Dantes »Divina Commedia« kurz einmal als wahre Legendengeschichte ausgewiesen und vorgezeichnet; er ist der einzig komische Teil des Triptychons, er war von Beginn an und zu Puccinis Bedauern (Mosco Carner, Puccini, 1996, S. 16) der erfolgreichste und deshalb auch oft separiert aufgeschlagene Altarflügelteil, er galt und gilt vielen als sein bester, sein kompositorisch avanciertester, avantgardistischster – und eben das alles stimmt halt nicht so recht. Denn Komik – oder auch Humor – und Puccini: ist in vielfacher Weise ein Mißverständnis, ein vom Komponisten, vom Italiener, vom psychischen Typus Puccini selbst wohl nicht erkanntes. Ein Mißverständnis, wie es schon bei Verdi insgesamt eines war, auch »Falstaff« oder der allzeit schrullig herumhampelnde Fra Melitone aus der »Forza del Destino« sind ja nicht eigentlich, nicht genuin komisch; nämlich keineswegs zum Lachen; es sei denn, man wäre schon stark zurückgeblieben. Sondern Verdis Finalwerk ist allenfalls geistreich, witzig – und ganz ähnlich auch der »Gianni Schicchi« in Idee und Struktur und Idiom, und das heißt vor allem: in seinem idiomatischen Parlando und in seiner Ensemble-Fugatokunst. Komisch im italienischen Opernfach sind schon eher die herzlich flachen Kunstgebärden in Rossinis »Barbier« und in fast allen seinen anderen Buffosachen – komisch in einem aber mehr erhöht-sublimierten Sinne ist bei Puccini allenfalls jene übergelagerte Schicht von Ironie, die, etwa in der »Bohème«, alle Liebesromantik grundsätzlich in ein Uneigentliches, Nicht-so-ganz-

Giacomo Puccini

wörtlich-zu-Nehmendes transponiert, ins betont triviale C-dur des 1. Akt-Finales: reservatio mentalis im Sinne der klassischen Ironie-Definition. Das ewige italienische Fehlmeinungssyndrom, daß schnelles und kakophonisches Reden in Alltag und Oper schon an sich komisch und lustig sei: auch Puccini zahlt ihm seinen Zoll – und wahrscheinlich, möchte man meinen, sind gerade die Erfinder der Commedia dell'arte, die südlich der Alpen Heimatlichen, aus irgendwelchen verschnörkelten ethnologisch-klimatologischen Gründen gerade nichtkomisch, nichthumoristisch, und zwar genuingenealogisch.

Auch als er es noch einmal probierte, mit den drei chinesischen Ministern in »Turandot«, wo sie eine Art Gegenwelt zur Härte der Haupthandlung vorstellen sollen, hatte Puccini ja nur in Maßen Glück.

So kommt's, daß auch in dieser so manieristisch grotesk und allegrowirbelig sich aufführenden »Gianni Schicchi«-Musik die puccinischste und also beste die atypische, nämlich die einzig lyrische ist: D. h. vom Duett des Liebespaars und von der berauscht beschwingten Tenor-Arietta »Firenze è come un albero fiorito« abgesehen ist das Laurettas weithin bekanntes Liedchen »O mio babbino caro«, ein kurzer und unwiderstehlich charmanter Schmelzgesang purer Lebens- und Selbstverliebtheit und als ebensolcher fast losgelöst von seinem Anlaß, der Bitte ans Väterchen; es gehört diese As-dur-Arietta ganz besonders und führend exemplarisch zu jenem Typ von Beschwörungs- und Selbstbeschwörungsmusik, von dem George Eliot sehr schön im Roman sagt, »sie glaubten, was sie sangen, desto mehr, eben *weil* sie es sangen«.

Nämlich als reines, nicht weiter reflektiertes, von sich selbst überwältigtes Wohlgefallen. An der Welt, an sich, an allem.

Schade, daß Puccini nicht als Zweitarie dieser Lauretta jenes Liedchen zugedacht bzw. es wiederverwendet (darin war er sonst nicht kleinlich) hat, dessen fast seraphische Schönheit und Schelmischkeit im unaufführbaren Opernerstling »Le Villi« (1884) ewig verschollen, kryptisch und praktisch vergeblich bleiben muß und das, der Auftrittsgesang einer gewissen Anna, seit einem Jahr mein allerpersönlichster Puccini-Favorit ist: »Se come voi piccina io fossi, o vaghi fior ... sempre, sempre ... non ti scordar di me!« – ah, ja, es ist schon gar zu schön und herzig und innig und gleichzeitig kapriziös und wundersam und viel zu schade fürs Vergessenwerden und hätte als Ohrwurmgegenstück zu »O mio babbino« sicherlich auch diese etwas zweischneidige Oper stark verbessert, wenn mich Puccini damals gefragt hätte, und man sollte also auch heute noch durchaus mal einen Versuch mit dieser einmontierten Arie wagen, am besten unter meiner behutsamen Leitung bei den Änderungen an der Partitur und –

Naja, aber vielleicht besser doch nicht.

»Ich liebe es von den drei Stücken am wenigsten«, sagte sein Komponist gleich nach der Met-Premiere über jenen »Mantel – Il Tabarro«, der das Trittico in der Aufführungspraxis zumeist einleitet – aber das nun wiederum braucht man nicht als gar zu päpstlich zu nehmen und zu wörtlich; so wie ja Puccini auch fast nur rein rhetorisch an den Textdichter Adami jammerte: »Wie ich sie hasse, diese drei Opern!« Innerhalb des diesbezüglichen »Unikums in der Operngeschichte« (Marggraf) stellt »Tabarro« den zeitlich fortgeschrittensten Part, die Handlung spielt um 1910, ist also praktisch Gegenwart, es ist Puccinis vierte (!) Paris-Oper, seine verismonaheste und wenn schon nicht kompositorisch, so doch sozialgeschichtlich seine modernste, akuteste. Erstmals bei Puccini ins Opernlicht tritt der Arbeiter, das neue und dem Handwerk längst entrückte Industrieproletariat mit seinen scharf sichtbar werdenden Problemen; von der durchaus unromantischen Standortlosigkeit über den Alkoholismus bis zur wild vagierenden Lebensgier gerade im »nicht mehr lebenden Leben« (so zitiert Adorno Karl Kraus, der seinerseits Ferdinand Kürnbergers Wort von wohl ca. 1880 weitergibt) – dies zumindest als Epochengefühl virulente nicht mehr oder nur noch da und dort aufflackernde und vital lebende Leben ist das Thema der Oper schon mit ihren abermals debussy- oder auch ravelähnlichen Einleitungstakten, der fahlen Grundfarbe des – so wie die Seine als eine Art dramatischer Person – träge und gleichgültig dahingleitenden Lebens.

Aber ebendas stimmt doch nicht so ganz, stimmt als eingleisige Metapher gerade nicht. Zwar ist die Vielfalt der koloristischen Mittel, welche Puccini von der Schiffssirene über die Autohupe bis zum abermaligen Glockengebimmel gerade zum Beginn dieser wie in keiner anderen Oper einsetzt, zum guten Teil bloß Kontrastprinzip, dies bei all seiner Lärmigkeit so gänzlich unstimmungsvolle, unromantische, nicht mehr so recht lebende Leben besonders deutlich und espressivo vorzustellen. Allein es zeugen ja alle jene Stimmen und auch die der großen und kleinen Protagonisten durchaus auch von neuen und nur eben andersartigen kleinen und sogar großen Gefühlen, von Sehnsucht und »unverhüllter Seelenqual« (Ernst Krause, Puccini), von einer nicht so ganz bestimmbaren und auflösbaren »paura« – deutsch sehr präzis: Lebensangst –, bis andererseits hin zum fast sozialrevolutionären Gestus von Luigis großer Konfession, seinem Menschheitspostulat von Lebensrecht, Recht auf (Puccini und Adami frei übersetzt) nichtentfremdete Arbeit; mit beinahe den nämlichen Worten wie Luigi bezeichnete 1906 der Nationalökonom Werner Sombart (Das Proletariat) die moderne industrielle Arbeiterexistenz: »Öde, reizlos, hoffnungslos fließt das ewig gleiche Leben des Proletariats dahin.«

Fast alle Michele-Giorgetta-Luigi-Musik ist von dieser pathetischen Qualität, statt bruchlos erhabener hat es im neuartigen Typus Gegenwartsoper konfus kaputte, aber eben nicht minder große Gefühle, statt Belcanto in gewisser Weise Malcanto (ein im Italienischen gängiger Fachterminus) – dieser fast Symbol geworden im verstimmten Leierkasten des Opernauftakts mit seinen schön schrägen Sekundsequenzen und seinen eigentümlich lauschigen, »poetischen« großen Septimkettenwalzereien; all das, wie auch die leicht groteske Tänzchenszene, ist schon recht nah an jenem »Wozzeck«, der sieben Jahre später folgen sollte und von dem Puccini, wie von Schönbergs Oper, durchaus neugierig Kenntnis genommen haben dürfte, hätte er ihn noch erlebt.

Das womöglich entzauberte, sehr weit über die »Bohème« von 1896 hinaus »unromantisch« gewordene Leben ist Thema, ist gleichsam Hauptperson der Oper, die moderne Lebensprosa, der Puccini aber gleichwohl, und das legitimiert und definiert nun mal Oper, neue Romantik, Transzendenz des Lebens, abgewinnt. Moderne artikuliert und bewährt sich in dieser Oper als Gefühlsambivalenz, besser -polyvalenz. War es in der »Bohème« noch entschieden um einen coup de foudre, um insgesamt edle Gefühle, wenn auch halb gemimte, vielleicht lustig simulierte, zu tun, so zwischen Luigi und Giorgetta bei ihrer Liebe au fond und a priori um plane, nackte, nur kurzfristig durchs warmflutende Gefühl gemilderte Verzweiflung – die es eben qua Liebe als deren ultima oder auch prima ratio zu durchbrechen gilt. Mimi ihrerseits, Puccinis große Liebe, war nicht so sehr femme fragile oder auch romantische Heroine, sondern mimte, naivisch und gleichsam rundum unentschieden, beides. Die noch junge, aber seelisch fast schon alte, nicht mehr naive noch zur Naivität begabte Schiffersfrau Giorgetta ist und spürt sich ungleich existentieller, reeller und realistischer. Noch ist auch ihr das Bedürfnis nach Romantik – neudeutsch: nach Entgrenzungen – mitgegeben; aber gleichzeitig mag sie nicht mehr dran glauben, nicht einmal mehr recht an die quasiromantische Pose, ans durchtriebene und geschlechtsspezifisch feminine Doppelspiel, an die Doppelexistenz als Proletarierin und Amante. Von dieser ähnlichen Substanz bei gleichzeitiger Differenz her erschließt sich auch das berühmte doppelte Mimi-Selbstzitat zu Beginn der Oper und anheimgegeben der verquäkten Stimme eines schon folkloristischen Straßenballadensängers, meint: Es gab da mal früher eine Mimi. Ein ebenso naheliegendes wie geniales binnenepisches und -dramatisches Konstrukt, ein sehr leises und leicht zu überhörendes, eins von äußerster Wehmut und zugleich Diskretion:

Mimi kokettiert noch und spielt; bei Giorgetta hat sich's ausgespielt.

Die Statik des vielleicht nicht mehr lebenden, lebensunfähig gewordenen Lebens: bis in die Dramaturgie der Oper hinein macht sie sich geltend, als Problem zum Beispiel auch, die Sopranistin eine Stunde lang auf der Bühne stehen, agieren und gerade nicht agieren zu lassen. Tatsächlich ist Giorgettas Wesen, wie das mancher Tschechow-Figuren, das Warten, Zuwarten – nicht mal auf den Märchenprinzen, sondern auf ein, ja, ganz anderes »Anderes«. Vergleichsweise älterer Natur die des Ehemanns Michele. Seine in pathetische Kantilene phrasierte Frage ist eine in der Oper relativ selten zu hörende: »Perchè non m'ami più?« – andererseits eine Ersatzfrage. Denn eigentlich will Michele etwas anderes fragen, eigentlich geht es in der Lebensprosa von Paris 1910, Seineufer, um etwas anderes. Die Liebe wird zwar noch geträumt, ist aber gleichzeitig etwas erfahrungsgemäß fast Beiläufiges. Gleichwohl hat des Schleppkahneigners »Ritorna!«-Appell an die sich seltsam unentschieden entziehende Ehefrau ein Herzaufwühlendes; weil Michele glaubt, anders als Don José, indem er ihn singend ausstößt, noch im nämlichen Augenblick ja selbst nicht mehr an ihn und sein Pathos – solch schwebende Valenzen sind die dominierende Gestik der »Tabarro«-Musik, einer häufig inspirierten, vom Geist der Gegenwart behauchten und gleichwie in Bann geschlagenen. Der Mahlstrom des Lebens, sein im Rotieren Unbewegliches, Bewegungsunfähiges: Noch die Kreisfiguren des Trauermarsches, als Typus seit der »Manon Lescaut« bekannt, gehorchen der so gefühlten und bestimmten Opernidee in schöner und sinnfälliger Antithetik, rundend eine Partitur voller Subtilitäten und voller, angesichts der waltenden Kolportagemordmotivik besonders frappanter, Ruhe und Noblesse.

Daß Puccini seine Oper mit einem vergleichsweise konventionellen Dreh, einem Mord aus Eifersucht, enden läßt, könnte Verlegenheit und Konzession sein, ist aber vielleicht auch ein Kunstgriff, fast Symbol der Gattung: Was das Leben selber nicht mehr bietet, die große Tat und Gebärde: – die Oper hilft dem Mangel ab und auf.

Und hält ihrerseits sogar ganz besonders emphatisch die alte Liebe hoch – die noch zu den beschädigtsten Existenzen. Zwar sind, wie bei Dostojewski und Tschechow, jetzt auch in der Oper die in der Finalszene sogenannten »nervi« an die Stelle der Seele, der Gefühle getreten. Die »Tyrannei der Nervösen« zu heiligen, mußte sich bereits 1911 der Pädagoge Theodor Lessing nachsagen lassen; »Nervosität« wurde zu einem »Schlüsselwort der neuartigen Modernitätserfahrung«, zitiert der Historiker Volker Ullrich den Psychohistoriker Joachim Radkau. Eine höhere Ironie will es, daß das, Gefühle oder Nerven, bei Puccini am Ende aber überhaupt keinen Unterschied macht. Musik selber adelt beides. Insofern hat sich seit »Manon Lescaut« von 1893 gar nichts geändert. »Ah! Tutto è finito!« heißt es dort am Ende der Oper im Wüstensand von New Orleans, »muoio: scendon le tenebre ... ma l'amor mio: non muor ...«

Daran glaubte auch Puccini wirklich und lebenslang und unverbrüchlich. Das macht den Ernst, die Würde seiner Oper aus.

Es ist ein Ros entsprungen

Und kann sich durchaus hören lassen

Gegen Weihnachten habe ich wenig; im Gegenteil: Wie das nun mit dem historischen Jesus war, ist mir persönlich eher Wurscht, für die Topik der Ikone des Stalls von Bethlehem ist wohl leider eher das Tübinger Toptandem Küng-Jens zuständig, eigentlich schade, denn diese Idylle ist ja weiß Gott nicht übel – mir persönlich noch näher steht und geht aber vielmehr das schöne Motiv des alten Weihnachtslieds von der mitten im Winter zart entsprungenen Rose. Das »altkatholische Triersche Christliedlein« von 1599 stellt ja das Wundersame schlechthin vor, und dafür habe ich für mein Teil eine rechte Vorliebe – zumal dies Winterwunder spiegelbildlich schimmert zum mittelalterlich römischen Gegenwunder vom Schnee im Sommer, also gewissermaßen meinem Haus-Wunder: Das, wie der Kenner weiß, nicht allein zu Rom eine erste »Maria Schnee«-Kirche (Santa Maria ad Nives) und in ganz Europa darüber hinaus Hundertschaften von niedlichen Satelliten hervorgebracht hat; sondern eine fast geniale Novelle; zufällig aus meiner Feder.

Die Umkehrung wiederum spielt in ihr auch eine beträchtliche Rolle: »Es ist ein Ros entsprungen aus einer Wurzel zart ... mitten im kalten Winter ... hat sie ein Kind geboren und blieb doch reine Magd.« Doch, speziell auch diese zweite Strophe, zarte Melodie und herbe Harmonik, die Apartheit des gemischten 2/2- und 3/2-Takts – das läßt sich alles hören. Doch, diese Katholischen verstanden schon recht zauberisch ihr Hand- und Mach- und Metaphernwerk. Weihnachten kann sich wegen mir, wenn schon nicht mehr sehen, so doch durchaus hören lassen.

Der große Fehler des Don José …

… und andere hochrelevante Einsichten in das Wesen der Liebe

Der Titel ist schon sehr gut: »Das Wesen der Liebe«. Jawohl, nicht das Sein, das Wesen.

Das Inhaltsverzeichnis ist noch besser: »Die Interpretation der Liebe als Geeignetheit, einen immanenten ›appetitus‹ zu stillen« (1. Kap.). »Die Intentio unionis als eine Steigerung der Transzendenz und Hingabe der Liebe« (6. Kap.). »Die ›Transzendenz‹ im Betrachten der Bedeutsamkeit ›für den Geliebten‹ kein bloß theoretisches Erkennen und Einfühlen« (7. Kap.). »Ordo amoris im weiteren Sinn«, »Ordo amoris im engeren Sinn« (14. Kap.). »Der Unterschied zwischen ›Steckenbleiben‹ im Eigenleben und dem legitimen Vorrang der Güter, die zu unserem Eigenleben gehören, vor solchen, die außerhalb desselben liegen« (9. Kap.). »Gefahr der Entartung der Liebe in Leidenschaft« (12. Kap.).

Aber gegen die eigentlichen Ausführungen ist das noch gar nichts: »Ein Werther würde nie eine Carmen lieben können« (S. 92). »Umgekehrt hätte José kaum Lotte geliebt« (411). »Der moralisch bewußte und in seiner Grundeinstellung sittliche Mensch … würde z.B. nicht, wie José, desertieren, Schmuggler werden und in wilder Ehe mit Carmen leben« (348). »Hätte er Carmen nicht getroffen und sich nicht in sie verliebt, so wäre er so geblieben, wie er sich in der Szene mit Micaela am Anfang zeigt« (366). »War es vor allem nicht die Liebe zu Faust, die das unschuldige, gütige Gretchen schuldig werden ließ? Fast jeder Mensch wird in seinem Leben einen oder den anderen Menschen getroffen haben, auf den etwas Analoges zutrifft« (366).

Prima. Dennoch erlauben wir uns zu dieser »eingehendsten und tiefsten philosophischen Untersuchung der Liebe, die je geschrieben wurde« (Klappentext) einiges Nachdenkliches:

1. Das nhd. »Bumsen« resp. seine zahllosen trefflichen Synonyma kommen in dem Buch nicht vor. Gleichfalls der Begriff »Koitus«, den man hin und wieder in exklusiven Psychosomatiker-Kreisen hören kann, fehlt.

2. Im Register wird unter »Sexualität« auf »Sinnlichkeit und bräutliche Liebe« verwiesen. Schlagen wir dort nach, so erfahren wir, daß, wer »aus Schwäche« in die »sinnliche Sphäre« fällt, »den Geliebten um Verzeihung bitten« wird. Naja. Öfter mal was Neues. Für den Geliebten.

3. Unter »Sinnlichkeit« rangieren 13, unter »Sittlichkeit« aber 121 Stellenbelege.

4. Offen bleibt auch die Frage, ob Werther im Sinne der Ordo amoris und der illegitimen Bevorzugung hätte Don José lieben können. Und wie steht sich eigentlich Faust mit Carmen? Da wär' ein ziemlicher Sack Entartung in Leidenschaft zusammengekommen.

5. Am Anfang, als er noch mit der Micaela herummacht, singt José noch ein rechtes Schmalz zusammen. Später, wenn er dann mit der Carmen schuldig wird, da geht ihm der Mund zumindest musikalisch wertvoller. Und überhaupt wäre ohne Carmen kaum eine Oper draus geworden, und in der Oper sind doch die Leute fraglos geborgener als z. B. auf dem tückischen Tanzboden oder gar in den wurzellosen Beat-Schuppen!

6. Herausgeber des Buchs ist nicht die Schopenhauer-, nicht die Humboldt-, nein die »Dietrich von Hildebrandt-Gesellschaft«. Wer ist denn das schon wieder, o Gott!

7. Wie lange ist es eigentlich noch erlaubt, daß ein katholischer Wurzelsepp im Zuge des »Ein-Teil-Seins-von« und des »Von-dorther-Stammens« den großen Eichendorff und gar noch Kant, Schiller, Goethe, Dostojewski usw. zitierend auffahren lassen darf? Und daß dieser Sklerotiker »das gütige Gretchen« (da war der Stabreim der Vater des Schwachsinns) im auslaufenden 20. Jahrhundert »schuldig« sprechen darf?

8. »Das Wesen der Liebe« (532 Seiten) ist der dritte der zehn projektierten Bände der Gesammelten Werke von Dietrich von Hildebrandt. Es stehen also ca. fünftausend Seiten ins Haus. Hat eigentlich schon jemand (Borges? Arno Schmidt?) mal ausgerechnet, was passierte, wenn alle Schreibmaschinenbesitzer im Zuge eines immanenten Appetitus ihren gesamten Hirnquark gedruckt und auf fünftausend Seiten herausließen? So einfach voll auf die wehrlose Sozietät drauf?

Ich fürchte, die geringen Bestände von Liebe auf diesem Globus würden noch einmal furchtbar reduziert werden.

Dietrich von Hildebrandt: *Das Wesen der Liebe,*
Regensburg 1970, 532 Seiten.

Warum ich Carmen nicht möchte

Eine recht persönliche Bestandsaufnahme

Ob mir die Oper »Carmen« gefällt? Na, das steht und fällt mit der Synchronfrage: Ob mir die Frau, das Mädchen Carmen zusagt. Sagen wir präzis: Ob ich die möchte.

Hm.

Saure Trauben? Nein, ganz idealistisch-hypothetisch: Also mit Sicherheit möchte ich, ein Mann des Jahrgangs 1941, ja alle drei relevanten Frauen in »Figaros Hochzeit« (und meinetwegen Marcellina und Cherubino dazu), von mir aus als Amanten oder als Maitressen oder wegen mir auch heiraten – jederzeit und sofort heiraten würde ich auch die beiden blühend-schwererotisierenden Ferrareser Schwestern aus »Così fan tutte« und gegebenenfalls ja sogar die noch reichlich virginale und deshalb doch ein wenig fade Pamina – aber: Carmen?

Elisabeth von Valois aus dem »Don Carlo«? Aber immer. Diesem Kitzel des sexuellen Herumlavierens zwischen Vater und Sohn kann ja wahrlich niemand, und schon gar nicht ich als der lachende Dritte, widerstehen … doch, manche Operndamen haben ihr durchaus veritabel und lebendigst Lockendes, man möchte sie von der Bühne herunterholen und stante pede embrassieren … aber Carmen? Carmen? Dieses ewig laszivisch girrende »Tralala-laha-laha-la« zu den angeblich aufreizenden Holzbläser-Terzschleifen im Zigeuner-Chanson des 2. Akts und zuvor schon im Schlußtableau des 1. und gleich darauf wieder im Duett mit José, diesem allzeit gurrenden Kastagnettengeklapper für die zeitlos-heutige öd unbefriedigte Angestelltenkultur und für die ewigen Spanientouristen?

Mimi? Aber klar! Zumindest, wenn sie Mirella Freni heißt. Und die andere femme fragile, Liù in »Turandot«? Aber ja! Schon, um diese tränentreibend Ärmste aller Operndiven spät, aber doch noch würdig genug schadlos zu halten. Die femme fatale Carmen aber? Ich weiß nicht, ich weiß nicht. Dieses nimmermüde Geflittere und Geflattere als angeblich antibürgerliches Antidot, als (wie das seit Nietzsche allewig und einen Tag genannt wird) archaischer Dirnenstolz, als emanzipiertes Urweib gar?

Sagen wir so: Das Auftrittsliedchen, die Habanera, sie muß wie die Seguidilla und das Zigeunerstrophenlied und auch noch die sogenannte Kartenarie schon sehr ausziseliert, dezent, andererseits beinahe zurückgenommen und schüchtern und eben nur dadurch anrührend-erotisierend vorgetragen werden, auf daß jedenfalls ich nicht fortwährend vor dieser – zumindest in der Interpretationsgeschichte – allzeit allzu penetrant ihre Reize und ihre Philosophie von der Liebe als einem rebellischen Vogel vorzeigenden Weiblichkeit mal Zigeunerangestellten ... was wollt' ich sagen ... ja: gleich davonrennen möchte. Hoffen wir, daß jede künftige Neuinszenierung da jedenfalls schon mal nicht mit gar zu vielem vogelwilden Talmi und allzu florierender Folklore operiert und auch nicht den allzu revolutionären, in Wahrheit nur hochvulgären Unfug des »Carmen«-Spielfilms fortführt, welcher da den singend gierenden Placido Domingo zwischen den unerträglich gespreizten Beinen einer Julia Migenes placiert, um uns das Leben gleich noch mehr zu vergällen –

– nein, Carmen nicht. Sondern sagen wir: die »Troubadour«-Leonora. Die liebe ich schon allein wegen ihrer dreitaktigen Phrase »In quella ripeteasi un nome, il nome mio!« Nämlich: Eccardo. Und auch in die Äthiopierin, die Aida, könnte ich mich, dochdoch, glatt verlieben, wenn schon nicht in ihre Bronzehaut unterm Kräuselhaar, so doch in ihr wunderbar halbüberirdisches Idiom, dies somnambulisch sommerluftbehauchte, wehmutsatt abhebende »Numi, pietà, amor fatal!«

Ah! Ahimè!

Aber: Carmen? Carmen dagegen?

◇

Gut, Verve und mitreißende Emphase hat Carmens lockender Appell an Don José: »Là-bas, là-bas, si tu m'aimes«, diese stürmische und dabei doch schon melancholieüberschattete Fluchtvision bis hin zum immer wieder repetierten Beschwörungssignal »La liberté!« (dann auch des Ensembles); das hat schön aufmüpfige Attacke und in Latenz auch schon jene »lascive Schwermuth«, welche Nietzsche als Grundgestus der »Carmen«-Musik und vor allem eben auch der Gestalt der Protagonistin zuschrieb; hörbar wird da etwas von jenem seither immer wieder gepriesenen und von Adorno noch einmal sanktionierten »Ausbruch aus der Zivilisation ins Unangepaßte« (Fantasia sopra Carmen); wobei nicht allein und nicht so sehr, wie Nietzsche möchte, die »Liebe als Fatum« figuriert, die Oper und ihre Titelgestalt von »in Natur zurückversetzte Liebe« handeln: sondern eben diese sich gleichsam selber auflöst und auffächert in ihre Einzelingredienzien und -essenzen, in den Leichtsinn, die antibourgeois apriorische Neugier aufs Unbekannte, die barbarisch-frivole »Impassibilité« dem jeweiligen Liebhaber gegenüber, in die vorrationale Mythoshörigkeit, wie sie sich in der Kartenszene zeigt.

Allerdings, das wie obsessiv auftrumpfende Doppelmotiv von »la vie« und »la liberté«, es mahnt auch schon wieder trivial, leicht vulgär, zumindest vulgaritätsnah; nämlich obstinat programmatisch, zeigefingerhebend, ja faustschwingerisch oder eben trällernd lockenwerferisch; so wie Carmen eigentlich die ganze Oper hindurch aufstampfend, genauer: fersentrommelnd ihre dunklen Locken wirft. Wie ein nimmermüder Ausweis befreiter Sexualität. Es liegt im Spiel und im Gesang der Opernfigur Carmen allzeit und unleugbar – ob ab ovo oder via die Opernkonvention, sei dahingestellt – ein Teil Undelikatesse, eine zumindest leicht degoutante Kunstgewerblichkeit, ja zuweilen eine irgendwie pampahafte Plumpheit der Aktion, welche da eher an die muskelbepackten Schwerarbeiterbewegungen der (für die Reklame ja trotzdem erstaunlich brauchbaren) Tennisspielerin Gabriela Sabatini gemahnt denn an sagen wir die Sprintergazelle Wilma Rudolph. So wie ihre, Carmens, leitmotivische Dur-moll-Schicksalsweise in all ihrer melodisch-harmonischen Einprägsamkeit und scheint's geheimnisvoll-proteischen Gestalt als Zweitaktphrase doch verdächtig und frappant an die hochähnliche des Fellinischen »La Strada«-Kitsches erinnert, diesen zigeunerhaft antizipiert. Nein, es haben viele jener und gerade die beliebtesten Momente der Bizet-Oper, gegen Nietzsches plausible antiwagnerische Begeisterung, ein Fragliches, oft Obskures, partiell übers Kunstgewerbliche hinaus gar Kitschiges oder doch Kitschnahes; wie schon beim Plot-Lieferanten Mérimée eignet der Geschichte selber etwas Düftelndes, etwas wenn auch nicht wie bei Nietzsches Wagner »Weihrauchdüftelndes«, so doch irgendwie archaistisch Anrüchiges, Mythenschwefliges. Und das liegt natürlich nicht anders als bei Johann Strauß zum gut Teil am Zigeunersujet und seiner exotischen »Exogamie« (Adorno) selber, aber freilich auch – aber, apropos, wenn denn schon partout Opern-Zigeunerin, dann warum nicht: Verdis Preziosilla aus der »Forza«. Ein Flintenweib, gewiß, aber fröhlich, gut gebaut und jederzeit vollrohr dabei. Ja, die jederzeit. Aber – Carmen?

Eine Musik, eine Oper »ohne Falschmünzerei, ohne Grimasse, ohne die Lüge des großen Stils«, wie Nietzsche möchte und mehr zu wittern als zu wissen glaubte? Was immer das genau heißen mag (denn selbstverständlich lebt jede Kunst von Lüge größten Stils): Schon die in d-moll-Halbtonetappen abwärtsgleitende Habanera hat nur dann nichts Falschmünzerisches, nichts Seicht-Schlüpfriges, nichts von Bauernfang und Bauerntheater, wenn sie (sagen wir von Agnes Baltsa) extrem akkurat und »apollinisch« trocken und natürlich möglichst ohne alle begleitenden Seufz- und Schnaufmätzchen ausgeführt wird. Daß die Liebe ein widerspenstig gesetzloser, ungeschorener Vogel sei, ein Kind der Boheme dazu (so das vorwegnehmend bestätigende Echo des Chors): Zu befürchten ist, gegen Nietzsche und den mit ihm allzu loyalen Adorno, daß Thema und Gestalt Carmen schon 1820 (Handlungszeit) bzw. 1875 (Uraufführung) substantiell, jedenfalls zu wesentlichen Teilen, schiere Folklore sind; Ticket für Frauenungebärdigkeit; Fertigmuster für eine schon wieder recht überlebte, nämlich auf den damaligen fixen Kunstmodenbetrieb heruntergekommene femme fatale. So wie diese Oper, kaum der Taufe enthoben, im überdurchschnittlichen Überschuß Anschlußmusik produzierte, Salon-Potpourris, Arrangements und Travestien von François Borne bis Eduard Strauß. Und so wie die Oper noch heute – ihre Titelheldin voran – als Fremdenverkehrskitsch fungiert, als offenbar frei verfügbare Aftergestalt und Krampfhenne ihrer selbst: von der unsäglich gershwinisierten

»Carmen Jones«-Filmaktualisierung der fünfziger Jahre über die wild synästhetisch-synthetische getanzte Saura-Version der frühen achtziger; von der schon besagten Verfilmung Francesco Rosis mit Migenes/Domingo und ihrem uneingelösten Realismusanspruch bis endlich zu milden Idiotien wie dem französischen Schweinigelstreifen »Die nackte Carmen« von 1984; von den herkömmlichen Verzweiflungsinszenierungen unserer städtischen Bühnen mit ihren beharrlich rauschenden Volant-Rüschen-Röcken bis hin zu Criminalia wie den jüngsten Bregenzer Seefestspielen im Kainszeichen ihrer schon fast übertrieben undichten Flamenco-Tanzereien und Fremdmusik-Einlagen (demnächst singt hier sicher einer auch noch Zarzuelas dazu) – o leidenschaftliches, o ewig stampfendes und perennierend kastagnettenklapperndes Spanien! –

– neinnein, Charme, Liebreiz hat Carmen, das Urweib, das Vollweib, diese auch schon gar zu verdächtig probate Avantgardistin der Frauenbewegung, spätestens da, in den Inszenierungen durch die verwegensten ihrer heutigen Regisseure, schon keinen Funken, keinen Manzanillatropfen mehr. Und in der Bizetschen Partitur, da sieht es eben auch nicht viel charmanter aus, hören Sie mir doch auf. Und hören Sie lieber dafür in Lauretta hinein, ja, Lauretta in Puccinis »Gianni Schicchi«. Jaaah. Schon beim bloßen Namen schmilzt, ohimè, man dahin. Oder, wenn's denn schon was Französisches sein muß, dann eben: Debussys Mélisande. Meeelisaande, ja. Ah, wie das nasalierend lüstern auf der Zunge und dann in der Nase zerweicht! Dagegen: Carmen. Puh. »Carmencita«, wie sie sich einmal, Escamillo gegenüber, selber verschämt verschönt. Hm. Jedenfalls kein Vergleich zu Mélisande. Zu schweigen von Mylène Demongeot. Aaah! Carmen? Tscha, so heißen doch heute schon ZDF-Sportmoderatorinnen.

Die einzige mir erinnerliche Carmen, die nicht nur mit der Grundausrüstung einer üppig blühenden Mezzostimme aufzuwarten vermag, in welcher das Erotische sozusagen als subkutanes, fast subversives Timbre glimmt und glüht und pulsiert – die einzige Carmen, die auch in Ruhe wie in Bewegung dies ihr eingeborene Erotische als eben ihr wie anachronistisches Naturwesen zum Ausdruck zu bringen verstand, das war, m.W. 1966, in einer Karajanschen Salzburger und TV-Inszenierung, die dunkle, die noch sehr junge Grace Bumbry: Wenn ich mir's recht vergegenwärtige, dann entsprang gerade dieser Ruhe, dieser Ökonomie, dieser vornehmen und fast kontemplativen – nomen est omen – Grazie ihr Erotisierendes, ihr oft wie in Trance Fluidierendes; das, worum es in der realen Carmenwelt wie in der Oper den Männern vor allem geht. Erotisches Skandalon in der Bürgerwelt, wie es die Deuter ihr wie dem Mozartschen Don Juan allzeit nachsagten? Ich weiß trotzdem nicht recht. Sogar solche ja nicht ganz kernfalsche Idealtypisierung enthält mir zuviel Dämonisierung, zuviel besinnungsloses Kulturgeschwätz, zuviel Überbau; zudem ist es bei Carmen ja mehr um die aktuelle Arbeiter- und Angestelltenwelt und deren Beschneidung von Sexus und Eros zu tun. Immerhin: Je mädchen-, ja fräuleinhafter, je weniger platt forciert »dämonisch« oder gar »animalisch« Fräulein Carmencita agiert, desto reizvoller steht es ihr zum naturhaften Gesicht – und ähnlich wie jener Don Juan, nach Mozarts und Da Pontes präziser Intuition, eben nie, niemals zum planen Sexualeinsatz gelangen darf, will er nicht an der Platitüde seines eigenen Mythos zerschellen: ähnlich wird der aufrührerische Gestus der Carmen-Figur, wird ihre amoralische Attitüde erträglich, nein, sinnig allein durch den Kontrapunkt dieses Klischees, dieses kaum geahnt auch schon wieder zerschlissenen Frauenbilds: durch äußerste Zurückgenommenheit, Spar-

Georges Bizet

samkeit; fast seine Spiritualisierung. Wie eben Carmen, jedenfalls mir, da am gegenwärtigsten, ja sinnlichsten wird, wo sie personal gar nicht auftritt: im unendlich zarten und glasigklaren und deshalb so sehr wehmutsvollen Harfen- und Flötendialog des Zwischenspiels zum 3. Akt. Da verheißt die Musik nicht nur Erotik, da, in der Absenz Carmens, ist sie's selber.

◇

Indessen zum Beispiel die Carmen des Finalszenen-Duettinos mit Escamillo nur schwerst undelikate, bauernsextensatte Hochbanalität zusammensingt: »Si, je t'aime, Escamillo, je t'aime et que je meure« – glatt verzagen möchte man vor diesem Gemäre, vor dieser Kokotte, dieser La Triviata; kein Vergleich zur koketten Deliziosität eines »Meistersinger«-Evchens, ah mon Dieu, que de grâce et de charme! – ja, Evchen oder meinetwegen auch Webers Euryanthe, die möchte man glatt vom fleque weque heiraten und heimführen – na gut, bonbon, diese finale Carmensche Banalität steht hier in dramaturgischer Absicht, als Charakterisierungsmittel ihrer thematischen Degagiertheit und eben fortschreitender Impassibilité; und so grandios wie folklorefern ist immerhin auch (wo Adorno recht hat, hat er meist ziemlich recht) das anknüpfende Terzett mit Mercédès und Frasquita, diese späte Warnung mit ihren frechen Flötenterzen, dies sehr sinnlich gemachte »abgründig Leichtsinnige« (Adorno) als Ideenzentrum der Oper. Ja, gut, aber das sind rare Ausnahmen – wohler, behaglicher fühle ich jedenfalls mich da immerhin schon bei Carmens Rivalin Micaëla; bei der lauschigen und insofern überaus attraktiven Felsenschlucht-Arie, ihrer andererseits nicht durchaus unerfahrenen Kapriziosität beim Duett mit José – diese Unschuld vom Lande mit ihrer raffinierten Inversion des Botinnen-Kusses für die ferne Mutter, welchen sie listig vorab kassiert ... d'accord, diese Micaëla ist schon ein bißchen arg sentimental und berechnend zugleich, aber gerade diese Melange könnte ja eine durchaus brauchbare Ehe abgeben. Eine Ehe mit der wild herumhüpfenden Carmen? Ihren zudem recht lästigen Anfälligkeiten für allerlei virile Popidole? Niemals! Jamais!

Gefallen möchte mir freilich wieder, wie jene Carmen, ohne in José wahrscheinlich je verliebt zu sein noch gar ihm in Liebe zugetan (»Je suis amoureuse«, sagt sie mehr aus einer Laune, aus einem narzißtischen Gedankenspiel heraus) – wie Carmen Josés gleich darauf folgende lyrische Konfession überaus plausibel aufnimmt. Mit einleuchtend gemischten Gefühlen. Rein machtinstinktiv kühl kalkulierend, ihrer Wirkung sich versichernd – aber eben auch gleichzeitig gerührt, und nicht nur vom Schmelz der Blumen-Arie. Jener Gefühlsspaltung und doch sekündlich steten Gefühlssynthese spüren sodann Text und Töne schön zögerlich und wie selbstbesinnlich nach, fast gemütsinnig und doch als Attacke fortreißend dynamisch; doch, ouiouioui, ja, c'est vrai, ja, sie hat's, zwischen ihrer Wahrheit und ihrer trist lärmigen Aftergestalt, gar nicht leicht, die Carmen, vermutlich seit 1875, und wird's in Zukunft, falls ihr beachtliches humanes Potential sich nicht wundersam abermals verjüngt, wohl noch schwerer haben.

Zu retten wäre Carmen, als Figur, als Mythos, am ehesten und nachhaltigsten – noch einmal – durch eine dem Klischee extrem gegenläufige Vornehmheit, Distinktion, durch eine sozusagen distanzerzwingende Kühle; Partitur und Libretto, in beiden heute gebräuchlichen Fassungen, schließen ebendieses Moment mitnichten aus – auch wenn das einem an Neuenfels und Zadek geschulten Regietheater-Schmierenpublikum am wenigsten zusagen dürfte. Zu tun wäre um eine Carmen, die da weder fuchtelnd ihre Schenkel spreizt noch schon gar zu fatal die Rüschenröcke hebt; die ihr Schenkenliedchen möglichst »allgemein« (B. Brecht) vorträgt und ihren heroischen Tod möglichst unideologisch fern von Hemingway; wie etwas Träumerisches, Zartes, Nachtwandelndes, sich gleichsam selber verwundert erst noch Ausprobierendes. Zu tun ist um die auch schon von Adorno wider die flittrige Rocklifterei »dringlich geforderte Anmut«, um die seit dreißig Jahren allerdings ziemlich vergebliche Forderung einer Anmut in der Nähe etwa der negroidlässigen, wie gleichgültig tiefsinnigen der Bumbry oder der jungen Marilyn Horne, die da wie eine sehr niedliche Schwester Rossini-Rosinas tönt und aussieht, also der Phäno- und Genotyp eines mollig Rundlichen und gemütvoll Aparten oder eben, im deutschen Wortsinne, Mädchenhaften, das genau aus diesem nun wirklich frivolen Gegen-Imago heraus Carmens spöttisch Maliziöses gebiert – warum eigentlich sollte, apropos, nicht auch mal eine Bohemienne aus Sevilla Blondine sein, olé? –

– mais oui, richtig, der Verfasser dieses Essays präferiert nun mal und ganz evidentisch das weizengoldig kerndeutsche Gretchen, und was aber kann Carmen dafür, daß sie nun mal keins ist? Nichts. Genau. Und genau deshalb möchte ich sie eben auch nicht haben. Weder als bienaimée in irgend so einer liaison trop dangereuse noch gar als épouse pour la maison. Nein. Dann schon lieber ihre immerhin m.W. brünette Freundin Mercédès.

Wagner-Märlein

Zum ewigen Trouble im Hause Wagner und um es herum

Simili similibus gaudent. Oder, wie der alte Lateiner sagt: Pack schlägt sich, Pack verträgt sich prima. Im Fall der Bayreuther Großfamilie, erste bis vierte Generation, wandelt sich das etwas ab dergestalt, daß auf dem tragenden Humus eines umstrittenen, aber letztlich doch eben gloriosen musikdramatischen Großgenies seit spätestens dessen Ableben im Jahr 1883 Erben und Absahner ihr Revier gegen Gegenabgreifer verteidigen müssen, daß unsägliche Winifreds halbunsägliche Cosimas beerben, ihrerseits am liebsten den jungen A. Hitler zum Festspielleiter bestimmt und so der Welt viel Unheil erspart hätten, dieser aber im Enkel Wolfgang den künstlerischen, im Enkel Wieland den Organisationschef des künftigen Festspielbetriebs erahnt – in Wirklichkeit ist es eher genau umgekehrt, allerdings in der nächsten Generation läuft dann eh alles aus dem Ruder, aber alle leben davon letztlich doch schweineprächtig.

Nachdem in den letzten Jahren vor allem Urenkelin und Wieland-Tochter Nike Wagner über allerlei karlkrausbezügliche und sonstwie kritische Publikationen auf sich aufmerksam gemacht und so insgeheim ihren immanent-spirituellen Besitzanspruch auf Wagner-Bayreuth emphatisch in Erinnerung gebracht hat, letzten Endes zu dem Ende, den weit über hundertjährigen Festspielquark unter im Wandel identischen Vorzeichen weiterwalken zu lassen; so war 1997 der Wolfgang-Sohn und Renegat Gottfried dran, der sich mit dem exorbitant kunstreichen Buchtitel »Wer nicht mit dem Wolf heult« hervortat – und weil dieser Wolf ein (aber mindestens!) dreifacher Unfug, nämlich Tripelsinn ist (es allgemein mit den Stärkeren halten, mit insbesondere Adolf »Wolf« Hitler, oder eben mit dem Vater Wolfgang), bleibt natürlich schon von daher jeder greifbare Sinn auf der Strecke, denn all das hat eigentlich auf den zweiten Blick nix miteinander zu tun, geschweige denn auch noch mit dem gleichfalls implizierten Quadrupelsinn des Wotan-Wälse »Wolfe« aus der Walküren-Oper – und so erwartbar Nike und jetzt also auch Gottfried gegen diese Väter- resp. Enkelgeneration darwiderheulen, es wird nichts helfen, Schakal Wolfgang wird das Bayreuther Aktienpaket als Alleinvertretungsanspruch auch ferner hochhalten, und nach seinem irgendwann bald einmal unvermeidlichen Hinschied wird es seine extrem unkünstlerische Gattin Gudrun als Hyäne in alle Ewigkeit dann weiter tun.

Zumal ihr Stiefsohn Gottfried (Vorwort: Ralph Giordano, dös ano, mein Gott) überwiegend Unsinn zusammenspintisiert hat. So das Klischee, Vater Wolfgang habe, wie ähnlich einst Urgroßvater Richard, nur Alibi-Juden für sich arbeiten lassen, nur Schnarchsäcke und Reaktionäre im jüngeren Neubayreuth eingesetzt. Was viel zu wishful thinking ist, um wahr zu sein. Und zumal dieser Gottfried, bei aller ausgerufenen Holocaust-Eingedenkerei, uns einfach zu sehr wie ein Skilehrer oder Bergwart aussieht, als daß ausgerechnet von ihm die große innere Festspielwende kommen könnte.

Die wir auch gar nicht wollen, woher denn.

Ja, allerhand Gerumpel und Gedengel hat es und hatte es in

den letzten Jahren wieder mal in jenem offenbar doch bravourös langlebigen und scheint's unerschöpflichen Fach Wagner, dem der Früh-Wagnerianer Richard Strauss vor hundertetlichen Jahren so gut wie gar keine Zukunft vorausahnte. Auch als nimmermüd werkelndes Wissenschaftsgehämmer. Joachim Köhler in »Wagners Hitler. Der Prophet und sein Vollstrekker« will uns – nicht als erster, aber zäher, dickleibiger (512 Seiten) und monointentionaler als alle vor ihm – weismachen, alle Wagnerei habe so logisch bei Hitler landen müssen, wie alle Hitlerei Glied für Glied bei Wagner vorgebildet, Wagner durch die Bank Hitlers Stichwortgeber gewesen sei. »Es ist viel Wagner in Hitler«: weit über diesen gleichzeitig erschienenen und ähnlich gesinnten Zitat-Buchtitel von Annette Hein hinaus redet Köhler, Jahrgang 1952, jetzt aber auch schon definitiv Fraktur und Klartext – und es ist deshalb natürlich Wort für Wort kein Wort wahr daran, außer an dem allbekannten, daß R. Wagner u. a. in der Theorieschrift übers »Judentum in der Musik« von 1850 eindeutig antisemitische Töne anschlug; taktisch-antisemitische ohne jede Glaubensüberzeugung – wie in der Tat viel später: Hitler. Der nun aber gerade dazu Wagner nicht brauchte noch dessen Werk als Zeugen aufrufen konnte. Sondern Hitler lieh sich seinen Antisemitismus von der Wiener Milieuszene der Jahrhundertwende – in Wagners Opernwerk aber, ein für allemal und wieder ganz umsonst sei es den endlosen Köhlers und tutti frutti fruchtlos gesagt, findet sich keinen Satz und keinen Takt lang Antisemitisches noch Chauvinistisches, noch gar Nazifaschistisches, und wenn mir der Köhler an der Partitur oder am Libretto das Gegenteil beweist, kriegt er von mir jeden Tag lebenslang einen Kasten Bayreuther Freibier – anderenfalls aber muß er zur Strafe lebenslang Bücher schreiben und sich von seinen alten Wagner-Märlein zäh ernähren. Er, Köhler, wird aber garantiert nichts weiter rausbringen als dies alte Wahre: daß sich Wagner für seine Oper bei der Sozialrevolution genauso bedient hat wie später bei den Reichsgermanischen, bei der Kapitalismuskritik wie fast gleichzeitig (»Ring« und »Parsifal«) bei den Katholischen und Rom-Fans – Genaueres und Charakterstabileres ist bei diesem Chamäleon, bei diesem restlos kunstpragmatischen Amalgamierer und Eklektiker nicht drin – die »Meistersinger« und Teile des »Ring« und des »Tristan« sind doch gleichwohl frappant kunstreine und fast kunstkeusche Werke und als solche fast Weltneugeburten. Das Geschwätz über sie und ihre Hintergründe aber wird, Goethes Wort über den Mozartschen Don Juan schmerzlich variierend, vermutlich noch ganze Generationen von besitzhabenden Fafnern und besitzgierigen Alberichen fast gleich prächtigst im Fleische stehen lassen.

Und mit dem letztlich komplett kunstfern ahnungslosen Engführungsgefuchtel Hitler-Wagner (oder bisweilen als dritter Depp vom Dienst: Nietzsche) halten sich vermutlich nächstens auch noch die nach 1975 geborenen Wissenschaftsdiener ziemlich über Wasser. Oder hoffen gar noch auf Unsterblichkeit. »Wagners Hitler«: schon recht mutig, die zwei dumpfsten aller deutschen Reizvokabeln, »Hitler« und »Wagner«, mittels eines Genitivs dummdreist aneinandergepappt – und frappanterweise »hat er gepaßt« (Karl Valentin), der Firmling in den Anzug, der Wagner in den Hitler.

Schon genial. Und dabei noch volksfürsorglich. Denn die ältere Demenz »Hitlers Wagner«, die hat ja bei uns psychokitzlig wirklich längstens ausgedient.

***Gottfried Wagner**: Wer nicht mit dem Wolf heult.*
Autobiographische Aufzeichnungen eines Wagner-Urenkels,
Köln 1997, 400 Seiten.
***Joachim Köhler**: Wagners Hitler. Der Prophet und sein Vollstrecker,*
München 1997, 512 Seiten.

Die Göttin, die nicht so recht eine sein will

Waltraud Meier – ein Portrait

Zwar wurde Waltraud Meier vorzüglich als Kundry weltbekannt, ja eine Zeitlang fast exklusiv mit ihr in Verbindung gebracht. Wer die Sängerin aber z. B. Frühjahr 1996 im Galakonzert zu James Levines fünfundzwanzigjährigem Met-Jubiläum mit der Auftrittserzählung der Isolde gehört und gesehen hat, und übers Videoband ist das heute noch leicht möglich: der dürfte mit dem ungeschwindelt entwaffnet die Hand ans dankbare Herz pressenden Dirigenten bedenkenlos die Ahnung bestätigen: So, genau so und nicht anders, wird sich Richard Wagner, weit über Mathilde Wesendonck und Cosima hinaus, in seinen wühlerischsten Träumen immer sein Geschöpf Isolde vorgestellt haben – nein, das konnte er andererseits noch gar nicht, bei aller Imaginationskraft und Zukunftssüchtigkeit seiner Oper, dafür waren Frauen und insonderheit Sängerinnen vor hunderteinunddreißig Jahren einfach noch nicht soweit; sondern eben doch noch mehr so bestenfalls gutklingende schopenhauerische Naturmißgriffe.

Und dies, dies wirkliche Unrecht an Wagner, aber nicht nur wegen der halb amazonen- und olympionikinnenhaften, halb sogar ein wenig hollywoodnahen Anmut und Strahleschönheit seiner späten Interpretin. Sondern weil die dabei auch noch plausibler, verviger, finsterer Liebe und Rache singt als fünf, sechs durchschnittliche Isolden zusammen; die da mühelos speerförmige Spitzentöne hervorstößt wie der erbarmungsloseste Teufel selber. Etwas Elementarkriegerisches, Schneidig-Blitzendes, manchmal auch wie Funkensprühendes geht von dieser rötlichhaarigen und weißgott »schmucken Irin« aus Bayern aus; nicht leicht zu sagen, ob das mehr von ihrem dabei sehr schlanken Gesang oder ihrer so stolzen Miene und der überaus beteiligten Mimik herkommt: wahrscheinlich haben wir's hier eben mit dem von Richard Wagner so sehr ersehnten Gesamtkunstwerk zu tun. Und aber eigentlich ist ihr, Waltraud Meiers, Auf- und Abtritt fast noch genußreicher: diese unwiderstehliche Legierung aus artig geschelmter Bescheidenheit und geradezu bombig von sich selbst entfeuerter Selbstgewißheit.

Die komplette Isolden-Partie hatte Waltraud Meier vorher schon, 1994, unter Daniel Barenboim auf CD-Kassette eingespielt. Bereits 1993 und dann wieder 1997 sang sie sie, nach ihrem eigenen Urteil noch da und dort etwas verbessert, mit demselben Dirigenten bei den Bayreuther Festspielen; unisono bejubelt, wie man nachlesen konnte. Im Sommer 1998 ließ sie sich in einer Neuinszenierung der Bayerischen Staatsoper damit unter Zubin Mehta erstmals in München hören. Singulär ist es nicht, aber doch ziemlich selten, daß ein klassischer Mezzosopran, der sonst auch mehr bei Carmen und Eboli zu Hause ist, Isolde singt, das genuin hochdramatische Sopranfach. Christa Ludwig, ein Leitbild Waltraud Meiers, trug sich einmal mit dem Plan, beließ es aber dann doch lieber bei der Brangäne. Tatsächlich betreute auch Frau Meier ehedem diese – und hat nun in München die ihre wie auf der CD mit Marjana Lipovšek, welche ihr in manchen klassischen Altpartien eine ernsthafte Konkurrentin ist. Martha Mödl besetzte wohl einst auch so ein Zwischen- oder Doppelfach Mezzo/hochdramatischer Wagner-Sopran – andererseits nimmt Waltraud Meier jedenfalls vorerst und gesprächsweise entschieden Abstand von der Vision, wie jene in Bälde auch Brünnhilde – bzw. die drei Brünnhilden aus dem »Ring« – anpacken zu wollen. Nicht die wenigen Spitzentöne, im »Tristan« immerhin zwei c'''s und viele h''s, machten da bei Brünnhilde stimmstrukturelle Grenzen geltend. Sondern die vor allem bei der »Siegfried«-Brünnhilde etwas höher gelagerte Tessitura, die mittlere Stimmhöhe also, die auf Dauer nicht leichtfertig zu beschwindeln sei. Also nein, lacht Waltraud Meier, die Spitzentöne seien das geringste Problem für sie, die sich jeden Tag mit dem d''' einsinge, einem Ton, den sogar Gedda und Pavarotti und selbst Rita Streich nur selten auf der Bühne riskierten.

Ach was, der Walküren-»Hojotoho«-Ruf höre sich nur recht schwer an, sei es aber gar nicht. In der »Walküre«, meint Frau Meier, würde ihr der Wechsel von der einst betreuten Fricka über die von ihr gleichfalls superieur gesungene Sieglinde zur Brünnhilde nichts anhaben. Gleichwohl sei diese jedenfalls »im Moment kein Thema«. Weil aber die »Siegfried«-Brünnhilde summa summarum grad mal zwölf Minuten zu singen hat, könnt's gut sein, daß Waltraud Meier da was in petto hat und halt vorerst ein bißchen flunkert.

Und zweifellos hat sich ihr Mezzo – ähnlich wie bei vielen baritonalen Tenören von Vinay über Bergonzi bis Domingo – in den Jahren deutlich zur Höhe hin ausgeweitet. Auch wenn aber vorerst das Doppelparadox noch bestaunt werden darf, daß der Welt derzeit vielleicht beste und bedeutendste Wagnersängerin ein Mezzo ist, der zweitens auch die zumindest umfänglichste Wagnersche Heroinen-Partie, Brünnhilde, sich versagt oder eben sinnvoll sich versagen muß.

Was dann wieder besonders einleuchtet, wenn man Waltraud Meiers zuletzt wohl stark zunehmendes Mahler-Singen zur Kenntnis nimmt – Mahler, der ja in Lied wie Sinfonie sogar in aller Regel von reinen Altistinnen geschätzt und besetzt ist. »Die Sonne scheidet hinter dem Gebirge« aus dem Lied von der Erde hie – Isoldes »Mit ihr gab er es preis!« dort: zwei nicht mehr identische Stimmen in einer Person? Nein, belehrt Frau Meier, wie eine Hebelumstellung dürfe man sich diesen Registerwechsel in ja doch ein und derselben Stimme nicht vorstellen, vom Dämmrig-Sordinierten und Wehmütigen des Mahlerschen Abschiedslieds zu der Irin hoher und hochlohender Liebesleidenschaft – aber ein paar Tage müßten halt zwischen den beiden schon vergehen.

Ihr animiertes, altdeutsch: beseeltes Singen im Verbund mit außerordentlich lebhaftem Gesichtsspiel und Bewegungsanmut, neudeutsch: Körpersprache, vor dem Hintergrund eines auch nicht gerade unansehnlichen Aussehens machen Waltraud Meiers Auftritte zumindest im Wagner-Genre momentan weltweit ziemlich konkurrenzlos. Vielleicht ist die Stimme ja bloß ausgezeichnet und ihr Einsatz ohne Makel, das Funkelnde, zuweilen Hinreißende kommt scheint's aus einem Mehr, einem Überschuß. Kaum ist die Stimme besser als die restliche derzeit nicht gerade üppige Weltspitze, sogar wohl kleiner als die reiner Heroinen-Sopranistinnen wie Nilsson oder Flagstad; dafür aber eben schlanker und elastischer und in der Folge vielleicht schöner, mit Gewißheit theatralisch glaubwürdiger. Das, um den Wagnerschen Zentralbegriff noch einmal zu bemühen, Gesamtkunstwerk aus vokaler Strahlkraft, Genauigkeit der Deklamation, Sinnerfülltheit, mimischer Präsenz und kalkuliert eingesetztem, aber nicht eine Sekunde lang vulgärem Sex-Appeal: das alles zusammen macht Waltraud Meier heute einigermaßen einsam und einmalig.

Hinzu tritt die schöne Liaison von sozusagen naturhaft theatralischer Mimik und wohlstudierter Mimesis von Leid und Leidenschaft mit dem Tertium eines sehr erkennbaren Stolzes: so gut zu sein.

»Vielleicht«, sinnt bedächtig Waltraud Meier, »war ich am Anfang etwas begabter als andere – aber mehr in meinem Bewußtsein, übers Handwerkliche hinaus.« Dies Handwerkliche auf dem Weg zum Kunstgipfel erklärt sie gern über die Metapher vom »geknüpften Teppich, der dann fliegen soll«. Mit Gewißheit gab es für sie nach moderatem Beginn an den Bühnen von Würzburg, Mannheim und Dortmund dann zwei seltsam weit auseinanderliegende Karriere-Explosionen: Ihre mehr oder weniger dem Zufall und Mißverständnis sich dankende Bayreuther Kundry ab 1983; und seit 1993 ihre womöglich noch triumphalere und größer dimensionierte Isolde. Spätestens seither ist die bayerische Kammersängerin (1996 – dreizehn Jahre läßt sich der christlich-vorsichtige Kultusminister bei solchen wilden Jesus-Verlacherinnen also Zeit) alle denkbaren Superlative gewohnt; steckt sie gedruckte und mündliche Huldigungen wie »einzigartig«, »überwältigend«, »berauschend«, »berückend« und »phantastisch« wie nichts und nur fast unmerklich geschmeichelt und dankbar weg. Inzwischen nicht allein im Wagner-Reich. Auch bei Mahler – Kindertotenlieder, Lied von der Erde – ist sie zwar kaum besser, aber auch keinen Deut schlechter als die Allerbesten; wobei auch hier, wie bei Wagner, Frau Meier Rivalinnen mehr oder weniger nur seitens Pensionistinnen wie Christa Ludwig und Janet Baker zu gewärtigen hat. Gesprächsweise deutet sie an, daß diese Art von Zufallsglück einer Sängerin auch schon mal ganz recht sein kann.

»Gegen große Vorzüge gibt es kein Rettungsmittel als die Liebe.« Des Goetheworts waren scheint's sogar Deutschlands

Stimmenpäpste eingedenk; der eine, Kesting, als er, seine eigene Callas-Fixiertheit kurzzeitig vergessend, Waltraud Meiers Stimme zumindest im Wagner-Gesang und 1993, also noch vor der Isolde, »Erstklassigkeit« bescheinigte; der andere, Fischer, bestätigte es, auch wenn er in seinem zur gleichen Zeit erschienenen Stimmenbuch noch glaubte, die gewißlich Hochbegabte vor jener Isolde »warnen zu müssen«; was, nach deren Vermutung, aber vielleicht weniger auf Besorgtheit als auf eine gewisse Wichtigmacherei rückschließen lassen könnte. Ein nicht ganz unbekannter süddeutscher Großkritiker und Musikimperator stand dann etwa gleichzeitig nicht an, Waltraud Meier als ihr bisher hingerissenster und hemmungslosester Huldiger und Schmeichler vollends in den Stand der »Göttin« zu erheben – und hat dabei, ausnahmsweise, nicht mal ganz unrecht. Aber vielleicht übersehen, daß das nicht so ganz folgen- und problemlos sein möchte. Tatsächlich, vermutet mit Grund die Sängerin, gelte sie dann nämlich als Göttin auch im sogenannten Privatleben, jedenfalls für jene zahlreichen Anteilnehmer am mondänen Opernambiente, die sich da offenbar schwerlich vorstellen können, daß so eine Isolde-Göttin jetzt auch halt wieder mal heim müsse, ihre Wäsche zu waschen. Zumal es diese Göttin, sicherlich anders als der veraltete und heute wohl reichlich lächerliche Diven-Typus Callas, kaum übers Herz und Hirn brächte, in einem Palast oder jedenfalls neureichen Palais zu wohnen und mindestens acht Domestiken zu befehligen. Im Gegenteil hält sich Waltraud Meier offenbar nichts dergleichen, sondern wohnt, als in ihrem zentralen »Nest«, in einem Altbauwohnhaus, vierter Stock, im Münchner Altstadtviertel Lehel gleich westlich der Isar, grad mal zwölf Gehminuten vom Nationaltheater und also ihrem Olymp entfernt – akkurat da, wo manche Szenen von Karl Valentin daheim sein könnten. Und dort hat die Göttin es, grad was das angeht, bei ihrer Bäckerin auch schon wieder viel leichter: »Na, Frau Meier, wo komma denn dösmal her? Von Tokio? Sososo. Naja, jetz bleima aber erst amal wieda a bißl do«, ahmt die Göttin weniger im Isolde- als im Liesl Karlstadt-Stil und auch nah an Gerhard Polt das nach.

Nicht ganz problemlos ist gleichfalls Waltraud Meiers Verbindung zu Bayreuth einerseits, ihr Verhältnis zu den aktuellen »Regietheater«-Opernregisseuren andererseits. Sondern beide Male von einer, mild und leise gesagt, nicht unfruchtbaren Spannung. Mitunter, so könnte man sie verstehen, ist sie von den autoritären (und insofern eigentlich alles andere als modernen) neuen Opernmachern und ihren frei verfügenden Machenschaften ziemlich enerviert, insofern diese den Sängern letztlich Spiel- und Intuitionsraum rauben; zuweilen geht das bis zur Kränkung, und da sei der Sänger schon mal gesonnen, im Zweifelsfall den Krempel hinzuschmeißen. Allein, Operisten, Gesangsstars zumal, seien nicht nur eher konfliktscheu, sondern gewissermaßen weltweit in einer strategisch-taktischen Sinnfalle gefangen: Werfen sie im Regen das Handtuch und den Bettel hin, kommen sie ja immer nur in die nächste, praktisch gleiche Traufe. Und drum versuchen sie, so ließen sich der unwirschen Göttin Andeutungen enträtseln, den Spieß einfach umzudrehn: durch die eigene überragende Leistung den Quark des Regisseurs quasi extra vorzuführen. Im übrigen wähnt Waltraud Meier, die mit Heiner Müller ebenso ihr gutes Auskommen suchte wie mit so unterschiedlichen Potenzen wie Grüber und Friedrich und leider auch mit Konwitschny, daß die Klimax dessen wohl jetzt überschritten sei, was in den letzten drei Jahrzehnten mit je leicht abweichenden Akzenten eben Regietheater hieß: des zuletzt praktisch unisono und widerspruchslos gebilligten freien Verfügens übers Fertigmaterial Oper; genauer, über das rechtlich mehr oder weniger ungeschützte Vermächtnis der Genies. Jetzt glaubt Frau Meier wieder »mehr so etwas wie eine Synthese« im Kommen, Oper als Synthese etwa »von Natürlichkeit und dem Unaussprechlichen«. Ihr Wort in Vatergotts Ohr – andererseits läßt sie aber auch nichts auf und über ihr eigenes Wagner-Erweckungserlebnis kommen, den »Ring« von Chéreau: »Das 1976 mit Patrice – das war in Bayreuth einfach mal notwendig!«

Zum Grünen Hügel und den kurrenten Verdrängungs- und Erbfolgekontroversen beläßt es Bayreuths Kundry-Waltraute-Isolde heute lieber etwas im Ambivalenten. Nachvollziehbar. Warum sollte sie alberne Sanktionen riskieren? Und mit ihnen den wohl bisher nachwirkendsten Teil ihres Lebens: »Mein Herz hängt eben dran. An der Festspielhausbühne.«

Wie ja die Würzburger Fränkin, ihrem Isolde-Furor zuwider, eine entschieden mehr freundlich-konziliante, harmonische Person zu sein scheint. Und von ihren Ursprüngen auch offenbar nur gut denkt: »Doch, das Fränkische hat schon immer eine Rolle gespielt, vom Wein über Riemenschneider und Grünewald bis zum Barock und vor allem zum« – gänzlich unbarock – »kerzengeraden Menschenschlag« – freilich, als »fränkische Kraftnatur« oder »Naturgewalt« möchte sie denn auch nicht partout ästimiert werden – wenn schon, dann empfindet sich die Göttin mehr als »eine empfindsame Kraftnatur, meinetwegen«. Als ob wer auf die Idee käme, ausgerechnet ihr Empfindsamkeit abzusprechen – nur: Wo alle heute mehr oder weniger empfindsam, wo nicht sensibel oder gar sensitiv sind, fällt eben Waltraud Meiers Kraftepiphanie so kraft- wie freudvoll ganz besonders auf. Und uns als Isoldes Seelenpein direkt ins Herz.

Allerdings: Wenn die Sängerin jetzt auf dem vermutlichen Gipfel ihrer Karriere steht, in der Folge dem aktuell üblichen globalen Opern- und speziell Wagner-Wanderzirkus angehört, dabei dem an sich nicht unfreundlichen Zwang gehorchen muß, ständig mit ständig den fast nämlichen und mit dem nämlichen Schicksal behafteten Kollegen weltweit Wagner auf oberstem Niveau singen zu dürfen/sollen/müssen: dann hat erst recht die Empfindsamkeit wieder ihre Kalamitäten. Waltraud Meier begreift sich, anders als so manche Kollegin, anders als ein vielleicht vergangener Künstlertypus, nicht als »Nur-Sängerin«. Eine weitere personale Metamorphose noch jenseits von Kundry und Isolde schwebt ihr wohl vor, gleichzeitig dies, »zu meinen Wurzeln zurückzukehren«. Denn: »Wo gehöre ich hin?« Mutterschaft? Wäre nicht undenkbar und irgendwie auch praktikabel, deutet die bedeutende Interpretin so zahlloser Kinderloser extrem undeutlich an, denkbar wäre ihr wohl auch ein Lebensweiterentwurf in einer ganz opernfernen Gegend. So etwas wie ein Refugium und Nest hat sie sich mit ihrer Lehel-Wohnung wohl gebaut – aber das »Zentrum«, die Entelechie ihrer Person, meldet die furiose Sängerin sehr zart an, die seien ja werweiß noch nicht ganz gefunden.

Wir immerhin dürfen derweil bei ihr gut Wagner und Mahler hören.

Aber nicht nur. Mahler scheint nächstens und zuletzt mit Konzertauftritten und CDs besonders akzentuiert, mit den Rückert-Liedern etwa und Teilen der Wunderhorn-Lieder; daneben ist einiges von Schumann (Frauenliebe) sowie ein Schubert-Brahms-Liederalbum auf Tonkonserve zu erwarten. Die viersprachige Sängerin wartet aber auch z. B. mit Verdi auf, bei Amneris und Eboli wieder mit zwei lupenreinen Mezzo-Partien; Eboli singt sie sogar italienisch und (gemäß der Erstfassung) französisch. Weniger hört man von Richard Strauss und Mozart, mit dessen Cherubino die sehr junge Waltraud Meier einst praktisch debütierte, auch sang sie da schon mal die allerdings wenig geliebten Koloraturen der Donna Elvira. Über ihre Kundry, so weiß es etwas befremdlich der Videoband-Beitext des Levine-Festkonzerts, habe sie »ihre Qualitäten als Verführerin« für eine Met-Produktion der »Carmen« bereits »kultiviert« – und da prompt ereilte die Dauerhochgelobte tatsächlich sogar schon mal Mäkelei: Manchen war ihre Carmen eben dann allzu kultiviert, »zu wenig animalisch« – ein evident abwegiger Unverstand, denn die stets vitalistisch überstrapazierte und damit ständig inflationsbedrohte Carmen ist am wenigsten durch forcierte Animalität, sondern wäre noch am ehesten durch besondere Würde und Dezenz zu retten oder, wie Waltraud Meier meint: durch »leichte, heitere Fröhlichkeit«. Puccini? Eine Tosca schließt Münchens Isolde nicht vollends aus – im übrigen verstand sich Bayreuths etwas androgyne Kundry in ihren frühesten Jünglinginnenjahren ja auch schon einmal auf die Partie des römischen Hirtenknaben und damit immerhin auf die aparteste und duftigste aller Puccini-Musiken.

Was macht die tiefste Befriedigung, das Glück des Sängers? Macht über die Leute auszuüben? Nein, sagte Waltraud Meier entschieden. Aber auch nicht unbedingt, ihnen tiefe Freude zu schenken. Gleichgültig ist dem Sänger das Publikum allerdings noch weniger. »Eher ist es so etwas wie Sendungsbewußtsein«, rätselt Waltraud Meier halbwegs ratlos vor sich hin, »ich möchte euch was sagen, was in mir drin ist.« Neinnein, auch das Gefühl des sich dem Publikum ja durchaus wohlig mitteilenden Sieghaften sei es nicht so sehr und jedenfalls nicht allein. Sondern nach einigen weiteren Anläufen deutet es sich die Sängerin schließlich selber sehr niedlich so: »Es ist das Gefühl: Was ein Glück, daß ihr alle da seid, weil ich hab euch was zu sagen.«

Das klingt so schön wie wahr, und sie muß es wissen. Gleichviel ist es schon auch jenes Naturhaft-Panische, in Schmerzen Triumphierende und Jubilierende, was bei ihr wohl mehr als bei jeder anderen Primadonna des jüngsten Jahrzehnts so fesselt, ja berauscht. Isoldes Haßliebeexplosion »Fluch dir, Verruchter! Rache! Tod! Tod uns beiden!« macht bei ihr richtig angst und bange und frieren und »schauern« (New York Times); aber noch dringlicher hört und sieht man gleichzeitig und um so bewegter, wie hilflos diese stolze Person und dieser wilde Fluch und beider »hochexpressive Darstellung« (Karl Schumann) sind – auf dem Konzert-Videoband näher und vielleicht genauer und freilich auch anmutiger noch als in der von Heiner Müller und seinesgleichen eher behinderten Bühnenpräsentation. Dabei sei das damals mit Levines achtstündigem Festkonzert gar kein besonderer Glanztag gewesen, wiegelt Waltraud Meier ab – sondern: »aufgeregt« sei sie halt recht gewesen, bei achtundfünfzig miteinander mehr oder weniger und trotz aller Gratulationscourschaft um den Supercup kämpfenden Galakantabilisten – und dies sogar als, so der Beitext des Bands, »Bayreuths leading lady« sowie »beloved Met-Wagnerian« (was eine unübersetzbar fesche Berufsbezeichnung) –, nun, die Aufregung feuerte dann eben allenfalls das nochmals weiter an, was hier, wenn wir nicht bei Wagner, sondern bei Verdi oder Mozart wären, eine wahre »furia disperata« ergab; oder, um mit Mozarts Figaro noch eins draufzusetzen, gar einen »nuovo vulcan del secolo«.

Aus den fränkischen Spessarthöhen. Ein Vulkan, der, das hört man gerne, so athletisch er mahnt, nie Sport getrieben hat, »nein, null!« Der, die Metaphorik der schon leicht weggetretenen Kritikerelogen weiter zusammenzuraffen, wenn nicht schon als Lavarakete von einem anderen Stern kommt, so doch mindestens Luft vom anderen Planeten fühlbar macht.

Oder jedenfalls so ähnlich. Dabei plädiert dieser Vulkankomet für den »Mut, zur Intuition des Moments zu stehen«, mit anderen Worten: als Göttin eventuell sogar die vorgeschriebenen (Noten-)Naturgesetze und Gottvater dazu in die Schranken zu weisen; das war wohl immer der einst katholischen Fränkin Ziel.

Nicht so gern hört Waltraud Meier in dem Zusammenhang wohl, daß ein Teil ihrer Expressionskraft über die schiere Stimmschönheit hinaus ihrer auch physiognomischen Suggestion von Begeisterung in allen Stufungen sich danken könnte. In der Tat hat sie hier, auch im lebhaft nuancierten und graziösen und werweiß fränkisch volkstheaterlich oder auch alltagsmimetisch inspirierten Mienenspiel, allenfalls in der Rumänin Angela Gheorghiu weltweit eine Gleichwertige – die aber ausschließlich italienischer Koloratur- und Spinto-Sopran ist und insofern also doch keine Konkurrenz. Außerdem gehört die Gheorghiu mit ihrem Ehemann Roberto Alagna zusammen schon einem »Traumpaar« (Deutsche Grammophon) an, während Waltraud Meier ihrerseits mit Siegfried Jerusalem das neue »Traumpaar« bildet, jedenfalls laut Begleittext der »Tristan«-»Parsifal«-Duette-CD »Nacht der Liebe – Night of Love – Nuit d'amour«, ja, so weit ist es mit Wolfram von Eschenbach und seinem Gral gekommen. Für mein, des Portraitisten, »Traumpaar« Meier-Gheorghiu käme nach Lage der Dinge und Stimmfächer also allenfalls ein vereinter Auftritt als Elisabetta-Eboli in Verdis »Don Carlo« in Betracht – man wird es verhindern müssen, denn das brächte die opernfähigen Männer endgültig in Raserei und die Welt um den Verstand.

Reicht aber dazu eigentlich auch schon die Levine gewidmete Isolde. Dies Glitzerfunkeln von Tönen und Augenflirreblitzen. Diese Charmanz noch im weiblichen Vendetta-Hochgefühlsrasen. Bei alledem Waltraud Meier so nebenher auch noch das – absichtslose? absichtsvolle? – Kunststück als Pioniertat fertigbringt, eine beim Singen – vor Anstrengung? Zorn? – gerunzelte Stirn als schön, ja hocherotisch vorzustellen.

Oper – Definitionen

Oper ist die Phantastik des Wirklichen und die Wirklichkeit des Phantastischen.

Oper ist organisierter Krach.

Oper ist die Utopie vom nicht entfremdeten Leben im entfremdeten.

Oper ist die sinnliche Darstellung unserer inneren Bilder (Archetypen), die sonst vom, im Freudschen Sinne, Realitätsprinzip beschnitten, ja geschluckt werden.

Oper ist, wenn der Bürger zum Menschen transzendiert (Adorno).

Oper ist, wenn *er* raufsingt, daß *sie* runterkommen soll (»Don Giovanni«, »Barbier von Sevilla«, »Troubadour«, »Margarete«, »Meistersinger« usw.).

Oper ist die sinnliche Darstellung des vermutlich doch ziemlich Sinnlosen.

Oper ist das Richtige im falschen Leben.

◇

Oper wurde 1594 von den Fiorentinern Giulio Caccini und Jacopo Peri mit ihrer beider Oper »Daphne« als Wiedergeburt der Antike erfunden, was aber ein sogar doppeltes Mißverständnis war: Es war weder Antike noch Oper.

Oper ist, wenn das Ohr zum Auge und das Auge zum Ohr wird.

Oper ist der Himmel auf Erden.

Oper ist eine Versammlung ... zum Zwecke der Selbstpeinigung vereinigt (Schopenhauer). Alles, was über zweieinhalb Stunden geht, ist von Übel.

Oper ist der Traum, den wir von uns selber haben.

Oper ist Sozialismus. Irgendwie, irgendwo. Oder jedenfalls sozusagen.

Oper ist Ordnung in der Anarchie. Und umgekehrt.

Oper ist, wenn hinter der bürgerlichen Fassade von Ordnung und Violinschlüssel und allem die Anarchie hervorschaut. Und schauert.

Oper ist der reine Kosmopolitismus. Mit Ausnahme der Neger.

◇

Oper ist der fabelhafte Versuch, die Fabel der antiken Tragödie mit der Parabel der christlichen Romantik zu vermählen. Also praktisch: Hölderlin.

Oper ist die Vollendung des Unvollendbaren und mithin Endlosen.

Oper ist Volksverhetzung, ja Aufwiegelung zur Eudämonie und zu anderen Straftaten.

Oper ist die Kunstform, die den alten und neuen Bourgeois wenn schon nicht zum Menschen, so doch zum Citoyen schmiedet; wie Thomas Mann vergessen hat zu sagen. Ausnahme: Natürlich wieder der Neger.

Oper ist ein Gesamtkunstwerk aus Tragödie, Malerei, Orchester, Psychologie, Komödie, Beleuchtung, Psychedelik, Sprache, Singstimmen, Souffleur und ... äh ...: Oper. Oper natürlich.

◇

Oper ist das Heimweh der blauen Blume. Nach was? Richtig. Nach der Romantik. Der Antike. Oder was.

Oper ist die Kunst, mit vielen Tönen trotzdem die allerfalschesten zu umschiffen.

Oper ist, wenn im falschen Leben wenigstens die Töne meistens richtig sind; jene, die da auf der Bühne und im Orchestergraben von diesen Flaschen verursacht werden.

Oper ist die Heimsuchung durch jene Zumutung, deren gleichsam epiphanisch Erscheinendes sein Komplementäres in einem durchaus Barbarischen findet, jenseits dessen Kriminellen oder jedenfalls Kriminellem in Logik, Grammatik und Semantik nur noch eins liegt: Hausdurchsuchung (»Rosenkavalier«, 3. Akt, »Manon Lescaut«, 2. Akt, usw.)

Wenn Oper nicht wäre, müßte man sie erst recht auch nicht erfinden. Nein, jetzt schon gleich gar nicht mehr, um Gottes willen, nein.

Weil: Oper ist heute weitgehend durch Fernsehen ersetzt.

Denn: »Fernsehen ist die schönste Oper« (Welterlöser Michael Weissmüller).

In der Oper ist meist was los (Action). Sehr häufig Zweikämpfe, versehentlich losgehende Pistolen, Höllenfahrt. Oder zumindest Hinrichtung.

Aber im Fernsehen noch viel mehr: Carolin Reiber, Karl Moik, Stefan Raab. Kurz, das richtige Leben im richtigen.

◇

Oper ist postmoderne Prämoderne.

Oper ist die Quadratur des Kreises aus magischem Quadrat und Drudenfuß; d. h. aus Romantik und Klassik. Auch nicht? Na, dann vielleicht aus Aida und Don José. Doch, die beiden hätten ein zukunftsträchtiges Paar abgegeben. Kein Vergleich zu Radames und Carmen. Doch, diese unio mystica aus Aida und Don José – das sollte mal einer opernmäßig packen. Und sei's der ältere W. Henze.

Aber auch Zerlina und Otello hat was. Doch. Hat durchaus was.

»Du lieber Herr von Karajan / Was geht mich deine Oper an?« (Alois Segerer).

Oper ist nämlich jene Kunstform, welche, auf der Suche nach ihrer eigenen Idee, die Balance von Rausch und Vergessen in seiner (seiner? ihrer!) radikalsten Gestalt intendiert; was aber der Neger nicht und nicht versteht.

Wenn Sie *mich* fragen: Die sieben größten Opern sind »Figaro«, »Don Giovanni«, »Don Carlo«, »Aida«, »Meistersinger«, »Götterdämmerung«, »Suor Angelica«. Ersatz: »Turandot« und »Elektra«. Und das gilt ein für allemal. Ist *das* klar? Dabei bleibt's.

Im übrigen klärt Fernsehen auch noch auf. Wo Oper vielmehr abklärt.

Oper ist dieses, was noch nicht ist, das verloren Geahnte, unsere im Dunkel, in der Latenz jedes gelebten Augenblicks (Bloch) verborgene Selbstbegegnung, Wirbegegnung, unsere durch Güte, Musik, Metaphysik sich zurufende, jedoch irdisch nicht realisierbare Utopie. Und dies aber entgegen dem Selbstverständnis des kleinen Negers am Schluß des »Rosenkavalier«.

Drum soll man Neger *nicht* in die Oper hineinlassen. Ausnahmen: »Porgy and Bess«, »Lulu« und »Jonny spielt auf«.

Die Oper »Ein Mann wird Neger« könnte trotzdem ein reizvolles Sujet abgeben.

Ein Anfang scheint immerhin schon gemacht. Der langjährige Opernkritiker der »Nürnberger Abendzeitung« hieß: Fred O. Neger.

»Falstaff«-Miszellen

Mäkeleien über das Komische

Es tue ihm leid, aber er könne nicht lachen, soll, sich von seinem Platz hochschraubend, um 1960 ein nachkriegsdeutscher Neospießer am Ende des 1. Aufzugs des Neubayreuther »Parsifal« geseufzt haben.

Genau das ist aber auch die Crux von Verdis »Falstaff«.

◇

Das Unglück, der Fehler, die Mißverständnisse heben offenbar schon an beim Titel, im Terminologischen. »Commedia lirica«, das meint etwas ganz anderes als das Lyrische und die deutsche Max Kalbeck-Übersetzung »Lyrische Komödie«; nämlich es meint nichts anderes als Opern-Komödie. Verdi und Arrigo Boito hatten damit offensichtlich wieder etwas anderes im Sinn als z. B. Mozart und Da Ponte mit dem Gattungsparadigma und (soweit zu sehen) Unikum des »Dramma giocoso« des »Don Giovanni«. Eher schon die Gattung »Figaro« und damit das oberste Produkt der Buffa, auch die italienischen Exempel von Pergolesi und Rossini natürlich –: Aber auch die laut Karl Schumann mit dem »Falstaff« 1893 erwirkte »Wiedergeburt der Opera buffa« nach gewissermaßen zwei

Menschenaltern Ruhe ist zur Hälfte verkehrt und daneben; zumindest wenn man »buffa« mit »komisch, zum Lachen«, gleichsetzt. Sogar doppelt falsch, denn auch Rossinis Opern und Donizettis »Don Pasquale« waren es ja nicht.

Andererseits fehlt dem »Falstaff«, der Figur wie seinen Kombattanten, das Zeug zum Dramma giocoso vom Typ der Mozart-Opern; er ist kein gattungsüberschreitender Charakter wie Don Giovanni oder auch Figaro oder Graf Almaviva und Cherubino – dritterseits ist er aber auch kein Philipp, nicht einmal Fiesco und Simone, sondern allenfalls auf dem halben Weg dazu – –

– aber jetzt greifen wir wohl allzuweit vor.

◇

Wenn »Falstaff« seit Jahrzehnten und gemeinhin und gleichsam unbesehen als Verdis im Sinn der musikalischen Moderne avanciertestes Werk gilt, dann konstituiert sich diese »Avantgarde« mehr oder weniger als das harmonisch und strukturell Irreguläre und Dissonantische der Partitur – und dies formiert wieder ihr angeblich Komisches: als Identität von Handlung, Figurenwelt und musikalischem Idiom. Allein: Mißklänge und das unüberhörbar Stilbildende regsam flinker Achtel und Sechzehntel sind eben noch kein Garant fürs Komische, fürs laute oder, sei's, verschwiegene Lachen; sondern eher das ein Jahrhundert lang funktionierende Gerücht dessen. Eilige und winzige Noten: Im »Figaro«, in den rezitativischen Passagen des »Don Giovanni«, der Titelfigur und vor allem Leporellos, werden sie tatsächlich oft komisch. Aber nur, weil – offenkundig und ohrenscheinlich – noch etwas hinzugekommen ist. Ein Moment des Rührenden? Ein transzendierend Theologisches?

Nein, gewiß nicht. Eher Plattes, Alltagsnahes. So oder so,

noch einmal reckt hier auch die alte, im Grunde noch immer unentschiedene Frage ihr wenn nicht sphinxhaftes, so doch recht verzwicktes Haupt empor: Gibt es überhaupt pur musikalische Komik? Oder doch nur solche, die über den Text, die Handlung, über Menschen- oder eben Operngestalten vermittelt ist? Sogar ja im Prototyp italienischer Opernbuffa, im »Barbier«, ist mitnichten die reine Buffa komisch. Sondern auch im Gehüpfe und Getuschel und Gezärtel der sozusagen noch objektlosen Ouvertüre werden ja gewissermaßen komische Imagines und Topoi als vorproduzierte Fertigwaren ein- und vorgeführt, solche, die irgendeine frühe Übereinkunft als komische und lustige marktgängig machte –

– und noch im »Falstaff«, weil er diese Konvention anscheinend oder scheinbar mitmacht, ergibt sich daraus immerhin das rara Paradox, daß ausgerechnet Fentons tenorales Arietta-Ständchen »Dal labbro il canto estasiato vola« inklusive seiner wehmütig-frühlingshaften Horngänge und samt dem glücksleitmotivischen Refrain »Bocca baciata« als reiner Liebeslyrismus zum Gravitationszentrum der Buffa sich wandelt – aber ich greife hier wohl abermals und unstatthaftest vor.

◇

»Va, vecchio John« zum Beispiel ist eine virtuose, musikalisch gestaltenreiche, überaus farbensatt instrumentierte Duettszene und ein Paradestück für Bassisten dazu – inspiriert ist sie so wenig, wie vielleicht das Unernste Verdi insgesamt unberührt ließ; selbst wenn er das Buffoneske in seiner Seria, siehe Oskar im »Maskenball«, siehe Rigolettos Cortigiani-Umfeld, sozusagen perfekt behandelt; wobei allerdings komisch sein wollende Rüpelszenen (»Falstaff«, 1. Akt) schon in »Macht des Schicksals« nicht gerade Verdis Allerbestes vorstellen.

Zwar hat Charles Osborne recht, wenn er meint, Verdis Oper sei »surely a more considerable work of art than ›The Merry Wives of Windsor‹« – während im Fall des vorausgegangenen »Otello« Oper und Shakespeare-Stück etwa den gleichen Rang reklamieren. Aber im jüngeren Fall ist einfach die Fallhöhe Oper/Schauspiel beträchtlicher – Verdis komische Oper erreicht gleichwohl die tragische mitnichten. Und man meint richtig zu spüren, wie an einzelnen Stellen, sogar den charakteristischen, etwa bei der parlandierenden Holzbläser-Introduktion des »Alice-Meg«-Duettinos, auch Verdis Spaß an der Freud sich in Grenzen hielt – und beim späteren automatenhaften »Hahahahahaha« des Quartett-Ensembles wird der wahrhaft gerontokratische Sound des Ganzen nur durch den kaum überhörbaren Fakt einigermaßen ausbalanciert, daß die schon tödliche Frostigkeit dieses Weibergekichers ja wohl Verdis stilbildende Absicht gewesen sein muß. Komisch wird's auch dadurch aber nicht. Sondern das Gemekker klingt nun wirklich, um ein beliebtes neudeutsches Doppelmoppel zu zitieren, »zynisch und menschenverachtend«; – und viel mehr zum Weinen.

◇

Einerseits gilt, aus ebenso naheliegenden wie unerforschlichen Gründen, auch in der Musik das Ernste mehr denn das Unernste, »Humor diskreditiert« (Tucholsky) auch hier. Aber andererseits gibt es auch eine Art gegenläufiges Prestige. »Falstaff« erachten nicht wenige als Verdis Bestes – und bei Puccini ist es nicht anders: Der komische »Gianni Schicchi« scheint manchen der stärkste Teil des Trittico.

Das ist ungerecht; er ist der schwächste. Wie ähnlich »Falstaff«, wenn nicht schlechter Verdi, so doch problematischster sein möchte. In Wertungsfragen herrscht oft so etwas wie kontrapunktischer Snobismus. Etwa auch bei Wagner, wo es aber wieder andersherum funktioniert: Die »Meistersinger«, sein unterm Strich Allerbestes, gelten vielen als nicht so ganz voll zu nehmen.

Nicht leicht, plausibel zu erklären, weshalb »Falstaff« es gerade dem Verdianer recht schwer macht. Italienische Buffa meint im heutigen Verstand eher gesucht-manierierte Komik; infantile, leider auch leicht zurückgebliebene; wie im »Barbier«, so im »Falstaff«. Es ist nun mal nur sehr eingeschränkt lustig, wenn der Alt Frau Quicklys den Baß Falstaffs nachahmt; wie umgekehrt, wenn (I,1) Baß-Falsettstimmen Frauen nachäffen. Der durchgehende Secco-Ton der Oper hat etwas Erholsames, aber auf Dauer auch etwas unlustig Angestrengtes, Überanstrengtes. Manieriertes abermals. Stilistischer Leitstern ist gleichfalls hier wohl weniger Rossini als Mozart – und die Avantgarde zugleich: Höchst eindrucksvoll, auch im Sinne der musikalischen Moderne, etwa das »chromatisch« wirbelnde 1. Akt-Finale, welches das modellhafte erste »Figaro«-Finale aufzugreifen und auszustechen gedenkt. Aber, selbst wenn man hören zu müssen meint, wie Verdi schlau aus der Not eine Tugend macht: Das Automatenhaft-Maschinenmäßige der Musik hindert Lachen, auch nur Lustigkeit, in statu nascendi; so wie dann später beim Peiniger-Chorensemble im 3. Akt. Die Ästhetik des Oberflächlichen, Tiefenlosen beißt sich offenbar doch mit der von Komik und Humor. Eigentliche Komik entzündet Verdi wie Puccini eher verschwiegen, verklausuliert: Puccini im sanft-banalen C-dur des 1. »Bohème«-Aktfinales; Verdi z.B. im scheint's absichtslos nimmermüden Dauerabschiednehmen des Gouverneurs Riccardo durch den ganzen »Maskenball« hindurch. Ja, das ist zum Lachen.

Was ist komisch? Nicht daß rhythmische Unstatthaftigkeiten vorkommen, Ketten großer Septimen und andere gegen den Strich geschriebene übermäßige Dreiklänge, krumme und quasi impressionistische Terzen, Quarten und Sexten in den gespensterhaften Streicher-Husch-Passagen (II, 2); gewolltstupide Begleitfiguren und impressionistisch-pointillistische Frakturen –: alles Ingredienzien der »Falstaff«-Musik wie Strawinskis und Strauss' und auch des späten Puccini. All das entbehrt nicht des Ohrenkitzels, des der Morbidezza wie der Tabuverletzung – aber: Lachen machen sie uns schwerlich. Warum nicht?

Beim Paukenschlag in Haydns 94. Sinfonie: Lacht oder lächelt oder amüsiert man sich da aus immanent musikalischen oder aus außermusikalischen Gründen, gegenmusikalischen gar? Nämlich weil da eben gegen die gesellschaftliche bzw. konzertante Konvention Schläfer geweckt und geärgert werden? Schadenfreude also, Regelbruch, Bestrafung – aber: Ist der Paukendonner nun ein gerade noch sinfonisches Mittel? Komische Interferenz von Musik und ebenderen Unterbrechung?

Schubert übertrieb rhetorisch, als er dem Verdacht Raum gab, es gebe gar keine fröhliche Musik. Natürlich gibt es welche, geschätzte siebenundsechzig Prozent aller (»Ernsten«) Musik ist »fröhlich«, intendiert jedenfalls alle mögliche Fröhlichkeit. Aber zwischen solcher plan fröhlichen Vergnügtheit und Vergnüglichkeit (gespeist aus welchen platten Quellen auch immer) und wirklich lachen machender Entladung muß es noch einen Quantensprung, quasi einen neuronalen Schnittschritt geben – geschäftig-nimmermüd in Achtelsequenzen herummachende Frauen aus Windsor allein sind allemal jenseits dieses Schritts; bei Verdi wie bei Nicolai. Ist Falstaffs »Quand'ero paggio del Duca di Norfolk« schon zum Lachen, weil es einen eigentlich unappetitlich dicken Mann in der Pose des alerten und graziösen zeigt? Weil es einen jugendlich »sottile, sottile, sottile« erinnerten imaginiert? Ach was. Nie und nimmer. Aber Beckmesser, beim Ständchen wie beim Preisliedverhau, ist es, weit übers gemacht Groteske hinaus. Warum? Weil Text sowohl als Musik eine Schicht von Dämonie aufreißen, die man so im Zuge der eher gemütsamen Komödie nicht ohne weiteres erhofft hätte. Komik als das Unterlaufen von Erwartungen also – ernsten wie auch komischen?

»Falstaff« aber? Sein ziemlich analoges Serenadengegurre? Der Held mitsamt seiner humoristischen Aura bleibt kraft Erwartbarkeit entschieden banal, in seiner Komik ein bißchen unbedarft, ja inferior – bei allen Raffinessen der Partitur, die da oft fast wie ins Leere hinein entfaltet und ausgebreitet werden. Vielleicht fehlt dem Ganzen auch das fürs Komische entscheidende Quantum Freude an der Anarchie, am Chaos; auch wenn Verdi noch so entschlossen Geschwindigkeitsgeräusche und aida-artiges Trompetengeschmetter und andererseits ravelnah schräge Ensembleharmonien und -disharmonien entfackelt. Der Briefwechsel Verdi-Boito (Frankfurt/Main 1986, hrsg. von Hans Busch) mag da wohl manches an Zusammenhängen erklären helfen: Verdis erhebliche Selbstzweifel jenseits aller gleichzeitigen Koketterie, er schreibe ja diese allerletzte Oper ohne große Ambitionen; er fühle sich »so müde, so überdrüssig«, insgesamt, seufzt er, manchmal wie angewidert, und in bezug auf das Opernkomponieren zumal. Sehr denkbar, daß Verdi hier, pendelnd zwischen vitalem Ernst und Spiel, präzis das Manko, das Kainsmal seines Schwanensangs erahnte: Wissend, sie würde ja keineswegs übel werden, mangele der Oper eben akkurat das, wozu sie angetreten: die Kraft, lachen zu machen.

Ein Trinker im Waschkorb – nein, daß der Durstige auch

Giuseppe Verdi

noch auf Frauen aus ist, macht ihn nicht komplexer, sondern nur noch klischierter. Katharsis? Die Läuterung Sir Johns als das eigentliche Thema der Oper? Ach was. Daß wir nicht lachen. Bei Verdi läutert sich nur das ohnehin Erhabene. Das ist das Gesetz, nach dem er angetreten. Das Platte wird nur noch platter. Und sein fast schon schmerzlich trübseliges parabuddhistisches Fabula docet: »Tutto nel mondo è burla, l'uom è nato burlone« – diese Platitüde expressis verbis nachzuschikken ist nun geradezu Todsünde wider den Geist des Komischen. Denn gerade dies, wenn es nicht eh schon 1893 viel zu ausgeleiert und motivlich korrupt wäre, diesen Rückfall ins 18., ja 16. Jahrhundert, hätte die »Commedia lirica«, wenn sie denn den steinalten Locus communis schon thematisieren muß, wenigstens niemals aussprechen dürfen!

Da müssen Verdi und Boito kurzzeitig nun wirklich absent, ja senil gewesen sein. Besser macht es da schon der Gamaschen-Colombo in Wilders »Some Like it Hot«, wenn er sich, von Chicagos Freunden der Italienischen Oper unter den Bankett-Tisch geschossen, mit einem mühevoll gestöhnten »Big joke!« von dieser Welt kurz absentiert.

◇

Nicht leicht, noch einmal, zu sagen, warum Verdi das Komische nicht recht gepackt hat. Weil dessen tiefere, verwickeltere und zugleich frechere und lapidarere Formationen dem Italiener genuin weniger liegen? Als z.B. dem Russen, der da mit Dostojewski, Gogol, Gontscharow, Turgenjew, Tschechow gleich eine komplette Batterie einschlägiger Kanonen aufzufahren vermag? Aber auch weniger als dem Deutschen mit im Verdi-Jahrhundert immerhin Busch und Fontane, Raabe und Keller und Richard Wagner, und dieser keineswegs nur mit den »Meistersingern«; sondern exemplarischer, hochentwikkelter noch in den gedanklichen und formalen Kurven des inkommensurablen »Ring«?

Das Neoklischee eines sozusagen erhabenen Konnexes von Humor und Greisentum ist insgesamt, wie im Fall Beethoven, wie im Fall Wagner, wie im Fall Thomas Mann, wie im Fall Joyce, so im Fall Verdi so wahr wie falsch. »Ich bin 72!!!!« wurde von ihm schon 1885 die Freundin Clara Maffei erinnert. Das ist, jenseits aller freundlich-überbaulichen Kunstkonstrukte, immer noch ein starkes Argument wider die späte Lustigkeit.

Ist die Buffa, nochmals, selber der Tod des Komischen? »Der behende plätschernde Tonfall der italienischen Sprache« (Hawthorne, Der Marmorfaun) hat schon in der alltäglichen Wirklichkeit nicht immer etwas Erheiterndes – in der Kunst manchmal nur für schon allzu bescheidene Gemüter. Leicht zufriedenzustellende. Die noch immer über die Steigerung dieses Parlandos – das Stottern Don Curzios in »Figaro«, Fra Melitones Haspeln in »Forza« – am energischsten und zurückgebliebensten kichern müssen. Wie im »Falstaff« dann auch über die Gravität der rollenden »L'onore«-Triller, die aber in Wahrheit etwas gar arg gravitätisch Trällerndes, ja Trullenhaftes haben.

Nun hat Lachen oft und gewiß mit plumpen, einfältigen oder auch mit mechanisch-maschinellen Effekten und Affekten zu tun, eigentlich mehr als mit höheren, subtileren. Aber vielleicht liegt's ja gerade daran, daß das südländische Parlando beides sein will: albern und elegant-graziös. Und dies aber in der falschen Reihenfolge. Oder so ähnlich. Jedenfalls funktioniert's nicht. Auch übrigens nicht in Verdis granteln-dem »Stornello«-Liedchen. Das zwar virtuos – aber eben ebenfalls nicht lustig ist. Und auch sonst wäre das einschlägige

Terrain sehr gründlich neu zu sondieren und zu überprüfen. Item hohe und agile Staccato-Holzbläser z. B. sind – welche Mimesis, welcher atavistische Archaismus liegt da eigentlich vor? – entgegen dem spätestens in Verdis Geburtsjahr mit Rossinis »Italienerin« hochgekommenen Gerücht keineswegs ja immer allzu pfiffig. Sondern:

Es rührt sich was. Das ist aber auch so ziemlich das einzige, was sich rührt.

◇

Wobei das Schematische, Maschinentaktige mancher »Falstaff«-Ensemblemusiken, etwa das berühmte Finale, eben doch nicht nur Kunstgriff, Modernität ist. Sondern, hier kommt das Klischee wohl doch auf die Wahrheit zurück, Tribut ans Alter, an die geschwächte Inspirationsdichte. Die sich ihrerseits an der extremen und geradezu demonstrativen Artistik der Schlußfuge mit ihrem relativ uninteressanten Refrain, alles sei Spaß auf Erden, mühsam schadlos zu halten sucht.

◇

Ton für Ton möchte Fords Lento-Eifersuchtsmonolog aus dem 2. Akt als gesungene Melodie wie in deren orchestraler Einkleidung auch in »Aida«, in »Don Carlo« und sogar im »Otello« stehen. Mrs. Quicklys pathetisch-gravitätische Phrase »Povera donna!« könnte im Ernst auch in der Seria der »Aida« daheim sein – und sie ist es auch, nämlich im 1. Akt anläßlich Amneris' Lockfrage an Radames: »Desiderii? Speranze?« – der nämliche Gestus mezzosopranistischer Tiefenfülle: Ohne Kontext wären Komik hie – Passion und Wehmut dort natürlich gar nicht auseinanderzuhalten. Musik oszilliert als die trügerischste aller

Künste, das wußte nicht erst Thomas Mann. Im Fall Verdi mit dem verblüffenden Fazit, daß bei der Schaukel Ernst/Komik bzw. Natur/Kontrafaktur restlos unentscheidbar wird, was Huhn und was Ei. Aber so wie das Naiv-Pathetische am Ende eben doch Verdis eigentliche Sphäre, so der ungebrochene Ernst seiner Kantilene – dieser historisch so besonders unernsten und obskuren Kantilene! – deren truglos Wahres.

Freilich: Alles ist in Auflösung; so wie die Harmoniken und die Tonalitäten, so auch die vordem einigermaßen abgezirkelten Grundbefindlichkeiten Komik hie, Tragik dort. Mischformen kommen hoch und werden immerzu vermischter – Paradoxien auch, daß Gott erbarm, dem aber eh so manches jetzt auch dämmert. Daß es nämlich vielleicht keineswegs Zufall ist, sondern Welt- und Musikgesetz, wenn die komischste, die sub- und metamusikalisch komischste Musik des auslaufenden Jahrhunderts ihren Platz in einer seiner leitenden Tragödien hat, in Wagners »Ring«; in der »Götterdämmerung« mehr noch als im »Siegfried«; in Waltrautes untergangssatt unheilvoller Erzählung beinahe eherner noch als in Hagens gemütlich-frohem Nachtgesang: schwarze Blechbläserbomber hie wie dort der schwärendsten Schwerstbrummwucht. Einer unvermeidlich – belustigenden!

◇

Werweiß, gibt es ein noch recht unerkanntes Tabu dergestalt, daß die Leute lebenslang in Komödien, komische Opern rennen und sich dabei zu wundern abgewöhnt haben, wenn es darin nie was zum Lachen hat. Im »Falstaff« gibt es immerhin was zum Lächeln: die aparten, ja leicht abwegigen Turteleien des Jungpaars Fenton und Nanetta, auch die gleichsam naturhaften Echos in beider Zwiegesängen – die lirico-spinto-Kantilenenschlankheit von Fentons mondsüchtiger »Dal labbro il canto«-Frauenhuldigung, die da, im Verbund mit den Sommernachtstraum-Duftigkeiten und den entrückungsverblasenen Elfen- und Nymphenmusik-Feinspinnereien, zum »schönsten« Stück der Oper buchstäblich sich emporschwingt wie die Shakespearsche Lerche. Uns zum Lächeln-, ja zum Lächernmachen – ja sogar, wie insgeheim, zum Lachen; vielleicht ja sogar wegen ihrer frappanten Ähnlichkeit mit Radames' »Aida«-Finalphrase »T'avea il cielo per l'amor creata«, und beide Male meint die Musik ja tatsächlich das gleiche: abheben vom Irdischen, hinein in eine »mondo migliore«, weg von den »affetti profani« (»Don Carlo«). All das, diese lyrische Gegenwelt, dürfte Verdi auch erheblich mehr interessiert haben als des Ritters Trinkgelärme – zumal die beiden Liebesleute, wo es schon zum Jahrhundertausklang keine Melodie mehr gibt, als eine Art Codeweise eine allerletzte und hochselige erfinden, sogar einen Ohrwurm, und den in Verdis Lieblingsmischung As-dur/moll: »Bocca baciata non perde ventura ...«

Die vorher, ähnlich wie später in Puccinis »Rondine«, bei Fenton und Nanetta einmal nebeneinanderher eiernden Sekunden-Intervalle sind auch schön komisch; aber vielleicht noch eine Idee zu berechnet. Anarchischer, wüster, noch einleuchtender und schauerlich schön passiert dasselbe dann ein Vierteljahrhundert später bei Liesl Karlstadt und Karl Valentin: »Wo die Alpenrosen blüh'n!«

Lieber Maestro – lieber Boito

Verdis Briefwechsel mit seinem Librettisten

Wer von diesem rund dreihundert Briefe starken Briefwechsel »schöne Stellen« erwartet; kunsttestamentarische Erlasse, wie es sie immerhin im Dutzend in Mozarts Briefen gibt; quasi belletristische Partien, die dem Abendrotglanz der gemeinsam erarbeiteten Spätopern adäquat aufleuchten: der mag ziemlich enttäuscht sein, der wird weiterhin zu der aber auch meist nicht gerade verdisch-belkantistisch formulierenden Sekundärliteratur greifen oder sich seine hymnischen Formulierungen im Kopf selber zurechtbasteln müssen. Nein, über Fiescos großartig-funeste Arietta »A te l'estremo addio« aus »Simone Boccanegra«, über das seraphische Duett »Già nella notte densa« aus dem »Otello«, über die Modernität des Schwebend-Ironischen mancher »Falstaff«-Lyrismen erfährt der lebenslang süchtige Verdi-Adorant aus diesem erstmals in deutscher Sprache veröffentlichten Briefwechsel (Verdi-Boito. Briefwechsel, Frankfurt/Main 1986, hrsg. von Hans Busch) nichts oder recht wenig und, was die musikalischen Superioritäten der Werke betrifft, allenfalls en passant Apartes; nein, die Korrespondenz des alten Verdi mit dem wohl wichtigsten seiner späten Ansprechpartner, dem um neunundzwanzig Jahre jüngeren Kollegen und Belletristen und Librettisten

Arrigo Boito (1842–1918), bleibt sehr weitgehend im Technisch-Praktischen und im planen Progreß der Arbeit befangen. Sie ist das Dokument einer erstaunlichen Kooperation und – aber das bleibt eben die Frage, ob es denn eine war – Freundschaft. Und sie legt so oder so mit Sicherheit das unentbehrlichste Zeugnis ab vom halbmythischen Schimmerglanz und von der fortschreitenden Traurigkeit von Verdis Alter und Lebensabschied: Arrigo Boito zählt zu jenen, die in der Nacht vom 26. auf den 27. Januar 1901 an Verdis Sterbebett in Mailand wachten.

Eine gut dreißigjährige, wesentlich ab 1871 währende Beziehung, Boito gilt als Verdis bester, ihm würdigster, kongenialer Textautor – man kann darüber streiten: Dramatische Wucht und Feinarbeit und Tonwechsel-Konzision der »Aida« aus der Hand des Antonio Ghislanzoni sind mit Sicherheit nicht schwächer als die des Boitoschen »Otello« und des »Falstaff«, denen Horst Peter Neumann in seiner FAZ-Rezension des Briefwechsels etwas blumig, aber wohl nicht falsch nachrühmt: die Vollkommenheit, die Boito in dieser Gattung erreichte, sei besiegelt durch ihr Verschwinden in Verdis Musik.

Eine Doppelbegabung war der einer universellen nationalen Bildung und Kulturverantwortung nachhängende Künstler- und Nobeldandy Boito zweifellos und mindestens – überlebt hat er bis heute durchaus auch als Komponist: Zwar brachte er sein »eigentliches« Lebensprojekt, die als Sujet auch Verdi zuweilen stark interessierende Oper »Nerone«, auf nahezu tragische Weise nie zu Ende bzw. auch nur in einen überlebensfähigen Gerüstzustand; mit der Goethe-Veroperung des »Faust« (I plus II!) unter dem Titel »Mefistofele« (1868 scheiternd, in der Neufassung von 1874 erfolgreich) hält er sich bis heute nicht nur im italienischen Repertoire. Die ambitioniert-massige große Oper steht nicht nur recht gut Vergleiche mit immerhin Ponchielli, den Veristen und mittlerem Puccini durch – partienweise trägt die Komposition geniale Züge, etwa im hochsentimental entrückt-entrückenden Kerkerduett Faust-Margerita »Lontano, lontano, lontano« – Aida und Radames in der Grabkammer sind da im Schmelz des coelestisch Abhebenden nicht allzu fern.

Ein führender Kunst- und Musiktheoretiker des späten Risorgimento war Boito gleichfalls; früh auch vor dem Hintergrund seiner essentiellen Verehrungsfähigkeit ein Protagonist von Kulturvermittlung, zwischen Deutschland und Italien sprich Wagner und Verdi vor allem; ein Schöngeist wohl auch schon ein wenig von D'Annunzios Art – und in der Folge von alledem eben auch ein hochqualifizierter Übersetzer (u. a. des »Freischütz« und des »Tristan«) und Librettist; ein bißchen auch und durchaus schon der Typus Kulturmanager vor der heraufziehenden Diktatur der Presse, welche ein paar Jahre vor der »Otello«-Premiere beinahe sein Zerwürfnis mit Verdi ausgelöst hätte; was Boito am 26. April 1884 aber mit dem schönsten und sprechendsten seiner Briefe an Verdi verhinderte: »Sie allein können Otello komponieren, das ganze Bühnenwerk, das Sie uns gegeben haben, bestätigt diese Wahrheit.« Der zutiefst aufrichtig klingende Brief gibt dem Jüngeren wohl erstmals »eine Gelegenheit, Ihnen besser als mit ins Gesicht geschleuderten Lobsprüchen« zu zeigen, »wie sehr ich Ihre Kunst liebe und fühle, die Sie uns gegeben haben«.

Und weiter: Er, Boito, verbringe die Stunden wie ein Faulpelz – und an Tagen, an denen er arbeite, wie ein Esel. »So verrinnt mein Leben, und ich schlage mich weiter durch, allmählich erstickt von einem Ideal, das zu hoch für mich ist« – die Oper »Nerone« als ein Maßstäbe setzendes Epochenwerk. Wie ganz anders der Adressat: »Sie sind gesünder als ich, stärker als ich ... Um Gottes willen geben Sie den Otello nicht auf, geben Sie ihn nicht auf, er ist für Sie bestimmt, machen Sie ihn ... Einen herzlichen Händedruck. Ihr Arrigo Boito.«

Die schon ehrwürdige Stereotypie, die Boito-Verdi in die »Opernglücksfall«-Reihe mit den Tandems Mozart-Da Ponte und Strauss-Hofmannsthal placiert, sie hat insgesamt nicht unrecht. Nur war Boito eben immer auch und ungeachtet aller Verehrungssucht ein ehrgeiziger Musiker-Schöpfer. Drittens – und das macht der vollständige Briefwechsel deutlicher, als man's bisher hörte, manifest – stellte er sein Licht über Jahrzehnte hinweg nobel, nahezu demütig unter den Scheffel, als es darum ging, dem ihn Überragenden zu dienen: die Spätopern »Otello« (1887) und »Falstaff« (1893) aus dem sich zierenden, halb hinsinkenden, halb sich mit Uninteressiertheit wappnenden Verdi noch hervorzukitzeln. Alles in allem scheint Boito einfach der Meinung gewesen zu sein, die Nachwelt habe Anspruch auf beide; werweiß, machte ihm aber auch das Werben, das Animieren, das Kitzeln selber den Hauptspaß. Der Rest war wieder Verehrung, Demut: Nicht ein einziges Mal mischt sich Boito – jedenfalls schriftlich – in grundsätzliche musikalische Form- und Texturfragen der beiden Opern. Zur halb gelungenen Rettung des »Simone Boccanegra« hatte er für die Textrevision der Neufassung von 1881 übrigens auch das Seine getan – der Beginn der Kooperation.

»Lieber Maestro – lieber Boito«: Eine in mehrfacher Hinsicht seltsam schillernde Beziehung, eine, man kann sich das mit einem etwas hinkenden Vergleich klarer machen, kuriose Unterordnung; es ist fast, wie wenn der etwa fünfunddreißigjährige Dichtermusiker Richard Wagner sich plötzlich entschlösse, sein ferneres Leben, sagen wir, Brahms zu weihen, indem er diesem prächtige Opernlibretti fabrizierte. Hans Buschs Vorwort faßt zusammen: Boito, vor 1870 mehr fast als mit der heimischen Oper mit dem »germanismo«, d. h. Wagner, liebäugelnd, »stellt sich in den Dienst des greisen Verdi; denn er wünscht, an der Vollendung der Opera Italiana seinen Teil zu haben«. Der Verleger Giulio Ricordi wirbt bei Verdi in den Tagen, da beide Komponisten noch der Vision des »Nerone« nachhängen: »Das Ergebnis ist, daß Boito sich für den *glücklichsten*, den *glücklichsten* Menschen halten würde, wenn er das Libretto des Nerone für Sie schreiben könnte; er würde sofort und mit Vergnügen auf die Idee verzichten, die Musik selber zu komponieren.«

Und das galt offenbar pars pro toto weit über den »Nerone« hinaus.

Ein Rest Dunkel bleibt, ganz macht auch die Totale der Korrespondenz den Schnittpunkt von Kollegenschaft und Freundschaft und Demut nicht fest; psychoanalytisch eingefärbte Vater-Sohn-Hypothesen führen wohl eher ins Wischiwaschi denn zu Sinn. Stetigkeit und Wandel der Beziehungen jener beiden, die sich im November 1871 auf dem Bahnhof von Bologna ausgerechnet nach der italienischen »Lohengrin«-Erstaufführung erstmals gesprächsweise nähergekommen waren, bleiben beide dreißig Jahre lang ein bißchen ungreifbar, manchmal scheint's fast zufällig. Genaugenommen treten Verdi und Boito all die Zeit über auch kaum in große kunsttheoretische Überlegungen und Grundsatzerklärungen ein, wie sie den schriftgewandten Boito womöglich sogar überlegen gesehen hätten, ihm derart eine gewisse Kompensation verschaffend. Sondern die Korrespondenz bewegt sich immer etwas unentschieden in einem Klima von Hochachtung und einer freilich eben nicht ganz brüderlichen Wärme; von Freundlichkeit, aber wohl doch nicht ganz: Freundschaft. Zumal bei Verdi bleibt ein Rest Spröde, eine leicht ironisch-selbstironische Alter-Jugend-Distanzierung – von wenigen Ausnahmen und vielleicht von den letzten, schon fast ätherisch abhebenden Jahren abgesehen achtet »Il Vecchio« Verdi allzeit auf Distinktion, auf eine gleichsam wärmende Kühle; und nicht ein einziges Mal vergreift sich Boito mit Vokabeln überzogener oder gar plumper Vertraulichkeit; ohne daß er schon pures Denkmal gewesen wäre, muß der greise »Bär« einen Nimbus von letztlich unnahbarer Halbgöttlichkeit ausgestrahlt haben. Konkurrenzneid Boitos? Keine Silbe läßt darauf schließen. Milde Harmonie überlagert fast alle Briefe; mit Ausnahme derer, die nicht ohne Komik Verdis Skrupeln Ausdruck verleihen, nach dem überwältigenden Vorfinale »Aida« und »Requiem« (1871/74) mit dem Schokoladenprojekt, dem »Progetto di ciocolata« Otello, noch einmal sich beweisen zu sollen, noch einmal die Welt zu verzaubern – oder aber sie zum Hohn zu animieren. Das Wechselbad aus Reserve, Koketterie, gespielter und echter Verzweiflung beim endlichen Zuschlag und bei der Arbeit an der »Schmierage« des mohrenköpfigen »Otello«, das sich dann bei »Falstaff« verkürzt wiederholt: es gehört zu den anrührendsten und auch amüsantesten Partien der Korrespondenz – seinen fotografischen Reflex hat es übrigens in den Genrebildchen, die den munteren Greis zusammen mit seinem ersten Otello-Sänger Francesco Tamagno zeigen, anläßlich dessen gestisch unbeholfener Interpretationskünste sich Freude und Verzweiflung des wiedergeborenen Komponisten quasi wiederholen.

Ergreifender noch manche Notizen Verdis zur durchaus nicht nur gnadenreichen Zumutung seines Alters. Der Neunundsiebzigjährige fühlt sich »so müde, so überdrüssig«, daß er kaum mehr gemimte Zweifel am Fortgang des »Falstaff« beseufzt, den er ja eh nur »rein zum Zeitvertreib« zu schreiben begonnen habe, »ohne vorgefaßte Gedanken, ohne Pläne; ich wiederhole, *zum Zeitvertreib*«. Als der »Falstaff« verabschiedet ist, wird's noch ärger. Verdi nötigt sich zum Sarkasmus: »Mir geht es gut, und ich langweile mich. Ich tue gar nichts; und bin müde« (14. März 1894). Schon zehn Jahre vorher freilich hieß es im Brief an Clara Maffei: »In unserem Alter angekommen, haben wir täglich eine Leere um uns, und wie resigniert auch immer, hat man nicht immer die Stärke, die gerade dieser unser letzter Heiliger« – der verstorbene Freund Giulio Carcano – »zum Ertragen hatte, ohne zu murren.« Verdi murrt – und zuweilen ungescheut. Wozu die ganze Plage? Mit diesen albernen Opern, dem geilen Kunstbetrieb? An den Uraufführungs-Dirigenten Franco Faccio: »Soll ich nun Eurer Meinung nach den ›Otello‹ wirklich beenden? Aber warum? Für wen? Mir ist er egal! Dem Publikum noch mehr« (6. Mai 1884).

Wahr und unwahr zugleich, natürlich. Und es wird von Jahr zu Jahr trostloser. 1885 schreibt Verdi an die Freundin Clara Maffei: »Gerade heute ist ein furchtbarer Tag! *Ich bin 72 !!!!* ... Ich fange an, zu verstehen, daß ich reichlich alt bin!!!!« – Verdi bekämpfte das Greisentum offenbar mit Emphasen. Die Grille der vier Ausrufezeichen hat ein hübsches musikalisches Äquivalent: in den sechs pppppp, die Verdi bei Desdemonas ersten Tönen »Mio superbo guerrier« vorschreibt; zum Auftakt des erhabensten aller italienischen Opernduette.

Des Großen Alten Humor mahnt uns zuweilen etwas altfränkelnd, anläßlich der »Falstaff«-Partitur mag man auch füglich darüber streiten, ob Komik Verdis wahre Sphäre war. Aufs Ganze war die Verdis in seiner Oper das große, pathetische, erhabene Gefühl, wie es jenseits der Vanitas mundi in den besten musikalischen Momenten zur Erfüllung, zum Stillstand kommt. In Prosa formuliert das der Komponist am 7. März 1884 nach den Exaltationen der »Otello«-Uraufführung – die drei Zeilen bilanzieren auch wie nebenher Verdis sehr vornehmen Einspruch gegen das Alter: »Mich leitet weder Bescheidenheit noch Hochmut; nur ein Gefühl für persönliche Würde, auf die ich nicht imstande wäre zu verzichten.«

Es scheint, daß Boito als letzter in der Gefahr gewesen wäre, diese zu verletzen.

»Der bedeutendste Briefwechsel der Operngeschichte«, wie der Verlag im Reklametext etwas fix-vollmundig weiß? Zumindest einer der bestedierten, wie es scheint, ein zudem üppigst umrankter. Den Verdi-Boito-Briefen beigesellt hat der Übersetzer und Herausgeber Hans Busch, der Sohn des Dirigenten Fritz Busch, gleich mehrere umfangreiche Einführungsexkurse sowie Teile der übrigen Verdi-Korrespondenz – Busch war hier schon vordem mit einer Auswahl editorisch tätig. Es gibt in diesem Buch ausführliche Lebensdaten beider Protagonisten, biographische Skizzen des personellen Umfelds und hundertfünfzig Seiten Anmerkungen und Nachweise. Haben wir von so viel philologischer Gewissenhaftigkeit und Akkuratesse genug, wenden wir uns, gestärkt und entschieden informierter, wieder dem Musikschrank zu. Ich persönlich empfehle für heute: sagen wir Desdemonas Weide-Lied bis zum herzzerreißenden »Ah! Emilia, addio! Addio!«

Des Volkes wahrer Himmel

Die alljährlichen sommerlichen Stimmkämpfe in der Arena von Verona

Der Herr aus der Seconda Gradinata, aus den obersten Massen der Sitztribüne, ist ein absoluter Kenner. Sein ebenso mächtiger wie bekennerhafter Ruf »Evviva Verdi!« durchfurcht die nachtglitzernde Arena exakt mit dem ätherisch-verklärten letzten Pizzikato des Finalterzetts von »Macht des Schicksals«.

So ähnlich muß es in den ereignisreichen fünfziger Jahren des letzten Jahrhunderts in italienischen Opernhäusern zugegangen sein; zum Beispiel am 17. Februar 1859 nach der Uraufführung des »Maskenball« im römischen Apollo-Theater, als das »Viva Verdi« als Buchstabenspiel von V(ittorio) E(manuele) R(e) d'I(talia) zur volkstümlichen Parole für das freie Italien wurde.

Damals standen Name und Kunst Verdis für das »Risorgimento«, die nationale kulturelle und politische Erneuerungsbewegung vor dem Hintergrund der französischen und österreichischen Fremdherrschaft. Was Verdi im krisenzerknitterten Italien heute noch bedeuten mag, ist schwer zu enträtseln, aber in der Arena zu Verona glaubt man für ein paar Augenblicke, der einstige »maestro della rivoluzione italiana« sei durch Volksbeschwörung dazu auserkoren, das zu deichseln, was Democrazia Cristiana und Sozialisten und KPI nicht schaffen.

Die 1976 zum 54. Male organisierten Sommerfestspiele in der Arena di Verona lassen große Vergangenheit ahnen und meinen ihre immerwährende Wiederaufführung; sie sind außerdem Spektakel, Volksfest, Ferienvergnügen, touristisches Großgeschäft und eine wenig weihevolle, aber dafür um so überzeugendere Apotheose der insbesondere italienischen Oper: inszeniert von der (zumindest partiell) weltbesten Sängerschaft gemeinsam mit durchschnittlich zwanzigtausend Zuschauern pro Abend. Vom jeweils ca. 15. Juli und bis zum Septemberbeginn residieren in Verona allzeit Belcanto, Passione und Italianità.

Der sogenannte Genius loci der altrömischen Arena ist einer mit Stilbrüchen, auch wenn er Bühnenwerken wie »Aida« und »Tosca« und »Carmen«, »Macht des Schicksals« und Puccinis »Turandot« dank der Großräumigkeit von Bühne und Bühnenausstattung entgegenkommt. Den »Geruch« des Opernhauses ersetzt er nicht, wohl auch nicht dessen Aura von Bedeutung und Geschichte – aber er fesselt durch das, was Thomas Mann vermutlich »höhere Heiterkeit« genannt hätte, wäre er auf diesem Sektor nicht von Wagner verdorben gewesen. Diese höhere, dem mehr ideal gedachten Woodstock wohl vergleichbare Heiterkeit kommt wahrscheinlich aus dem buchstäblichen Aufeinandersitzen der Massen als einer verschworenen Gemeinschaft, der die Grazie der Musik und der Veroneser Nachtluft das Adorno widerlegende unbeschädigte Leben vorgaukelt.

Nichts für Puristen, eher schon Ausweichmanöver für Snobs, denen Bayreuth und Salzburg zu brutal auf die wehen Nerven schlagen. Unbegründet ist indessen das nachsichtige Lächeln, mit dem professionelle Kritik und sonstiger Feinsinn die Stagione lirica dell'Arena als künstlerisch nicht ganz ernst zu nehmend behandeln.

Das sommerliche Verona verfügt heute, sieht man einmal vom Salzburger »Don Carlo« ab, vermutlich über die beste italienische Sängerschaft der Welt. Andererseits tut Perfektion nach Maßgabe Karajans dem Unternehmen Verona vielleicht gar nicht gut, und die Arena wäre so etwas wie eine Alternative zur penetranten Leblosigkeit des heutigen, weniger durch Schlamperei als durch standardisierte Rekordsucht bedrohten Opernbetriebs. Fast fühlt man sich in Verona an Verdis enigmatisches Wort aus der »Aida«-Zeit erinnert: »Es gibt noch etwas mehr in der Musik – nämlich die Musik!«

Musik, die in das riesige Ei der Arena mit exotischer und unwirklicher Duftigkeit verplätschert. Um so neuartiger und unerhörter scheint sie, je mehr der Raum winzige Achtel und Sechzehntel verschluckt oder verschmilzt. »In der Oper«, hat Adorno schwermütig-hoffnungsvoll gesagt, »transzendiert der Bürger zum Menschen.« Schön wär's.

Verona gibt immerhin eine Ahnung davon, daß Volk und Oper zusammengehören, und sei's als trauriger Anachronismus; daß umgekehrt Oper und Bildungsbürgertum zumindest in Oberitalien nicht notwendig zusammengehen müssen. Daß große Tradition nichts Starres, krampfhaft Adaptiertes sein muß, sondern etwas, mit dem das Volk lebt und Umgang hat wie mit seinesgleichen. Weiß der Himmel, daß die Oper tot ist, aber die Opernfestspiele in der Arena haben etwas Utopisches.

Der gestirnte Himmel über uns und die in Schöngesang ruhenden großmächtigen Leidenschaften unter uns: In der Arena klingt Oper noch viel weniger realistisch als im großen Haus. Die Sordiniertheit der Stimmen und des Orchesterteppichs schafft ein Entrücktes, in sich selbst Ruhendes, potenziert – Gemütliches.

Gemütlich sind auch die aller neueren Regiekunst hohnsprechenden Posen der Akteure, ihre vom Riesenraum nochmals und ins beinahe Putzige verkleinerten Bewegungen. Gemütlich sind sogar die roheren Gefühlswallungen: Wenn Amonasro die Tochter Aida im großen Duett wahrhaft brachial in den Staub schleudert, dankt ihm, wie den Stentortönen, auch diesen dramatischen Einsatz quasi wider das Haus Habsburg warmer »Bravi! Bravi!«-Beifall. Und gemütlich ist endlich das Drumherum: Wo sonst sieht man die Primadonna Lilian Molnar-Talaijc, als Leonora bereits fertig eingekleidet, hinter der Szene hockend im Plausch mit den Bühnenarbeitern, bevor »La Forza del Destino« ehern zulangt?

Das »Volk« ist weggedreht. Während der Vorstellung, bei den Autogrammcouren, vorher beim Abendessen und nachher im Kaffeehaus wird scheint's alles und nicht zuletzt die rauhe Wirklichkeit der Nation vergessen. Im politisch dauerchaotischen Italien avanciert zur Gretchenfrage, ob der mexikanische Topstar Placido Domingo »molto bene«, der Altmatador Carlo Bergonzi aus dem nahen Busseto hingegen »benissimo« gesungen habe – oder umgekehrt. Und es entbrennt die scharfe Diskussion, ob Bergonzi, der den Radames in Verona bereits 1958 erstmals sang und dessen Stimme dem Begriff »anbetungswürdig« noch heute mindestens soviel Inhalt verleiht wie die Kontur Sophia Lorens in ihren besten Tagen, nicht doch allzu unwillig zu mimischer und gestischer Aktion sei und sein Herzergreifendes allzu stocksteif heruntersinge.

Dem halten subtilere Fans wiederum entgegen, daß der »Commendatore« (Bergonzi ist Ordensträger) wohl noch immer als einziger auf dem Erdkreis die »Celeste Aida« und das Finale der Oper korrekt, nämlich das hohe B pianissimo zu placieren vermöge. Oder, korrigiert eine Dame aus Wien eifrig, »messa in voce«, das heißt als lang angehaltenen Schwellton in doppelter Richtung. Ein absolut informiertes Publikum.

Der dritte im Verein der versammelten Spitzentenöre, Franco Corelli, der im Vorjahr Don José in »Carmen« und Calaf in »Turandot« gab, scheint in der Popularität um einen Hauch gesunken, obwohl gerade diese beiden Partien heute kaum einer besser brächte. Ein Tenor-Triptychon von märchenhafter Qualität: Corellis Stentor-Effekte, Domingos edler Honig, Bergonzis Leggierissimo-Zaubereien – sie streiten für Stunden um die Weltherrschaft.

Macht nichts, geliebt werden sie alle drei, nicht ohne Eifersüchteleien offenbar: Wenn der Beifall für Corellis Blumenarie ausebbt und das Orchester bereits wieder eingesetzt hat, meldet hoch in den Rängen ein Herr stimmstark Protest wegen einer angeblich nicht gehaltenen Fermate an. Dem kontert ein Streiter (»Cretino!«) von der Gegentribüne, Corelli habe die Fermate durchaus wahrgenommen. Erst des Volkes frohgemut lachendes »Tschtsch!« garantiert den ordentlichen Fortgang von Josés Elend.

Das durchschnittliche Arena-Publikum stellt zwar die übliche Festivalmischung aus totaler Ignoranz und totaler Kennerschaft; vorrangig aber dürfte es schlicht und unkritisch unter Musiksucht leiden. Und es ist unglaublich dankbar. Praktisch jeder gelungene Ton entzückt zu »Bravi«- und »Brava«-Geschrei, ein kleiner Chorsatz oft nicht viel weniger als eine Domingo-Stretta.

Wen dergleichen erheblich stört, der soll besser die Arena meiden, aber auch hier trifft das Volksempfinden etwas Sympathisches: Nicht nur gelten in Verona Macht und Größe der Chöre mindestens ebensoviel wie die Stars – Reste von proletarischem Ethos sorgen auch dafür, daß im Festspielkatalog nicht allein diese aufgeführt sind, sondern auch die Namen der wohl über fünfhundert Choristen, Tänzer und Orchestermitglieder. Allora: auch eine Art Sozialismus.

Die Arena eröffnete 1913 mit »Aida«. Unterbrechungen gab es seither nur in den Kriegsjahren 1914 bis 1918 und 1939 bis 1945. »Aida« wurde seither in neunzehn Jahren hundertvierzigmal gegeben, mit größerem Abstand folgen »Carmen« und die in Italien sehr geschätzte »La Gioconda«. Früher bot man auch immer wieder mal Wagner, einmal sogar, 1950, die »Walküre«; den »Lohengrin«, dessen italienischer Triumph einst sogar Verdi zu schaffen machte, führte man bereits viermal auf, zuletzt 1963.

Seither fand, zu ihrem Nutzen, keine deutsche Oper mehr in die Arena – 1975 wurde, unter Maurice Béjarts Choreographie, immerhin Beethovens Neunte Sinfonie getanzt: wegen Dauerregens allerdings zu Tonbandmusik. Gelegentlich verirrte sich in Verona der Zeitgeschmack in Niederungen wie Flotows »Martha« und Unpäßlichkeiten wie Puccinis »La Fanciulla del West« – erstaunlicherweise aber gab es erst zweimal Verdis »Don Carlo«, dessen musikalischer und dramatischer Gehalt in der Großräumigkeit der Arena besonders gut zu entwickeln sein müßte, mit dem sich die Italiener aber offensichtlich noch immer so hart tun wie 1867.

In Verona sang die Elite des Jahrhunderts: von Tebaldi bis Callas, Caballé bis Freni, Gigli, Lauri-Volpi, del Monaco, Vinay, di Stefano, Pavarotti. Gleichfalls die Dirigenten des Festspielorchesters repräsentieren große italienische Oper. Im Vorjahr waren es Francesco Molinari-Pradelli, Reynald Giovaninetti und Giuseppe Patanè.

Wer gern zu Lucias Wahnsinnsarie italienischen Landwein trinkt; wem es nichts ausmacht, daß Veroneser Geschäftssinn während der Nil-Szene ungerührt Bierflaschen absetzt, die dann auch hin und wieder nicht nur in Eisbehälter, sondern auch in ein überraschendes Piano hineinscheppern; wer ein hohes C beobachten möchte, wie es sich im Nachthimmel auflöst: dem ist Verona als etwas sehr Gesundes zu empfehlen.

Auch der kommt auf seine Kosten, dem es Spaß macht, daß heimische Proletarier die im Parkett einrudernden Nerz-Damen und die lokale Politikerprominenz nebst sonstigen Großkopferten gnadenlos und wohl halbernst auszischen. Um 21.15 Uhr, wenn's losgeht, waltet die Versöhnung von Tausenden von Kerzen, die zur Begrüßung der Künstler und der Kunst ringsum aufflimmern. Eine Vision aber blieb dem auf alles gefaßten Gast bisher versagt: daß das Volk am Ende der Oper den Gefangenenchor aus »Nabucco« anstimmt. Denkbar – und schön wär's schon.

Tango und Terzen

René Carols »Rote Rosen, rote Lippen, roter Wein«

Es muß 1955, nein, 1954, und ich dreizehn, gewesen sein, als meine frühe Tripelleidenschaft für Schlagermusik – Sport (Fußball) – Religion (Liturgie) ihre Klimax er- und überklomm, ein wahres heiligmäßiges Triptychon an zeitlich sich partiell überlappenden Großpassionen, ja parareligiösen, protoreligiösen, wahrscheinlich einfach religiösen Gefühlen, welches die hingerissene Begeisterung für lateinische Meßtexte (ich kann heute mit fünfundfünfzig noch alles auswendig, könnte zur Not freihändig eine Messe lesen und verdamme deshalb die deutschsprachigen Reformen des Zweiten Vatikanums aufs schärfste), die Spielkultur der damaligen Frankfurter Eintracht und den Melodienwahnsinn des Verdischen »Troubadour« in einer romantischen unio mystica wahrlich rarissima umschloß und sich einverleibte –

– kurz vorher aber hatte, es muß 52, nein, 1953 gewesen sein, anstelle der Oper noch der wenn auch nicht gar so unverwandte Schlager dominiert, gleichermaßen religionshaft regiert – dessen im Süddeutschen ragendes Öffentlichkeitsforum aber war die allfreitägliche (m. E. ab 19 Uhr) Sendung »Die sieben Schlager der Woche«: Es ging nach irgendwelchen vermutbar trüben Umfrage- bzw. Verkaufszahlen von hinten, von Platz 7, nach vorne, das ganze Spektrum schob sich über die Monate hinweg maßvoll hin und her, vor allem zwischen Platz 4 und 7, im Schnitt kamen wohl pro Monat zwei neue Konkurrenten und Kandidaten hinzu, auf den hinteren Plätzen tummelten sich so geborene Siegerverlierer wie »Sag doch nicht immer Dicker zu mir« und »Egon, ich hab ja nur aus Liebe zu dir, ja nur aus lauter Liebe zu dir, ein Glas zuviel getrunken«, meine erste künstlerisch-gesellschaftskritische Berührung mit dem damals mählich virulent werdenden Alkoholismusproblem unter besonderer Berücksichtigung des beginnenden Nachkriegswohlstands resp. des Ludwig Erhardschen Entscheids für den Marktwirtschaftskapitalismus, aber doch unterm Signum mehr noch zeitloser Liebesleidenschaft bzw. Versagung –

– für einen der vorderen Plätze aber reichte derlei doch mehr niederes Gefühlsleben natürlich nicht, reichte nie und nimmer – da hatte es, auch nach meinem damals schon sehr frühreifen Urteil, um Reines und Edles und Höchstes und dennoch freilich um Sinnliches, ja Hochsinnliches zu gehen, praktisch so hoch wie die nachmals, aber spirituell-virtuell eben auch schon damals in Poesie wie Wirklichkeit so verehrte und geliebte Eichendorffsche »hohe Frau«, um die »hohe Liebe« Klopstocks auch sowie eventuell gar um die hohe minne und triuwe »von hôher art« (Parzival 1, 21) der mittelalterlichen Epik wie des Minnesangs und letzten Endes der christkatholischen Marienreinheit –

– dies Hohe und Erhabene und Reine und zugleich im damaligen volkstümlichen (und von mir später korrigierten) Wortverstand Romantische war aber nach meiner genauen Erinnerung damals jahrelang, uneinholbar, unanfechtbar daheim beim praktisch konkurrenzlosen Spitzenreiter der »Sieben der Woche«, es thronte da jederzeit und immerdar auf dem

Parnaß dieser 7er-Riege, von wem auch immer erkiest, doch auch nicht von mir weder demoskopisch noch künstlerisch je in Zweifel gezogen, als Chart-Top (so dumm redete man damals aber noch nicht daher) der Schlager »Rote Rosen, rote Lippen, roter Wein«; und natürlich kann ich ihn auch heute noch jederzeit abrufbar komplett auswendig: »Rote Rosen, rote Lippen, roter Wein, / Und Italiens blaues Meer im Sonnenschein. / Rote Rosen, rote Lippen, roter Wein / Laden uns ein, laden uns ein!«

Dann der mehr dynamische, drängende, allerdings den etwas verschleierten Tangorhythmus unverändert aufnehmende Mittelteil: »Doch wenn die Sterne stehn, / Ist Italien doppelt schön, / Wenn die Nacht herniederfällt, / Vergißt man die Welt« –

– und mit der tonal wörtlichen Wiederholung dann die Steigerung ins (ich muß heute schon sagen:) Hingeschmolzene, Hochlaszivische, gar nicht mehr Parzival-Marien-Reine, sondern direkt Unkeusche, wie es unter Adenauer eigentlich noch verboten war: »Denn wenn die Sonne sinkt / Und das Lied der Lieder klingt, / Ist schon bald die große Macht (Nacht?) / Der Liebe erwacht! – / Rote Rosen, rote Lippen, roter Wein ...«

Welches »Lied der Lieder« das immer gewesen sein mag, das da kunstreich als Metastruktur im Lied zitiert wurde: Auf diese Feinheit hab ich damals m.W. noch nicht übermäßig geachtet. Gesungen wurde dieses Lied »Rote Rosen« jedenfalls von einem Mann, der auf den damals in Zentralbayern sonst noch selten zu hörenden Namen René Carol oder immerhin so ähnlich hörte, gesungen mit – ich kannte damals naturgemäß weder Caruso noch Carlo Bergonzi, noch auch nur Mario Lanza –, wie mir schien, feurig-unwiderstehlicher Schmelzstimme (ein Projektionsfehler, wie ich heute beim Wiederhören erkenne: Die Stimme ist mehr zart und recht weibisch) –

jawohl, mit dem Namen René Carol verband sich bald die Vision von Glück und Glut, von rauschenden Genüssen und Exotik, vom Max Horkheimerschen »Ganzanderen« und sogar von einer gewissen Weltläufigkeit und Internationalität, jedoch weit jenseits von Marxens und Bebels Visionen; sondern, so viel war klar, wer immer René Carol war, Deutscher oder Italiener (das interessierte mich seltsamerweise überhaupt nicht), er vereinte irgendwie im höheren universalistischen Sinn die Guten und die Güter der Welt – zumal er, das fiel mir auf, innerhalb der »Sieben der Woche« offenbar gleich noch einmal mit einem Zweitgestirn aufwartete, einem gleichfalls etwas verdeckten Tango, der sich in der 7er-Riege immer so auf Platz ca. 4 herumtrieb, der fast genauso schön und unwiderstehlich und fernwehsüchtig und reiseantreiberisch war und auf die Worte »Komm mit nach Palermo, komm mit ans blaue Meer« hörte – also konkret topographisch bezogen war; heute, gereift, muß ich schwer lächeln: Wie viele Prozent Deutsche mochten damals mit ihren Goggomobils und bestenfalls VWs Sizilien angestrebt und auch tatsächlich erreicht haben? Insofern lag Carols »Rote Rosen« mit seiner lokalen Unbestimmtheit sowohl psychologisch als kunstgestaltlich sicher viel besser und stand zu Recht auf dem Olymp des Vesuv anstatt des Ätna oder zumindest jedenfalls der Gardaseeberge – aber auch in Schmelz, Glut und musikalisch-textlicher Suggestionskraft der Worte wie der Schleifterzen und der Tangowiegefiguren zeigten sich die »Roten Rosen« doch deutlich überlegen. Heute mehr denn je weiß ich, daß »Rote Rosen« absolut zu Recht ganz vorne postiert war und das Feld beherrschte und als ein Dokument der frühen fünfziger Jahre als fast einziger Schlager innerhalb der Riege und dieser Jahre überlebte; wie es eben der großen Kunstwerke Art ist.

Heute, sogar noch etwas klüger und informierter geworden,

weiß ich, daß Carols »Rote Rosen« von 1953 nicht allein als eines der ersten Großparadigmata die altdeutsche postgoethische Italiensehnsucht jetzt unter langsam wohlstandstouristischem Kainszeichen neu ankurbelte und als eine weitere Renaissance regenerierte – jetzt, knapp ein Jahrzehnt nachdem Hitler haushoch den Krieg verloren und die Deutschen z. T. »wegen Not« (Karl Valentin) noch nicht so gut wieder in andere Länder vorpreschen konnten, z. T. auch, weil man sie dort noch nicht so gerne sah – jetzt bewährte sich Carols Tango als virtuelle Reise und zugleich als Avantgarde der schon bald wieder realen. Und der alte Bundesgenosse der Achse Berlin–Rom hatte doch vielleicht am vergleichsweise wenigsten gegen die ja von ihm immer offen oder heimlich bewunderten Teutonen und gegen ihren allmählich und dann sturzbachartig zunehmenden und explodierenden Südtourismus – und Gesänge wie die des unschuldig-sentimentalen Carol trugen, reale Reisen vorerst (und unter uns: viel schöner) durch solche der gaukelnden Phantasie ersetzend, gewiß viel zu diesem Prozeß bei.

Den ich damals, mit dreizehn, noch nicht ganz über- und durchschauen konnte; und auch dies, daß Carol alte Wander-, Reise- und speziell Italienmotive Goethes, Eichendorffs und der malenden Nazarener unter König Ludwig I. wiederaufgriff und von daher auf einen gesunden Humus deutscher Anhänglichkeit zurückgreifen konnte, war mir noch nicht so parat wie dann später mit dem Abitur: Klar war mir damals visionär aber immerhin schon irgendwie, daß die spezielle Mixtur der Wort- und Klangmagien es war, welche eigentlich viel mehr bewegte und hinriß als das Ziel, das gelobte Land Italien, selber. Daß also die Idee Italien, genau im Sinn Nietzsches, größere Fesselkraft und Gewalt ausübte als die plan reale Halbinsel. Einleuchtete mir sicher noch sehr unbewußt das Wesen von Lyrik und insgesamt Poesie, welches in diesem Rote-Rosen-Lied vorbildlich sich entfaltete aus einer strammen Folge von satten Reiz-Inhalten bzw. Reiz-Worten wie Rosen, Lippen, Wein, Nacht, Liebe, Sonne, Sterne.

Wein war mir damals noch fremd. Für torkelnde deutsche Italienliebhaberrucksäcke hätte ich mich ewig geschämt. Rosen waren mir als Signal von Schönheit und Innigkeit schon vertraut – und von Liebe hatte ich zwar noch keinen Dunst, aber schon eine genaue Idee – nämlich gleich zwei Christas in meiner Umgebung: meine Cousine, die durfte ich aber nicht heiraten, verbittert hatte ich es erfahren und wußte es – und kaprizierte mich deshalb vermehrt auf meine Nachbarin Christa Nelhiebel, mit der zusammen ich schon vor Jahren beim Kinderfasching in der Bäckerei Nußstein als Zigeuner und Zigeunerin prompt den ersten Preis errungen hatte.

Mit der, jawohl, würde ich in Italien mit Blick aufs Blaumeer und dann in die Sterne die Liebe erwachen lassen. Und notfalls dazu sogar Wein trinken. Zigeunerinnen andererseits ließ Carol bei seinem Italiengemälde ja gnädigerweise noch aus, die hatten in Deutschland als Öl- und Kohlegemälde zwar immer Wandschmuck-Funktion, touristisch und unter Italiens Nachthimmel voller abwechselnd Wein und Liebe saugender Lippen störten sie aber eher – eins wußte, ahnte ich gleichwohl schon präpubertativ und präventiv präsexuell auch: Dieses Lied mit seinen auch noch anaphorisch-binnenreimlich elektrisierenden »rot-rot-rot«-Suggestionen: es stand zwar zu Recht an der Spitze, ging aber im Sinne des mir dito vorschwebenden hohen und sauberen Lebens schon hart an die Grenze dessen. Dessen, was auch in den Kunstwerken nur allenfalls erlaubt sein sollte.

Hart an die Grenze von Sozialkritik ging übrigens damals, um 1953, der lange Zeit, ja fast ewig Zweite der »Sieben der

Woche«: das frech-provokante und auch musikalisch beinahe witzige »Die süßesten Früchte essen nur die großen Tiere«; hart an die Grenzen des Marxismus oder jedenfalls Adornoscher Gesellschaftskritik – und zu Recht gelangte er deswegen nie über den zweiten Platz hinaus. So wie offenbar gesetzmäßig der Typ Western-Musik, wie er damals tränentreibend mit »Es hängt ein Pferdehalfter an der Wand« vertreten war oder mehr flott-humoristisch mit »Tabak und Rum« sowie »Das alte Haus von Rocky-Docky hat vieles schon erlebt«, alles souverän vorgetragen von Bruce Low (sehr guter klassenidentifikatorischer Name!), meiner Erinnerung nach nie über Platz 4–7 hinauskam. Wenn denn nicht auch damals schon alles von irgendwelchen Managern und Bösewichtern und Discjockeys manipuliert war, bedeutete dieser Typ und dieses Genre ja zwar nicht mehr und nicht weniger als ein fast Humboldtsches Universalitätsideal aus den vielspektralen Momenten Reitfreude, Suffliebe, Mädcheneinfangen durch Lassos, Tränenseligkeit, Zivilisationskritik auf den Spuren Rousseaus und überhaupt Bewegungsdrang als Schopenhauersches Ding an sich – an der Spitze all dieser Passionen aber stand eben eindeutig und unverrückbar die hohe, wenn auch schon stark ins Geschlechtliche abdriftende und mit Rotwein eingefärbte Liebe an sich und zumal in Italien: »Rote Rosen, rote Lippen, roter Wein – / – die große Macht (Nacht?) der Liebe erwacht!«

Auch dann, wenn es hier, merke ich jetzt erst, zwischen Erwachen und (Miteinander-)Schlafen semantisch-metaphorisch ja stark durcheinanderkugelt. Ein Lied, ein einziges, hätte wohl Carols Topposition lang- und kurzfristig gefährlich werden können, ein weiterer und wirklich hinreißender Italiensehnsuchtsbrummer der ersten Garde, ich kannte und liebte ihn damals auch, weil ihn alle Welt noch sang und summte – wie ich heute weiß, muß er aber zu René Carols Heil schon ein wenig älter gewesen sein, ja, es muß da sogar schon eine Kriegsfassung existiert haben – alle Welt kennt und singt ihn zumindest rudimentär noch heute, kurz, es handelt sich um Rudi Schurickes »Capri-Fischer«, und die gehen so: »Wenn bei Capri die rote Sonne im Meer versinkt / Und am Himmel die bleiche Sichel des Mondes blinkt, / Zieh'n die Fischer mit ihren Booten aufs Meer hinaus / Und sie legen im weiten Bogen die Netze aus, / Nur die Sterne, sie zeigen ihnen am Firmament / Ihren Weg, mit den Bildern, die jeder Fischer kennt, / Und von Boot zu Boot das alte Lied erklingt – / Hör von fern, wie es singt: / ›Bellabellabella Marie, bleib mir treu, ich komm / zurück morgen früh. / Bellabellabella Marie, vergiß mich nie!‹«

Diese »Capri-Fischer«, ebenfalls als Tango notiert, wären, hätten sie gleichfalls erst 1953 die Szene betreten, Carol sicher sichelgefährlich geworden. Mindestens gleichwertig sind sie ihm an magischem Wortreiz – der auf Capri-Sorrent noch verschwiegene und mit Frutti-di-mare-Assoziationen ersetzte Wein wird darüber hinaus durch die urweiblich universelle und unwiderstehliche Bellabellabellamarie richtiggehend überflüssig, zumal der Kitzel der Gelosia-Eifersucht die Lieddimension ins potentiell Tragisch-Dämonische hochdreht – und Schurickes Vorteil: Es ist nicht allein alles hochpoetisch in den lyrischen Requisiten; sondern auch wortwörtlich alles wahr; 1979 habe ich es eigenäugig überprüft: Wir kamen von Capri aufs Festland zurück – es sank glutrot die Sonne ins Meer, die bleiche Sichel des Mondes blinkte am pastellenen Himmel, Fischer fuhren mit ihren (Motor-)Booten aufs Meer hinaus, und sie legten in weiten Bögen die Netze aus – als dann wenig später auch noch die Sterne am Firmament erschienen, da wußte ich, daß Schuricke nicht den Hauch einer Silbersichel gelogen hatte; und ich habe, beeindruckt durch solche Identität von Wahrheit und Poesie, darauf verzichtet, die ohnehin zugegeben nicht ganz so sichere Treue der Bellamarie zu testen.

Ließ sich auch leider keine sehen. Sondern war treues Heimchen am Herd. Oder war sie – eben gar schon am Machen? Schon um 19 Uhr?

Es könnte um 1954 gewesen sein, daß noch ein weiterer roterosenverwandter Schlager Carol als Konkurrenz brenzlig wurde, mich persönlich jedenfalls fast noch hingerissener hin- und niedermachte – es handelte sich um ein heute restlos vergessenes Exemplar, das aber immerhin noch ich im Wortlaut und beim Wiederabtippen äußerst nah an meiner Haut und Seele brennen und fast sengen fühle: »Ich habe nur dich, sonst nichts als deine / Liebe auf der Welt, / Ich darf dich nicht verlieren. / Du bist wie der Sonne Licht, das in mein / Schattendasein fällt. / Ich darf dich nicht verlieren. / Die Tage vergehen, nur einst bleibt es stehen, / das große Glück ...«

Es muß vor allem der Oktavsprung des Auftakts »Ich habe« (von c auf c') gewesen sein, der mir ca. 1954 das Bild eines besseren und wahren Lebens (seltsamer- und paradoxerweise inmitten meiner ja an sich schon schweinchenglücklichen Kindheit) beibrachte wie später selbst Goethes Wanderernachtlied nicht mehr, wie schwerlich Schumanns Eichendorff-Vertonungen, wie selbst René Carols »Rote Rosen« kaum. Und heute noch weiß ich ganz genau, daß zwar (Christa Nelhiebel war irgendwie verzogen oder vielleicht schon zu den fräuleinwundergierigen Scheichs verschleppt) überhaupt niemand da war, den ich partout und à tout prix nie verlieren durfte (meine Mutter? – ach was, die war mir doch eh sicher) – aber wahrscheinlich leuchtete mir unterm Bann des Auftaktoktavsprungs und der abermaligen Tangostruktur und der romantischen Terzketten im Verbund mit den (erfuhr ich aber erst später davon) neapolitanischen Sexten eben diese kantisch-apriorische Sehnsucht nach der Sehnsucht als der vorweggenommenen Verlustgefahr so unermeßlich ein – will sagen: Ich wußte, wenn da schon bald wer kommen sollte, den ich wie nichts Gutes lieben würde, dann dürfte ich den, wenn der oder die Pech hatte, nie, nie, nie verlieren und –

– nun, und ebendas konnte natürlich nicht funktionieren, denn erst einmal kam keine, kam und kam noch lange Zeit keine, und dann verlor ich sie eben, diese Lotte, wie ich sie im Lauf des Lebens dann alle, alle verlieren sollte, diese Christa I, Christa II, Liesl, Jutta, Monika, Christa III und also diese ganzen blöden Gänse und Kühe –

– aber das eben wußte ich damals gerade noch nicht, dieses La-donna-è-mobile-hafte meines, ja des Lebens, und vor diesem fatalen Hintergrund die ganze »tiefe, tieftiefe« (Nietzsche) Ur-Unwahrheit jenes »Ich habe nur dich«-Schlagers –

– und gerade deshalb ist es heute nur zu berechtigt, vom heutigen Postament meiner fünfundfünfzigjährigen Lebensmeisterschaft herunter Carols »Rote Rosen« die Krone zu verleihen und ihm hier noch einmal bestätigend die offenbar mehr lagomaggiorebeheimatete Palme recht fern von Palermo aufzusetzen. Er war schon elend gut: »... vergißt man die Welt ... / Wenn schon bald die große Macht (Nacht?) / Der Liebe erwacht!«

Obwohl er, der Reim, wie gesagt, schon hart am Rand des Geschlechtlichen, des Obszönen, ja Unkeuschen ist. Und mich eigentlich noch heute befremdet. »Wenn nach langer Nacht / Die Rose erwacht«? Neinnein, geht auch nicht. Ein bißchen mehr laszives Erwartungsmaterial im Sinne des lyrischen Befeuerungspotentials vor dem Hintergrund eines gerade nicht spirituell Panisch-Panerotischen möcht' schon sein, standen doch auch schon Sophia Loren, Gina Lollobrigida, Stefania

Sandrelli und Claudia Cardinale langsam an und als Italien-Denkmodell im Raum und zur Diskussi – –

Doch, und gerade vor deren Vordergrund war und ist René Carols demilaszivische Version schon nach wie vor die allerbeste.

Das Unzulängliche: wohl doch ein Ereignis

Anmerkungen zu Schumanns »Faust-Szenen«

Sagen Sie, lieben Sie Musik? Ich liebe sie über alles! Wenn ich mal eine Oper komponierte, so würde ich das Sujet aus dem ›Faust‹ nehmen. Dieses Thema liebe ich sehr. Wissen Sie, ich komponiere immer die Szene im Dom, bloß so für mich, im Kopf komponiere ich sie. Das Innere eines gotischen Domes, Chöre, Hymnen; Gretchen tritt ein, dazu, wissen Sie, diesen mittelalterlichen Chorgesang, aus dem man das ganze fünfzehnte Jahrhundert heraushört. Gretchen ist in Verzweiflung; zuerst ein Rezitativ, leise, aber qualvoll, erschütternd, die Chöre aber dröhnen düster, streng, teilnahmslos: ›Dies irae, dies illa!‹ Und auf einmal – die Stimme des Bösen Geistes, die Arie des Teufels ... Ich träume und träume in einem fort; mein ganzes Leben verwandelt sich in einen Traum, auch nachts. Ach, Dolgoruki, haben Sie mal den ›Antiquitätenhändler‹ von Dickens gelesen?«

Von der letzteren, etwas verstörenden Frage mal fast abgesehen: Dostojewski kannte Schumanns »Faust«-Komposition mit Sicherheit nicht. Schumann aber konnte sich an Dostojewskis Vision und seine Anweisungen (aus dem »Jüngling«-Roman von 1875) nicht halten, denn er hatte sie längst, rund dreißig Jahre vorher, schon verifiziert – übrigens ebenso dostojewski- wie opernnah –, und das war schlecht anders möglich, handelt es sich doch um eins der melodramatisch-opernaffinsten Stücke der beiden »Faust«-Dramen Goethes. Der Teufel singt bei Schumann zwar keine Arie, aber bösewichtisch arienhaft triumphale Phrasen – Gretchen quält sich stockend –, und die Chöre dröhnen düster, streng, teilnahmslos; weniger allerdings 15. denn 19. Jahrhundert; nämlich wie seit Mozart üblich ihr »Dies irae« fast schon gemeinplätzig in d-moll/D-dur.

Seltsamerweise ist die Schumanns, entstanden nach 1844, unter allen bekannteren »Faust«-Vertonungen und -Veroperungen eine der wenigen, die auf diese fast effektsichere »Scene im Dom« zurückgegriffen haben. Gounod, 1859, verfuhr mit ihr sehr anders, noch etwas kolportagehafter – aber auch damit war Dostojewskis »Jüngling« scheint's noch nicht zufrieden.

◇

Gemessen an ihren eigenen Bestmarken, etwa fast sämtlicher Klaviermusik von op. 1 bis op. 28, wirkt Robert Schumanns Musik zu »Faust« aufs erste und leider auch zweite und dritte Hören nicht erstrangig noch gar irgend genial. Gemessen an manchen der zumindest partiell genialen einschlägigen Musikübersetzungen von Schubert bis Mahler, von Liszt bis (der meinte aber eher Mythos bzw. Volksbuch) Busoni nimmt sie sich eher bescheiden aus, ist auch alles andere als populär. Immerhin stellt sie bei einer fast zehnjährigen Elaborationszeit, zu Beginn komponiert noch unter dem ganz frischen Textgefühl, einen der umfänglichsten der musikalischen »Faust«-Komplexe der letzten hundertfünfzig Jahre dar – und einen der offenbar ehrgeizigsten Schumanns. Eines Komponisten, von dem auch jede mißglückte seiner Noten unsere Neugierde verdient.

Eine vollkommen genuine Idee wie Schuberts »Gretchen am Spinnrad«-Drehfigur oder auch Margaretes Kerkervision »L'altra notte in fondo al mare« in Arrigo Boitos Oper von 1868 oder auch deren gleich drauf folgendes fast tränentreibendes »Lontano, lontano, lontano«-Duett – eine solche Uridee, ein derartiger Ohrwurm ward Schumann bei der Niederschrift seiner »Faust-Szenen« nicht eingegeben, Goethes Vorlage sinnvoll zu erfüllen oder sie umzufärben oder auszuweiten – oder, wie etwa Mahler, die schimärische Meta-Kantate des »Faust II«-Schlusses auf eine wirkliche zurückzuführen. Auch eine alle puristische Kritik per Stringenz niederwalzende und sei's noch so opernhaft-emotionalisierende Version wie die Gounodsche im »Faust et Marguérite«-Finalterzett findet sich bei Schumann mitnichten.

Wohl aber dafür, insgesamt und im Detail, ein seltsam Anrührendes, das den bekannteren Exempeln ganz überwiegend mangelt.

◇

Ein etwas trübsinnig kalvarienmäßiger Klangduft – wie er vielleicht das allzu pietistische Mittagessen in einem protestantischen Pfarrhaus überwölbt – geht von der »Faust«-Partitur aus wie von vielen seiner späteren Orchesterwerke: Vor allem die Instrumentation auch wirkt novemberlich-verhangen, maßvoll-trübselig, zuweilen auch wie mulmig und dicklich. Das kann die Schumann oft unterstellte sinfonische Schwäche, das könnte auch Absicht sein:

So wie es z. B. in Wagners »Meistersingern« u. v. a. einen »Rosenton« gibt und eine »Lindenblühweis«, so bei Schumann an vorderster Klangfront einen gleichsam »christlich-ritterlichen« (oft dem Klavier, öfter den Streichern, am nachhaltigsten den Hörnern anvertraut); dann einen von romantischer »Naturbeseelung« und -beseligung (meist eine Cellokantilene, zusammen mit Holzbläsern); und drittens aber und fast ebenso zentral einen »philosophischen«, einen hochfahrenden nämlich oder aber einen grübelnden, ernstelnden; wir finden ihn in den Eusebius-Passagen der frühen Klavierwerke wie in den sinfonischen Teilen der »Genoveva« und verwandt im feierlichen Ernst der »Manfred«-Musik – und der letztere ist wiederum zuweilen zum Verwechseln ähnlich der partienweise gleichzeitig entstandenen »Faust«-Musik. Hat also Schumann vorzüglich das dem klassischen Drama mit eingegebene manfredisch Romantische im Sinne von Goethes Versöhnungsidee symbolisch heimgebracht?

Beim späten – soweit man bei einem Vierzigjährigen davon reden kann – Schumann hat es, wie ausgesprochen und exemplifiziert in seiner Eichendorff-Liedvertonung op. 39, 10, fast immer eine Art clair-obscur, einen verhangenen Orchesterdämmer ohne scharfe Konturen. Das gibt zuweilen charakteristische und fast unverwechselbare Farbe, und es fügt ja auch der sänftigend-betuliche, der idyllisch-biedermeierliche Oratorienton im Stil der wie potenziert nazarenischen Liebesgartenrosenlyrismen sich gar nicht einmal schlecht zu Goethes »nettem Bild vom Menschen« – so, mit Friederike Kempner, kann man es nämlich auch sehen, nämlich den »Faust«. Vor allem nicht zu gewissen ätherischen Gefaseleien und spintisierenden Gespinsten der Schluß-Apotheose.

Es ist aber andererseits auch der Eindruck nicht ganz abzuweisen, daß für den Kompositionstechniker Schumann der »Faust« zuerst zu früh, dann für den reifen Musiker als Inspirationsquelle vielleicht zu spät kam. Manches wirkt bloß kraftlos, lustlos, als Gefühlsaufladung nur simuliert.

»Als ein schönes und großartiges Werk« bewillkommnete Franz Liszt, der um diese Zeit schon selber an seiner »Faust«-Version (1854) arbeitete, das Schumannsche Freundeswerk anläßlich der Uraufführung der Erstversion 1849 zu Weimar vor dem Hintergrund der Goethe-Jahrhundertfeier – die erste vollständige Aufführung der heute zuständigen Version mit sieben Szenen geschah posthum 1862 in Köln unter Ferdinand Hiller. Schumanns Arbeitszeit darf man, etwas verwirrend, auf die Phasen 1844f., 1847 und 1853 datieren. Als Ideenprojekt weist das Ganze schon quasi auf 1832, das Goethe-Todesjahr, zurück – genauso früh wie der zwanzigjährige Schumann war nur der siebzehnjährige und mächtig fürwitzige Richard Wagner dran, der mit seinem op. 5 »Sieben Kompositionen zu Goethes ›Faust‹« diesen anging, u. a. mit einem mächtigen und machtvoll banalen Soldatenchor, der noch viel weniger mit Goethe zu tun hat als etwa der allbekannte Gounodsche – die Verzauberung durch »Faust« muß damals eine allseits ungehemmte gewesen sein. 1840 machte Wagner mit einer etwas weniger unbedarften »Faust-Ouvertüre« weiter; 1846 meldete sich mit einer sehr freien Gestaltgebung »La Damnation de Faust«, nutzend nur den Ersten Teil, Berlioz zu Wort; Beethoven, Schubert, Spohr, Eberwein, Zelter, Wenzel Müller und Walter hatten schon zwischen 1784 und 1816 erste Opern- und Liedversionen nicht länger zurückhalten können.

Schumanns einleitende drei Episoden sind, jeweils ziemlich textstreng, dem Faust I von 1806, die vier anderen dem Faust II von 1831 entlehnt – »Fausts Verklärung« als Nr. 7 des Ganzen gliedert sich in seinerseits sieben Abschnitte mit zwei stark abweichenden Lösungen des Schlußchors. Vorangestellt ist eine Ouvertüre etwa im »Manfred«- oder »Genoveva«-Stil einer einsätzigen Kurz-Sinfonie zum Teil schwungvoll-ritterlichen, zum Teil düster-feierlichen Moll-Charakters – am ehesten läßt sich zu ihr die enge, herzverengende Faustsche Gelehrtenstubenwelt imaginieren; erstmals hört man hier die schleichenden Streichertakte und -triolen, die dann als formbildendes Motiv in der korrespondierenden Dom-Szene wiederkehren – beide Male als herber Grundton mit je starken Anklängen an die d-moll-Sinfonie op. 120 von 1841/51.

◇

»Nett« im Kempnerschen Sinne, kaum mehr, ist die einleitende Gartenszene mit ihrem mehr vaudevillelyrischen denn opernmäßigen »Er-liebt-mich-liebt-mich-nicht«-Gezärtel. Gretchen stellt sich erwartungsgemäß als Sopran, Faust, was ab sofort seltener wird, als Bariton heraus. Unter den bekannteren Versionen greifen nur Gounod und, in freierer Weise, Berlioz auf die doch eigentlich szenisch recht dankbare abendidyllische Episode zurück – aber sie zum opernhaften effetto etwa im Verdi-Stil zu treiben, fehlt Schumann eben wirklich fast alles. Sich vorzustellen, wie Verdi die Angelstelle »Er liebt mich« mit crescendierendem Paukenwirbel und einem entfernten gedämpften Posaunensignal besiegelt hätte, stimmt melancholisch –

– und übrigens, was kaum bekannt, gehört Verdi auch zu jenen, die nach Schubert (1818) gleichfalls »Gretchen am Spinnrade« angepackt haben (1838), und das nicht schlecht. »Perduta ho la pace.« Schumann spart es seltsamerweise aus, vielleicht aus Respekt vor Schuberts Arbeit – nicht aber fürchtet er Schuberts Konkurrenz beim folgenden Gretchen-Lied »Ach neige, du Schmerzenreiche« vor dem Bild der Mater dolorosa – mit Grund, auch Schubert fiel hier keine besonders plausible Lösung für dieses eher rezitativische Deklamieren ein; und eben auch nicht Schumann, der nur scheint's jede der Schubert-Phrasen ängstlichst meidet; auch nicht hundert Jahre später mit seiner Version im Oratorium »Das dunkle Reich« Hans Pfitzner.

»Ariel. Sonnenaufgang« entspringt schon der Tragödie Zweiter Teil und geht über in Fausts Regenerationsmonolog »Des Lebens Pulse schlagen frisch lebendig«, dieser als Komponiertes und Gesungenes wohl ein Mißgriff ins Alberne, nämlich niemand hätte es sinnig komponieren können. Beachtlicher die harfenrauschende Ariel-Szene – mit diesen luftigen Chören schwebte Schumann offenbar etwas vor wie zugleich Mendelssohnsche und Webersche Sommernachts- und Elfenmusik – darüber hinaus sogar so etwas wie die Herstellung einer auch musikalisch substantiell »anderen« Sphäre und Realität. Mit wiederum ganz andersartigen Mitteln, denen einer quasi neuen hymnischen Stimmen- und Phrasenbildung, versucht an dieser schwierigen Scharnierszene Boito zwanzig Jahre später sein Glück.

◇

Für Karl Kraus vollendete sich in ihr das »sprachliche Wunder der Faust-Welt«; Adorno reklamierte an ihr das kommunikativ und also interpretatorisch Inkommensurable schlechthin; Eichendorff empfand sie als »opernmäßige Heiligsprechung« und in der fabula-docet trivial; für Friedrich Theodor Vischer rundete sich im Schlußtableau des Zweiten »Faust«-Teils Goethes eigener trauriger Absturz statt des beschworenen Hinangezogenseins: das poetisch Uninspirierte, leierhaft »Forträdelnde«, Senile sui gerontokratis.

Schumann war ganz offenbar schwerst angetan, beflügelt vom Zauber- oder aber eben Greisenwort; und hoch ambitioniert. »Fausts Verklärung« stand am Anfang der Komposition, strotzt spürbar vor Ehrgeiz, etwas Neues und nie Dagewesenes zu machen, und schreckt vor keiner Mühsal eventueller Insuffizienz und Inkompatibilität zurück. Anders als bei Liszt, der in seiner Faust-Sinfonie von 1854/57 lediglich ein vierminütiges Tenor-Chor-Ensemble »Alles Vergängliche« extrahiert, umfaßt Schumanns Version zeitlich fast die Hälfte des Gesamtwerks, frappant ähnlich wie die Gustav Mahlersche von 1906 (Achte Sinfonie) kommt sie auf gut fünfundvierzig Minuten. Wie diese hebt sie an mit »Waldung, sie schwankt heran« und ist mit ihr, einige Umstellungen, Wiederholungen und Auslassungen beiseite, erstaunlich kongruent.

Und sie ist, wie jene Mahlers, die einst Pfitzner nicht vom Geist heimgesucht wähnte, nicht partout einleuchtend; kaum der beste Teil von Schumanns hier allzu menschheits- oder auch nur imponiersüchtigen »Faust«-Anstrengungen. Das für Vischer so ungenießbare Reimgeraffel und Versgemystel, dies jedenfalls so furchtlos wie polar das sphärisch Hohe via das irdisch-peinlich Niedrige Anstrebende des Text- und Szenengefüges: es erweist sich sehr wohl als kompositionsfähig; in Melos und Rhythmik zuweilen so gleichsam kompositionszwingend, daß Schumann und Mahler z. B. bei »Ewiger Wonnebrand« auf merkwürdig ähnliche, fast zitathaft affine Lösungen kommen. Interessant bei Schumann auch im Zusammenhang der Textpassagen »Sag' uns, Vater« und »Welch' ein Morgenwölkchen schwebet« die Adaption eines wohl von Beethoven erfundenen Legato-Gesangslinientypus einer gewissen engelhaft-abgehobenen Dynamik, wie er im Chor »Nehmt denn hin, ihr schönen Seelen« (in der »Chorfantasie«) und dann vor allem in »Freude, schöner Götterfunken« zum Einstand kommt.

Schumann scheitert, wenn auch ehrenvoll. Und erst ganz zuletzt: Allzu befremdlich, wenn die unendlich spannungsreichen Schlußverse von dem uns hinanziehenden Weiblichen in eine ziemlich schulmäßige Schlußfuge aufgelöst, buchstäblich verwässert werden, und das Ganze seimt dann auch eher wie der trauliche Schlußchor einer semiseriösen Oper. Wahrscheinlich mußte ja Schumann hier nur erfahren, was auch Schubert anläßlich seiner Vertonung von Goethes »Über allen Wipfeln« als Lernkummer nicht erspart blieb: Das Sublimste an Sprache verweigert eben meist doch sich der Musik.

◇

Das originellste und vollkommenheitsnaheste Stück der Schumannschen Szenenfolge scheint mir, insgesamt, die Szene »Mitternacht – Ich heiße der Mangel« mit den vier grauen Weibern: ein gespenstisches H-dur/h-moll-Gehusche in den fahlen Farben von Fausts fortschreitender Erblindung; wonach dann »Fausts Tod« ebendieses Unheimliche, Falbe, Bodenlose vor allem durch die fernen Blechbläsermixturen und Schlaginstrumente repetiert und massiert. Nach Fausts letzten Worten blitzt im Orchester kurz und jäh ein Grelles auf, das an spektakuläre Stellen in Wagners »Ring« vorausgemahnt. So wie schon der Beginn dieser »Mitternacht« mit seinen schleichenden und hüpfenden Triolengespinsten als eine Rückerinnerung an Mendelssohns »Walpurgisnacht« ebenso gehört werden kann wie als eine Vorschau auf die Nornenszene der »Götterdämmerung«.

◇

Robert Schumann: »Was schulde ich nicht alles Goethen.« Wahr. Aber wohl auch partiell ein ziemliches Mißverständnis. »Der ›Faust‹, Schumanns bedeutendste dramatische Komposition. In Goethes Meisterwerk findet Schumann eine ihm verwandte mystische Poesie und Gedankenwelt, die nach seiner Musik verlangt« (Biograph André Boucourechliev). Was ein Unsinn. Der Goethe-Faust verlangt nach gar nichts – und Schumann phylogenetisch eher nach Liaison mit Jean Paul, Eichendorff und Heine. Was er, Schumann, werweiß aber auch nicht so genau wußte.

Allein, die großen Mißverständnisse sind nicht selten ja die fruchtzeugendsten Blütentreiber. Was beim goethenahen Schumann mißglücken sollte – mußte? –: vor allem der Faustsche Schlußmonolog »Ein Sumpf zieht am Gebirge hin«, vielleicht weil dafür eine C-dur-Baritonarie nun um alles in der Welt einfach nicht geeignet ist: das eben funktioniert mit sonderbarster Dialektik wieder prächtig, ja hinanreißend in der vollkommenen Polarität und Heterogenität und nämlich Italianità; in der restlos goetheentbundenen und faustentfesselten lyrischen Tenorarie des sterbenden Faust am Schluß von Boitos Oper: »Ah! Voglio che questo sogno sia la santa poesia ... e l'ultimo bisogno dell'esistenza mia ...«

Ah! Evviva Verdi! Äh: Boito.

Loriots »Ring«

Eine CD-Enttäuschung

Nachdem einerseits seit der ersten geschlossenen Aufführung 1876 schon zahllose Travestien, Phantasien, Fortschreibungen von Richard Wagners »Ring des Nibelungen« ausgeklügelt wurden; nachdem er andererseits erklärter Wagnerianer ist: darum wollte sich auch der siebzigjährige Loriot nichts nachsagen und nichts anbrennen lassen und seinen früheren und schönen Philharmoniker-Festreden und seinen eher kleinräumigen Regiearbeiten (»Martha«, »Freischütz«) die zumindest ersatzweise Erfüllung eines alten Lebenstraums nachschicken, mit einer immerhin erzählten Version der Tetralogie (Deutsche Grammophon, 2 CDs); und das ging ziemlich schief.

Auch wenn die damit verbündelte Aufführung an der Volksoper Wien (1993), wie berichtet wird, ein Erfolg gewesen sein soll.

Ein recht unbedarftes Produkt ist herausgekommen, ein fades und spannungsarmes; ein – das ist am schlimmsten und überraschendsten – sehr liebloses. Der zuweilen schon arg preziöse und onkelhafte Erzählton enerviert eher, als daß er beim Verständnis des sechzehnstündigen Großwerks vorwärtshülfe – die nicht eben überinspirierten und auch kaum neuartigen

Sehweisen sind so unter Loriot-Standard wie Infantilismen der Art, die beiden Riesen Fasolt und Fafner seien solche von »Schuhgröße 58«. Nur zuweilen blitzt Loriot-Witzschärfe wenigstens schimmernd auf, so wenn Wotans erotische »Hochform« in den zwanzig Jahren zwischen »Rheingold« und »Walküre« staunend gestreift wird. Dafür ist wieder manches nicht nur nicht komisch, sondern schlicht verkehrt. So wenn die drei Rheintöchter als »unbekleidete passionierte Schwimmerinnen« laut Loriot für Laszivität und »vorprogrammierte« (!) Sünde fungieren, wo sie doch in Wahrheit als natura naturans kraft Nacktheit für ehemalige Weltunschuld einstehen.

Ein wenig bedachtes Produkt. Die Proportionen, die FAZ hat recht, stimmen nicht. Die Verschachtelungen von Wagnermusik und Kommentar müßten wahrscheinlich viel präziser, kürzerintervallig, verzahnter, auch bissiger kommen – über weite Strecken beläßt es Loriot (wie ähnlich Reich-Ranicki mit einem blamablen FAZ-Text im Fall der »Meistersinger«) bei der puren Inhaltswiedergabe. Erst mit der »Götterdämmerung« und ihren sexuellen Seltsamkeiten läuft Vicco von Bülow ein paarmal einigermaßen zu Wagners grandiosem Werk und dieses transzendierend zu eigener Form auf. Zu spät und zu selten.

Nicht gerade überwältigend auch die Musikauswahl. Kaum erklärlich, warum der Komprimateur z.B. die Gelegenheit versäumte, das wahrhaft aberwitzige Leitmotivpotpourri des »Siegfried«-Vorspiels heimzubringen und möglichst schräg auszudeuten; und aber umgekehrt die beträchtliche je inhärente Narrischkeit des hochpassionierten »Walküre«-Liebesduetts und der späteren Todverkündigung gänzlich zu verschlafen. Ging da dem Loriot über dem Wagner-Enthusiasten der böse Blick komplett verloren?

Im einzelnen wie ganzen mißlingt Loriots früher mal programmatisch formulierte Absicht, z. B. der Oper »Würde« als eben Komik mißlingen zu lassen; mißlingt gründlich und noch vor und jenseits der auch diesem Wagnerkenner geläufigen Dialektik und Paradoxie: daß jener »Ring«, von den Stabreimen bis zur Statik der Leitmotive, seitens Wagner selber ja eh schon entschieden komisch gemeint und gearbeitet ist. Was natürlich auch den Komiker und weiterspinnenden Kommentator vor besondere Probleme stellt.

Hier bleibt am Ende wenig mehr als eine kaum verhohlene PR-Kiste für die schon etwas überzeitige und auch nicht gerade überinspirierte Karajansche »Ring«-Aufnahme der DG.

Bedauerlicherweise ist die Doppel-CD, wie man in der Firmenreklame liest, extrem erfolgreich. Ja, warum sollten ausgerechnet Wagnerfreunde neuerdings gewitzte Köpfe sein.

Opern-Travestien
Ein Fund u. a.

Mit den Opern steht es m. W. z. Z. sehr mäßig, mit den Opern-Travestien und -Parodien nicht viel besser. Aber: es finden sich Ausnahmen. Wenn auch nicht unbedingt neue. Als das Peter Ustinovs Bestleistungen in diesem Genre einzig Ebenbürtige zeigt sich mir, weit vor gewissen Faschings-Pflichtübungen und Jubiläums-Humordarbietungen zwangsweise vorübergehend erheiterter philharmonischer Orchester unter Loriot u. a., ein recht altes Stück, eine Art komische Oper in der komischen Oper, nämlich in Jacques Offenbachs Einakter »Salon Pitzelberger« (gespr.: Pizzelberschee): nämlich ein Potpourri verdiartig gebauter Chöre, Stretta-Arien und Terzett-Finali – hier eine wahrhaft epiphanisch nichtige Symbiose aus »Rigoletto«, »Traviata« und vor allem »Troubadour«; bescheuert das Ganze wie das Einzelne lachhaft im Grandioso-Stil; verräterisch, insofern es offenlegt, wie albern selbst noch das Geniale in seinem Kerne ist; wobei ich allerdings nicht so ganz genau weiß, was bei dieser Gesamteinspielung aufs Konto Offenbach, was auf das der Staatsoper Berlin und ihres Dramaturgen o. ä. geht.

Alle drei kommen übrigens zu merkwürdig ähnlichen Resultaten wie die halb sentimentalisch, halb karnevalesk operie-

Jacques Offenbach

renden »Canzoni di Venezia« in der Elaboration des Umberto da Preda und des Guido Relly (RCA NL 33110) – der alte Melodienwahnsinn des »Trovatore« erweist auch noch knapp eineinhalb Jahrhunderte nach seinem Barbareneinfall in Rom wie im Klartext so in der doppelt komischen Schrägbeleuchtung seine Unerbittlichkeit.

O giubilo, o infamia!

Zur Physiognomie des Jubels I

Herr Arthur Schopenhauer und sein Leibfeind, Herr G.W.F. Hegel, waren sich immerhin in einem Punkte einig: daß in der Privat- wie Weltgeschichte zum Jubel über irgendwelches Glück gar wenig Anlaß sei. Die Oper als Utopie der bürgerlichen Sehnsüchte sieht das ganz offensichtlich komplementär konträr:

Mehr oder weniger ständig gejubelt wird zuvörderst bei Carl Maria von Weber: Im brausenden, alles hinwegfegenden C-dur-Ausklang der »Freischütz«-Ouvertüre wie im analogen der großen Agathe-Arie; beinahe durchgehend im Furioso der ritterlichen »Euryanthe«-Ouvertüre; im euphorisch-nimmermüd dahinjagenden achtelbefeuerten letzten Drittel der »Oberon«-Ouvertüre; von herrlich pastosen Jägerchören hier wie dort fast zu schweigen. Aber keineswegs zu schweigen von der »Aufforderung zum Tanz« mit ihren walzerapotheotisch glitzernden Achtellichtergirlanden und ihren in die Weltalltiefen hineinstürzenden Sangwirbeln.

Ein richtiggehendes Jubel-Idiom hat Weber damit neu in die Welt gesetzt, zusammengebaut (und dies wäre in einer Doktorarbeit verdienstvollerweise fußnotengenauer zu untersuchen) aus Notenkaskaden, verschleierten Instrumentationsfarben und einer schier autoenergetischen Perpetuum mobile-Dynamik.

Ein Idiom, wie es dies trotz der vielfachen Jubelei in Beethovens »Fidelio« zuvor nicht gegeben hatte. Wobei die Beethovensche Jubelklimax, das Duett von der Namenlosen Freude, dies auf und nieder wippende Schunkeln zweier hingerissener Seelen, übrigens schon merklich in der Orchesterkolorierung von Händels »Messias« vorgebildet war: »For unto us a child is born. Wonderful!«

Nun, Weber bezahlte schwer für seine andauernde Jubelei. Und starb schon mit neununddreißig. Während es der grämliche, mit dem Jubeln äußerst knausrige Sibelius auf einundneunzig Lenze brachte.

Relativ selten, aber wenn: dann besonders »schattenlos gejubelt« (Joachim Kaiser u. v. a.) wird bei Mozart. Dies vor allem im »Figaro«-Finale, nach der berühmten und inkommensurablen Andante-Allegro-assai-Modulation (»Corriam tutti«); oder im ersten Entführungs-Finale, dessen »fugenloser Quartettjubel« (Eckhard Henscheid) später im fast noch ritzenloseren Jubelduett »Nimm hin die Seele mein« der »Euryanthe« Webers beinahe noch erdschwereloser repliziert und ratifiziert wird: C-dur sui generis.

Eher stentor-, trompetenhaft wuchtig, ja majestätisch kommt der Jubel bei Puccini des Wegs, mit dem zweiten und dritten etwas futuristischen, wenn man will: reichsparteitagsmäßigen »Turandot«-Aktschluß. Die schöneren, wenn auch höchstens vorsichtig jubelnden Stellen sind bei ihm aber doch die leisen; die bestenfalls ambivalent jubilierenden; die wehmütigen und recht geschmerzten.

Und bei Richard Wagner? Tritt der Jubel gleichfalls – und ganz gegens unausrottbare Gerücht, er sei ein allzeit Lauter – auch überwiegend leis und zu sehr gemüthaft auf: mit dem unendlich sanften, wehen und wie für sein ganzes allzu lautes Jahrhundert atemschöpfenden »Wach auf«-Bläsersatz im Vorspiel zum 3. »Meistersinger«-Aufzug; und dann bald darauf im zartesten Glück, in der Entrückung, im Weltenthobenen des »Selig wie die Sonne«-Quintetts.

Meist schwer zu unterscheiden, was im Opernjubel an Jubelsubstanz zum einen der Musik sich verdankt – und was zum anderen der Textbeschwörung wie der dramatischen Situation: »Exsultate, jubilate!«: In Mozarts populärer Kantate kommen wohl beide bestens zur Vermählung – der lateinisch emphatisch wortklingelnde Text und die agil-quirligen, nimmersatt exaltierten, pulsierend machenden Achtelphrasen samt Koloraturen und Fiorituren, die unsere Rezeptionsneuronen recht geschwinde Paternoster fahren lassen.

Bei Beethoven wippte das Ganze eher hin und her, so in der »Namenlosen Freude«, deren Achtelschaukeln allerdings dann bei den durchaus ähnlichen Wagners – im »Siegfried«-Waldweben oder in der Pimen-Erzählung des »Boris« – wieder ganz anderes gaukeln: wie schon in Mozarts Abschieds-Meergeschunkel von »Così fan tutte«. Glück? Nein, Wehmut, ängstlich' Bangen, Unheimlichkeit. Tja, auf nichts ist Verlaß.

»O giubilo, o giubilo!« jubelt bei bloßer Nennung eines Frauennamens fortissimo der Tenor Enzo Grimaldo in Ponchiellis »La Gioconda«: »O Laura mia, o Laura mia!« Das ist aber auch schon fast das einzige, was es in dieser sehr düsteren Oper zu (be)jubeln gibt. Gleich darauf nämlich korrigiert sich geschmerzt der Principe schon: »O infamia, infamia!«

Bei Verdi im »Maskenball« läßt sich ein Riccardo gleichfalls durch die bloße Nennung des nome amato Amelia zu einer Jubilo-Exklamation (»Amelia! – l'anima mia!«) und dann sofort zu einer wünschenswert unwiderstehlich schmelzenden Arietta hinreißen – aber gejubelt wird insgesamt auch bei Verdi nicht gar viel. Sondern wenn, dann mehr in der Art somnambulischer Abgehobenheiten, wie sie Gildas Koloraturen von Donizettis Lucia abgelauscht haben. Oder gleichsam schwarz, ja negativ: mit Jagos infernalischer Energie bei der Beschwörung des Nichts; oder, eine fürwahr noch rarere Jubelvariante, danach (2. bis 4. Akt) mit Otellos nimmerstillbarem »Vendetta«- und »Sangue«-Geschrei: wie er da sein Elend immer unentrinnbarer und mit wahrlich abermals namenloser und lauthalsiger Freude konfusioniert und synthetisiert.

Aber auch dieses Jubelkonzept ist schon im Großparadigma der Weberschen »Euryanthe« vorgezeichnet, im vollends ruchlos rabenschwarzen Racheariengewoge des Bösewichts Lysart samt dem daran anknüpfenden noch furioseren Racheduett; und gleichfalls schon Webers »Freischütz«-Unhold Kaspar singt, als ob er allzeit den Wahrspruch des Dadaisten Walter Serner, wahrhaft gut sei man nur aus Bosheit, noch triumphaler, noch viel wahrer sprechen und dergestalt theologisch kanonisieren möchte.

In dulci jubilo? Nein, am überzeugendsten wird alles in allem bei den durchaus unsüßen Opernbösen gejubelt. Aber das keineswegs immer, wie ein Gerücht und das »Meistersinger«-Vorspiel es wollen, in C-dur. Denn Webers Lysart präferiert vollrohr c-moll.

Der Bayer Ludwig Thoma läßt seinen im Himmel verewigten Dienstmann A. Hingerl alias Engel Aloisius glaubhaft versichern, er singe grundsätzlich nie. Und jubeln tue er schon zweimal nicht; so hoch heroben schon gleich noch weniger. Vermutlich – »kruzifixhalleluja!« – wird deshalb auch in den musikalischen »Himmeln Schuberts« (Igor Fjodorowitsch Strawinski) eher recht wenig gejubelt; und im engeren Sinn auch nicht eigentlich viel bei Robert Schumann, Johannes Brahms und Gustav Mahler.

Wohl darum – so schließt sich der beweiskettende Halbkreis – brachten diese Herren auch keine Oper zu Gehör.

CD Tips ... Um den beschriebenen Jubel selbst erleben zu können
C. M. von Weber: *Euryanthe – Jessye Norman, Gedda, Krause u. a., Staatskapelle Dresden, Marek Janowsky.*
C. M. von Weber: *Freischütz – Janowitz, Mathis, Schreier, Adam u. a., Wiener Philharmoniker, Carlos Kleiber, DGG.*
Amilcare Ponchielli: *La Gioconda – Tebaldi, Bergonzi u. a., Lamberto Gardelli, Decca.*
Beethoven: *Fidelio – Schnaut, Protschka, Rydl u. a., Wiener Philharmoniker, von Dohnányi, Decca.*
Giacomo Puccini: *Turandot – Nilsson, Tebaldi, Björling, Tozzi, Orchester der Oper Rom, Erich Leinsdorf, RCA/BMG.*

Jauchzen möcht ich, möchte weinen

Zur Physiognomie des Jubels II

Ob das komplette Beethovensche Erzherzog-Klaviertrio, ob der 1. und 3. Satz des Mendelssohnschen Violinkonzerts, ob so manche Kopfsätze Brahmsscher Kammermusik, etwa beim ersten Klaviertrio und beim zweiten und ersten (Haupt-Gegenthema!) Klavierquartett, im engen und engsten Sinn Jubel vorstellen oder vielleicht doch mehr feierliche Hochgestimmtheit, pathetische Emphase, euphorische Ekstase: – das ist bei so vielen semantischen Nachbarschaften nicht immer leicht zu deuten und zu sagen; vor allem auch vor dem Hintergrund der noch immer nicht recht entschiedenen Frage, ob denn, von den Aborigines mal ganz abgesehen, das japanische, das chinesische Ohr das halbwegs akkurat so hört und mit dem Kopf ins Herz übersetzt wie unser mitteleuropäisch trainiertes. Und das ist ja *so* homogen gestimmt und gleichmäßig geschult auch beileibe nicht.

Bei z. B. der großen Agathen-Arie des »Freischütz«, welche wir schon in der ersten Lieferung unserer musikalischen Jubelphysiognomie gestreift haben, funktioniert die Sache zumindest auch über Friedrich Kinds Text und seine Wortsuggestionen: »All meine Pulse schlagen«, »das Herz wallt ungestüm«, »süß entzückt«, »entgegen ihm«: Jublerischer geht's nicht mehr, aber die beiden zugehörigen musikalischen Gestalten tauchen auch schon am Ende der Ouvertüre auf, ohne Worte – und werden auch da als Jubel, ja fraglos, als Jubel gehört – und wurden es wohl auch schon ohne Vorkenntnis von Text und Handlung bei der Berliner Uraufführung von 1821. Was ist es da, was jubelt? Ein Blick aufs Notenbild lehrt nicht gar so viel: Die lebhaft nach unten abspringende Achtelfigur (»All meine Pulse schlagen«) könnte alles Mögliche »bedeuten« – und bedeutet an anderer Stelle der Ouvertüre und der Wolfsschlucht-Musik auch eher Kampf, Spannung, Unklarheit. Die andere, geschmeidige Es-dur-Halbe-Achtel-Phrase (»süß entzückt«) läßt zwar a posteriori vielleicht das Bild der entzückt zum Himmel hochschwebenden Lerche erstehen. Aber: Jubelt diese Lerche im gleichnamigen Haydn-Quartett nicht viel beschaulicher und in dem durch Eichendorffs Text besonders geadelten letzten von Richard Strauss' »Vier letzten Liedern« nicht viel – feierlicher? Ätherischer? Wehmütiger? Spiritualisierter?

Andersrum wieder: Was heißt schon »Jubel«, wenn schon nicht mal die Lerche einigermaßen einheitlich jubiliert? Und jedenfalls selten so überzeugend wie jener sopranistisch schwirrige, geradezu aeromimetisch »jubelnd sich zum Himmel schwingende« Lerchenflug in Lauras Liebeslied im »Bettelstudenten«!

Jubel, ohne sanktionierenden Text, ereignet sich in absoluter, in Konzert-, in Kammer- und Soloinstrumentenmusik fortwährend; aber offenbar mehr oder weniger als ewige Fiktion seiner – und er ist deshalb begrifflich so wenig leicht zu fassen wie umgekehrt konkret ästhetisch. Bei Carl Maria von Weber, der, wir sprachen beim letztenmal schon davon, am ehesten festen Grund verheißt, geschieht Jubel häufig, hierbei eine Art Jubelidiom entwickelnd, in nicht abreißenden Achtel-Girlandenketten, in einem Perpetuum aus funkensprühend schierer

Dynamik, in der warmhellen Färbung flinker, »trillilierender«, »jubilierender« Flöten und Klarinetten zumal – tut er das auch bei Beethoven?

Beim nur wenig älteren Beethoven geschieht Jubel etwa in der sonnigen, entspannt ausschwingenden, maienhaft hellen Phrase des Themas der Frühlingssonate. Auch in einer speziellen Innigkeit des Geigentons? In der Waldstein-Klaviersonate mit einem wie beseligt ratternden Rauschen eo ipso. In ihr – und gesteigert in der drittletzten Klaviersonate Nr. 30 in E-dur – auch in den von sich selbst berauschten Trillerketten und Kadenzenwogereien und exaltierten Mehrstimmigkeiten des Klaviersatzes? In der Neunten Sinfonie dann vor allem im 4. Satz in den empor sich windenden Singstimmspiralen »Wo dein sanfter Flügel weilt«, Jubel also als das schon halb der diesseitigen Welt sich Enthebende und –

Ach was, Beethoven, dieser taube Grantler, der jubelt doch eigentlich überhaupt gar nie nicht.

Und der alte »Pater ecstaticus« in Mahlers Achter allerdings noch viel weniger. Ein Bariton jubelt nun mal nicht. Dann schon bei Mahler eher der Solo-Sopran am Schluß seiner Vierten. Obwohl – nein, das schunkelt eher, hochselig hingegossen – wie zwei Menschenalter vorher schon der Sopran über den As-dur/as-moll-Klavierwellen von Schuberts zwischen Erde und Himmel schwebendem Lied »Auf dem Wasser zu singen« …

Ist eine Singstimme, ist die Geige wirklich jubelaffiner als etwa die Posaune, der Kontrabaß? Die Tuba a priori jubelverhindernd? Fragen über Fragenballungen. Namen jedenfalls täuschen erst recht. Denn z. B. bei Joseph Haydn entschieden lerchenhafter als im Lerchen-Quartett jubelt's im schmucknamenlosen Quartett Nr. 82 in F-dur op. 77, 2, vornehmlich im 2. Satz. Jedenfalls um Takt 6 ff. herum.

»Blaue Luft kommt lau geflossen«: In Felix Mendelssohns

wunderbarer Liedvertonung von Eichendorffs Wanderparadigma jubelt alles; jubelt der stellenweise tränentreibende Text; jubelt die hochschnellende Liedmelodie; jubeln die endlos nimmersatten Baß-Triolenserien; jubelt alles und jedes vollends ununterscheidbar. In Mendelssohns Italienischer Sinfonie jubelt offenbar schon das A-dur des Hauptthemas alleine, jubelt vielleicht die Helligkeit der Tonart, jubeln bei gleichzeitiger Suggestion azurnen Himmels die atavistischen Glücksversprechungen der bei diesem Komponisten häufigen Jagdhallfanfaren. Beinahe noch schwerer fällt beim Schubertschen Forellen-Klavierquintett zu sagen, ob man da beim fontänenartigen A-dur-Dreiklang des Auftakts schon quasi die namengebende Forelle mithört mitsamt ihren Natur- und Lustsuggestionen, vielleicht auch solchen des schieren Badevergnügens – mit anderen Worten: ob man die über dem Bach hochsteigende Lerche hörend wähnt oder den aus ihm hochspringenden Fisch. Auch da vermag Haydns genanntes Lerchenquartett in seiner eher allgemein morgenholdseligen Verträumtheit keine definitive Auskunft zu erteilen – was aber die erwähnte und uns heute mehr dubios dünkende unio mystica von Jagd und Glück angeht: Wald- und Posthörner beseligen, beglücken zwar in der Forst- wie der E-Musik praktisch allzeit; das prächtige Horngeschmetter von Brahms' ganz und gar einzigartigem Horn-Klavier-Geige-Trio op. 40 aber ist, wenn man nur etwas genauer hinhört, bloß dazu da, das zwischenliegende Adagio mesto zu rahmen, seine unendliche Wehmut, seine Sehnsuchtsschauer, seine schon ins Tonlose zielenden Todes- und Jenseitsbelauschungen.

Mozarts Musik sei ein einziges Glücksversprechen, raunte nicht als einziger Romain Rolland. Jubeln aber möchte sie selten – selten vor allem in Kammermusik; kaum wirbeln; noch weniger triumphieren. Das letztere besorgt schon eher ihre

Popularversion: Rossini. Woraus man messerscharf schließen darf, daß Jubel und Glück Gegensätze seien, beinahe wie Plebs und Adel? Und beide doch identisch in ihren tendenziellen Übertreibungen und nimmerbefriedeten Haltlosigkei – ?

Ach was, wenn's nur so einfach wäre.

Der Jubel wäre mehr das Äußerliche, Glück das Tiefinnerliche? Schumann also? Nein, erst recht nicht: Jubel sui generis – ich behaupte: für das Eskimo-Ohr *wie* für unseres – entfaltet zweimal der Schumannsche Eichendorff-Liederkreis op. 39, bei zwei Liedern, welche je die erste und die zweite Hälfte des anbetungswürdigen Zyklus beschließen. Jubel wird laut beim »künftigen, großen Glück« der wie rasend pulsierenden und wogenden »schönen Fremde«; und dann nochmals beim romantisch-programmatischen »Alte Wunder wieder scheinen mit dem Mondesglanz herein« – einem wie verzückt herausgeschleuderten »Mondesglanz« im Schlußlied, der »Frühlingsnacht«. Die Worte machen's, möchte man hier wieder meinen – frappant, daß das Jubelnde aber auch dann noch durchdringt und als es bestehenbleibt, wenn man die Liedstimme wegdenkt und nur den vollgriffig rauschigen Klaviersatz hört. So wäre denn das Jubelnde doch und abermals ein pur Musikalisches jenseits der Wortanmutungen?

Der Casus bleibe ungeklärt. Wir haben unser Bestes getan.

CD-Tips ... um den beschriebenen Jubel selbst erleben zu können

C. M. von Weber: *Freischütz-Ouvertüre und Agathenarie: besonders in der Einspielung Carlos Kleiber/Gundula Janowitz.*

J. Brahms: *Horntrio op. 40. Die eigenwilligste Darbietung dürfte – neben einigen gleichwertigen – sein die des Golub-Kaplan-Carr-Trios mit David Jolley, Horn (Arabesque).*

L. v. Beethoven: *Waldstein- und E-dur-Klaviersonate: z. B. Friedrich Gulda.*

R. Schumann: Eichendorff Liederkreis op. 39. Besonders zu empfehlen die beiden Einspielungen Hermann Preys (zuletzt: 1987) und die von Jessye Norman.

Elektrisierende Musik

»Musik meiner Wahl« – eine Radiosendung

Mozart, Sonate für vier Hände, 1. Satz allegro di molto bis zur Durchführung, ohne Wiederholung. Aufnahme beliebig.

Obwohl mein Schwiegervater Elektromeister, Schwachstromelektromeister, ist, verfüge ich hier über die charakterliche Stärke, nicht schwach zu werden, Ihnen den Unter- oder Obertitel »Elektrisierende Musik« dieser Sendung »Musik meiner Wahl« ganz genau begründen zu wollen; nämlich erklären zu wollen, was Elektrizität sei. Was ich schon auf dem Pennal nicht so ganz begriffen habe, werde ich mich nämlich hüten im dreiundfünfzigsten Lebensjahr noch verstehen zu wollen, Sie, liebe Hörer, können das ja auch in jedem Lexikon nachschlagen –

– noch weniger genau, verehrte Zuhörer, weiß ich freilich, ob, wenn ich hier in der nächsten Stunde über »Elektrisierende Musik« plaudere, dies nur eine mehr oder weniger einleuchtende Metapher für etwas ganz anderes ist oder ob es da tatsächlich und im akkurateren Sinne physikalische Entsprechungen, ja Identitäten von Musik zu Strom und Stromstärke und Spannung gibt, zu Volt und Ampere und gar Ohm, in meinem Herzen, in meinem Kopf, in den Nerven-Schaltstellen Rückenmark und Zwischenhirn, Elektrizitätsrezeptoren, welche ja, in Wohl und Weh, meines Wissens auch das Gefühl beim sog. Sich-Elektrisieren wohl eher schmerzhaft vermelden. Nämlich annähernd derart elektrisierend, beinahe immer im wohltätigen Sinn einer sehr raschen Spannungserzeugung und -abfuhr, wirkt auf mich manche, ja viele Musik, gerade an ihren profiliertesten Gelenkstellen – eben wie ein elektrischer Strom, was immer es nun genau mit den Ionen, also den bewegten, elektrisch geladenen Atomen, auf sich hat; ein Fluides und Pulsierendes ist da am Wirken und eben durchaus Volt-Ampere-Mäßiges, eine Entladung; irgend so eine Umwandlung von Energie in Licht –

– genug, liebe Hörer, das Allegro molto, dessen Exposition Sie eingangs hörten, ist nach der hier weggelassenen Intrada der Hauptsatz von Mozarts Klavier-Sonate für vier Hände, KV 497, ein Werk auf dem Sprung zum Spätwerk also – was mich hier elektrisiert? Nun, es sind namentlich die ungeheuer rasch und verwirrend wirbeligen rotierenden Sechzehntel beider rechter Hände: so schnell und präzis wie nur irgend möglich zu spielen und dann übergehend in die Coda-Auflösung von fast marschmäßigen Vierteln in den Terzen des Diskant-Spielers – das Elektrisierende dieser Takte wäre dann also ihr ungeheuer Rasches und Flirrendes und Sirrendes und auch ein wenig Klirrendes; das Elektrisierende; gleich ob wir es hier allgemein metaphorisch oder in präziser Analogie zur physikalischen Spannungsentladung verstehen. Es erinnert dies Elektrisierende des C-dur-Marschmäßigen übrigens nicht wenig an das Coda-Blechgeschmetter von »Non più andrai« aus dem ja tatsächlich sehr KV-nahen »Figaro«: am Ende, wo es ironisch-übermütig Cherubinos Einrücken beim Militär von Sevilla imaginiert. Und tatsächlich ist die Verwandtschaft zwischen der Oper und dieser Sonate auch über unsere Allegro-Stelle hinaus eine schwerlich überhörbare. Und es bestätigt sich dieser unser Doppeleindruck eines beide Male wie elektrisch Geladenen in den Memoiren des irischen Bassisten Michael O'Kelly, des Erstsängers des Don Basilio, der sich an die »Figaro«-Uraufführung 1786 vierzig Jahre später so erinnert:

»Benucci sang Figaros Arie ›Non più andrai‹ mit der größten Lebendigkeit und mit der ganzen Kraft seiner Stimme, und als die schöne Stelle kam: ›Cherubino alla vittoria!‹, waren alle wie elektrisiert. Ganz außer sich vor Entzücken riefen sie alle: ›Bravo, bravo, maestro! Viva, viva il grande Mozart!‹«

Mozart, »Figaro«, Non più andrai – mit Cesare Siepi.

Jawohl, hier besonders möge er leben, der kleine Mann mit dem mächtigen Furor, der da, nach Kellys Bericht, sichtbar auch wie von sich selber hingerissen, ja elektrisiert gewesen sein soll – eh wir aber noch intensiver medias in res gehen, noch intensiver in unsere Sendung, ins Thema und in seine Bewältigung vordringen, ein Wort vorab. Etwas anders als manche vorherigen Autoren dieser Bayr. Rundfunk-Sendereihe »Musik meiner Wahl«, in welcher auch Laien über Musik sich auslassen, im kleinen Unterschied dazu bin *ich* zumindest partiell zumindest halber Profi, zumindest auf manchen Feldern von sog. klassischer Musik; habe ich in dieser Eigenschaft auch schon zwei Bücher über Oper und Konzert geschrieben, früher häufig auch Radio-Musikessays, Musikfeuilletons und ähnliches – also, obzwar ich mich in erster Linie schon als Romancier und Erzähler verstehe, als einer, in dessen Erzählprosa es allerdings auch wieder von Musik nur so wimmelt, von Oper zumal – – kurzum, weil ich zudem bei einem Besitz von ca. fünftausend Schallplatten wahrlich kaum mehr zu entscheiden wüßte, was denn da »Musik meiner Wahl«, sprich: Lieblinge seien; zumal ich da eh mehr zum Universalisten neige –

– deshalb habe ich hier aus der Not eine Tugend zu machen versucht und als Auswahlkriterium das schon mehrfach erwähnte Elektrisierende eingeführt. Wobei ich dieses Thema ohnehin schon länger im Kopf mit mir herumtrage. Und mir dabei allerdings vorgenommen habe, dabei nicht allzu akademisch-theoretisch zu werden; einmal, weil ich Sie nicht unbedingt langweilen, zum anderen, weil ich mich ja auch nicht übernehmen, über meine physikalischen und musikologischen Verhältnisse leben möchte. Hören wir also lieber wieder in ein Stück solch elektrisierender Musik hinein, wieder Klaviermusik, spätere und romantische: nämlich in den schnellen Teil von Frédéric Chopins Polonaise Nr. 1 op. 22, die mit dem sog. Andante spianato, für Klavier allein; oder wahlweise für Klavier mit Orchester:

Chopin, Polonaise op. 22 ab meno mosso, ca. zwei Minuten, Aufnahme beliebig.

Sie wissen, Sie haben gehört, was hier besonders elektrisiert, über den bloßen Klavierklang hinaus, dem vor allem im Diskantbereich ja immer selber etwas voltmäßig Prickelndes eignet: die aparte leggierissimo-Sequenz in Takt 10, die Chopin dann im Lauf der Polonaise ein dutzendmal wiederholt, als ob er selber von ihr nicht genug haben und hören könnte – so zauberisch ist sie in der Tat. Wobei sich ihr Frappantes und eben ihr Quasi-Elektrisches nicht viel anders als bei Mozart wieder aus einer ungeheuer raschen Sechzehntel-Folge speist, diesmal im funkelnden Effekt verstärkt durch deren exakt kaum spielbare Terzenketten der rechten Hand – und natürlich potenziert durch den ohnehin nicht allein tanzwütige Damen noch einmal elektrisierenden Polonaisen-Rhythmus: den akzentuierten Dreivierteltakt, besonders das in zwei stampfende Sechzehntel aufgeteilte zweite Achtel. Nicht daß Chopin in diesem hochpolnisch inspirierten Virtuosenstück nicht auch noch mit ganz anderen Magnetismen und Elektrizitäten aufwarten könnte, es ist ungefähr alles drin, was einem Pianisten das Leben zur

Hölle und zum Himmel macht, uns minderbedarften Hörern Gott sei Dank nur zum Himmel –: Gefühle des Als-ob-Elektrisierten erzeugt Chopin in seinem Œuvre immer wieder wie kaum ein anderer. Durch die Gewalt des Rhythmischen an sich etwa in den Polonaisen und Mazurken; durch metrische Interferenzen von Zweier- und Dreier-Takteinheiten in manchen Walzern; durch wahre Akkordgebirge in vielen Etüden; oder etwa, dem der gehörten Polonaise entfernt verwandt, durch einen Akkord-Schleier, durch eine wahre Akkord-Wolke in zartester und immerfort wechselnder Beleuchtung im 3. Scherzo op. 39 in cis-moll, wo die flüchtigsten und filigransten Akkordbrechungen des meno-mosso-Teils in Ges-dur jeden Hörer nicht nur mit einem kaum erklärlichen, wie von fern erlauschten Klangrauschdunst überwölben; sondern buchstäblich ein Kitzeln im Rückenmark produzieren wie bei der Reizung durch einen Arzt, nein, keinen Arzt, sondern vielmehr durch lieblich spielende Finger – ja, so enigmatisch-symbolisch hängt hier natürlich und wahrhaftig alles zusammen: Musik, Elektrizität und Hocherotik.

Verwandte klavieristische Effekte sozusagen aus dem Effeff erzeugen später bekanntlich auch Liszt und Debussy und vor allem Maurice Ravel, in »Gaspard« oder in »Jeux d'eaux«, so als wäre denn abermals das Elektrisierende und uns so unmittelbar sinnlich Erregende das fluidisch Rasche, das Gleitende selber, das naja eben wie Schwach- oder Starkstrom mit wenn nicht Licht-, so doch mit Überschallgeschwindigkeit Entgleitende, was uns so unverhinderbar hinreißt und Höhepunkte der jeweiligen Werke markiert. Auch wenn jene elektrisierenden nicht unbedingt in jedem Fall mit den »schönen Stellen« koinzidieren, jenen schönen Stellen, gegen die einst Adorno nicht ganz zu Unrecht polemisierte, weil das Warten auf sie das von ihm stets erheischte »strukturelle Hören« verhindere.

Lassen wir uns vom toten Adorno gern weiter schelten und uns auch noch der Elektrizitätssüchtigkeit als einer vielleicht frühkulturindustriell verdinglichten Sexualneurose zeihen – und letztendlich und in der Tat sind, für mich jedenfalls, die »schönen« doch recht oft identisch mit den »elektrisierenden« Stellen, in dem Sinn, den das Wort schon zu Mozarts Zeiten hatte und in dem es auch offensichtlich von O'Kelly gebraucht wurde: Bei mancherlei Kunstrezeption wird der Mensch scheint's wie von elektrischer Ladung getroffen, durchrüttelt, wohl ein bißchen wie bei den späteren Elektrotherapien, unter Umständen bis hin zu einer Art Begeisterung, einem blitzartigen Glücksstoß. Wenden wir uns hiermit aber sofort wieder von der Spekulation und auch von Chopin ab und einem ganz anderen Elektrisierer zu, einem südlichen, der zum Elektrisieren sehr andere, vorzüglich instrumental-orchestrale Effekte verwendet; Sinnesreize, die über ihr eher plump Mechanisches hinaus ein paarmal ins Reich einer sozusagen archaisch-mythischen Imagination vorstoßen, nein, ich rede hier mitnichten von Joachim Ernst Berendt und seiner kosmischen Schnickschnack-Welt-Hör-Spukmetaphysik; sondern von Giuseppe Verdi, und ich darf zu diesem Zweck aus einem Buch von mir selbst zitieren, aus der »Musikplaudertasche« von 1990, weil ich's besser auch heute noch nicht sagen kann:

»Eine löbliche Gemeinheit: Künftige Kriege seien schon deshalb nicht wünschenswert, damit es nicht abermals zu derart miserabler Antikriegskunst und Antikriegspoesie komme wie zuletzt und zuvorletzt. Aber auch die Umkehrung hat was: Einstige Kriege waren historisch, nämlich, hegelisch gesprochen, für die Entfaltung des Geistes notwendig, auf daß immerhin drei elektrisierend schöne Musiken, nämlich Kriegsvisionen, Kriegsimaginationen, Kriegshalluzinationen komponiert werden konnten. Ins schon fast dösig friedsam Wiegende und Wogende ›Dona nobis pacem‹ des Agnus Dei läßt Beethoven gegen Ende der ›Missa solemnis‹ vollends unverhofft ein klirrendes B-Trompetengeschmetter hineinfahren, daß wahrlich die Fetzen fliegen, daß alle pietistische Betulichkeit aufgewirbelt wird – ähnlich, nur viel leiser und leicht zu überhören, operiert der reife Verdi im doppelten Opus maximum. Wenn im Autodafé-Tableau des ›Don Carlo‹ der Infant den Vater Philipp wegen Flanderns Befreiung provoziert, dann ertönt gleichsam von fern im Pianissimo ein kurzes, aber so unwiderstehlich strahlend-kriegerisches Trompeten-Posaunen-Gemisch: daß Verdi in der nächsten Oper, im Nil-Akt der ›Aida‹, nach Radames' Worten ›Odimi, Aida‹ den superbsublimen effetto gleich wiederholt. Im – leggierissimo e staccato – Terz-Quart-Geschmetter entfernter Trompeten imaginiert der ägyptische Feldherr den nächsten Krieg gegen die Äthiopier – auch in unseren Ohren aber verbündeln sich da die schiere Freude am Klirren, Champagnerkitzeln und Fernweh zu jener fatalen Kriegslust, die da schon 1870 und dann erst recht 1914 so viel unermeßliches Leid usw.usf.«

Hören Sie bitte beide Verdi-Musiken, in schon etwas angejahrten Opernaufnahmen mit Georg Solti und Herbert von Karajan, beide Male mit meinem langjährigen Lieblingstenor Carlo Bergonzi, welcher die Elektrizität des Staccato-Marziale von Krieg und Klassenkrieg jeweils mit der sanften Elektrizität seines belkantistischen lirico-spinto-Organs und seines spezifisch nasalen Schmelztimbres kontrapunktiert; um etwas später mit dem messa di voce angesungenen hohen B bei »de' nostri amori« den (ich muß mich selber korrigieren) schönsten Ton der Schallplattengeschichte zu placieren – da war das anspornende Dirigat von Karajan doch mal zu was gut.

Verdi, »Don Carlo«, Autodafé-Szene ab »Sire! egli e tempo«, ca. eine Minute; direkt anschließend Verdi, »Aida«, Nil-Akt, ab

»Pur ti riveggo«, ca. eineinhalb Minuten, Einspielung unter Karajan.

Und weil wir hier schon im Bayrischen Rundfunk in Nürnberg sind: Mit »Don Carlo« verbindet sich eins meiner frühesten Nürnberger Opernerlebnisse, das vielleicht bedrohlichste meiner Opernhörerkarriere: ein Brand bei der Premiere im Opernhaus 1957 oder 58: Ein fackeltragender Mönch war zu nah an die feuerfangende Kulisse gekommen – der Vorhang fiel – mir aber und meinem Freund und langjährigen Opernkombattanten Ludwig Lehner passierte nichts – Lehner ist heute noch mein Steuerberater – in einem allerdings merkwürdigen Steuerbüro: Während Lehner oft zu den Lohnsteuertabellen en passant Filippos große Arie »Ella giammai« singt, seimt nebenan sein Kompagnon Natko Benesic die herrliche Verdi-Phrase »Seviglia, Leonora, o rimembranza« aus dem Nachbarwerk »Forza del Destino«. Und ein Stockwerk tiefer trällert gleichzeitig meine Schwester Sieglinde Rahm in der Arztpraxis ihres Mannes Elviras zweite Arie aus »Don Giovanni«.

Den solennen Beethoven, liebe Hörer, – zurück zum Thema Kriegsmusik – reichen Sie sich bitte nach dieser Sendung selber und freihändig nach, auf daß alles schön beieinander bleibe. Dreimal hat das Elektrisierende also mit der Attacke des Blechinstruments zu tun, mit dessen archaischer Funktion als Kriegssignal – ein kodiertes kollektives Unterbewußtsein wirkt da möglicherweise als wiedererkennende Freude in uns fort; und eben als Elektrizität. Auch im folgenden Fall kommt sie aus dem Blechinstrument und aus einem quasi kriegerischen, einem kämpferisch-lustigen Weckruf: Es handelt sich um eine meiner Lieblingsstellen bei Wagner. Elektrizität, Stark- und Großelektrizität stellt Richard Wagner, vom »Fliegenden Holländer« angefangen, in seinen Opern mehrfach her, am eminentesten im magisch-spannungsvollen mit Akkordgewoge und Chromatik und Trillerfortissimo vorbereiteten Hammer- und Blitzfunkenüberschlag des Orchesters im »Rheingold«, vorm Einzug der Götter in Walhall. Nicht diese wahrlich volthaltige möchte ich Ihnen hier vorspielen, sondern als eine meiner besonders bevorzugten Musiken eine recht anders geartete: den gleichsam spirituellen doppelten Blitz- und Donnerschlag im Nornenvorspiel der »Götterdämmerung«; wo aus dem fahl und nächtlich verhangenen, die »Ring«-Geschichte düster rekapitulierenden und Schicksalsfäden knüpfenden und zum Ende hintreibenden Gesang der Nornen heraus plötzlich und wahrlich wie der Blitz Siegfrieds allbekanntes Hornrufmotiv zwiefach aufspringt, beim zweiten Mal um eine Sekunde versetzt – um beim dritten Mal dies höchst rätselvolle Impromptus überzuführen in Alberichs strukturähnliches und plausibles, nämlich allzeit Unheil signalisierendes Fluchmotiv, welches da das bevorstehende Verhängnis noch einmal vorab besiegelt. Indessen das Elektrisierende des doppelten Hornrufs wohl primär in seinem hier gänzlich Unverhofften begründet liegt – beides möglicherweise wieder verursacht in einem Ab-ovo-Überdruß des heroischen Komponisten an seiner immer noch zäh zu vollendenden Tetralogie. Der Überdruß selber gebar sozusagen frei assoziierend die Frappanz, den buchstäblichen Knalleffekt:

Wagner, »Götterdämmerung«, Vorspiel etwa ab pp Paukenwirbel vor »Wollt ihr wissen, wie das wird«, ca. drei Minuten.

»Verdi ist der Mozart Wagners«, so lautet der Titel meines Opernbuchs von 1979, alle drei Fixsterne dieser ewigen Triade haben wir hiermit auch in dieser Sendung abgehakt und gewürdigt – von Rechts wegen hätte auch Giacomo Puccini noch seinen Platz in diesem hehren Triptychon finden und es zur Quadrophonie o.s.ä. ausweiten müssen. Denn jedenfalls in meiner Wertschätzung steht er den drei Giganten als Opernkomponist nur geringfügig nach. Möge er gerechtigkeitshalber also wenigstens hier präsent werden, in abermals elektrisierend schönem Zusammenhang. »La Bohème« ist Puccinis wohl rundeste, nämlich homogenste Oper; mir die zeitweise liebste ist jene, die er, fast ein Beweis für Gottes Nichtexistenz, nicht mehr vollenden noch sehen und hören durfte, »Turandot«; die schönste Einzelszene, der Wucht des 1. »Turandot«-Aufzugs ungeachtet, aber hat es gewiß in »Tosca«: den Beginn des 3. Akts, der auf der römischen Engelsburg Toscas und Cavaradossis trauriges und dabei doch seltsam optimistisch stimmendes Schicksal beschließt. Ein viergeteilter Aktbeginn – die Freiheitsfanfare, der wunderbar orchestrierte ironisch-wehmütige Gesang des Hirtenknaben, das morgengrauenatmosphärische Glockenläuten und der Übergang zu Cavaradossis Arietta – ich habe einst über diesen grandiosen Aktbeginn eine längere essayistische Arbeit geschrieben, die Sie bitte gegebenenfalls meinem Opernbuch entnehmen – und spiele Ihnen aber jetzt lieber ohne viele Worte nur Puccinis superieure Musik vor. Mit besonderem Hinweis auf die zartest kakophonische, deshalb sogar etwas belustigende Glockengebimmelsymphonie, unter deren wiederum wie leis elektrisierenden Dissonanzen es mählich Tag wird. Leider bringt kaum eine Platteneinspielung das so subtil und dicht Gewebte dieser Musik so ganz zum Vorschein – bitte hören Sie also mit ganz besonders geschärften Ohren hin:

Puccini, »Tosca«, 3. Aufzug, ab Gesang des Hirtenknaben »Io de sospiri« bis inklusive Glockenspiel, ca. zweieinhalb Minuten.

Puccini gilt in vielfacher Weise als Verdis Erbe. Im guten und weniger guten Sinn eher als Verdi-Epigone, wenn auch sein bester, wird oft Amilcare Ponchielli gehandelt. Die Oper »La Gioconda« ist nicht nur seine einzige in Italien und partiell auch in Deutschland überlebende: Mir persönlich wurde sie in den letzten Jahren immer sympathischer. Ihre musikalisch kerngesunde Substanz vermag durchaus seitlich von Verdi zu bestehen, hat viele beachtlichste Qualitäten und nur wenige Schwächen – und nach zwei oder drei Szenen bin ich momentan richtig süchtig: nach Enzos hochdramatisch effektvoll ausgereiztem Entree mit der otelloartigen Exklamation »Assassini!« – und mehr noch nach dem ersten Auftritt der Straßensängerin Gioconda und ihrer blinden Mutter, der Cieca. Es ist dies eine tiefe Altistin, deren terzensattes Duett mit der Tochter als reine venezianische Weihnachten im Hochsommer mahnt; noch schöner ist, was vorausgeht: der wundersam sattsamtene Sang dieser Mutter, in einer wie sich selber tröstend sehr tiefen Stimmlage – in unserer Aufnahme ist es Oralia Dominguez, ihre Tochter Renata Tebaldi –, und am allerschönsten ist der Text:

»Figlia che reggi il tremulo pie' che all'avel già piega ... beata è questa tenebra che alla tua man mi lega« –

übersetzt etwa:

»Tochter, die du den zitternden Fuß, der schon zum Grab sich neigt, führst – gebenedeit ist dieses Dunkel, das an deine Hand mich bindet« –

– und so etwas Schönes habe ich nun wirklich schon lange, vielleicht seit Hebels Geschichte vom »Unverhofften Wiedersehen«, nicht mehr gehört, schöner kann man es wahrlich nicht mehr sagen: daß ein Mensch sich beim Schicksal für seine Blindheit als einen Segen bedankt, weil diese Blindheit ja immerhin gestattet, einer Tochter Hand immerfort zu spüren. Ob diese La Gioconda genauso darüber denkt? Genug, etwas Aparteres und Anrührenderes als solche fast abwegigen Gedanken ist dem Menschengeschlecht nicht gegeben, evviva il grande librettissimo Arrigo Boito – das Elektrisierende des

Gedankens wie der Musik aber kommt diesmal vermutlich ganz aus deren Tiefstimmigkeit und Langsamkeit, der wie magnetischen Magie der so sehr sonor geführten Altstimme; ein sozusagen therapierend sanfter Starktiefstrom:

Ponchielli, »La Gioconda«, 1. Akt, ab »E cantan su le tombe!«, ca. zweieinhalb Minuten.

Wo anfangen, wo aufhören, was auslassen? Ein Lieblingsstück von mir seit zwanzig Jahren, eins der auch objektiv schönsten, elaboriertesten und inspiriertesten, ist Carl Maria von Webers »Oberon«-Ouvertüre: Auch elektrisierende Perioden und Passagen hat es in ihr buchstäblich am laufenden Band, ihren funkenschlagendsten, nämlich seraphischsten und zugleich dynamischsten Moment erreicht sie nach einer richtiggehend schubertischen Modulationsorgie im Eintritt des feurigen Hüon-Mondenglanz-Themas in eine frühlingswiesenblumenfestliche Fis-dur-Terzakkordballung; dann natürlich, eher sommerlich, Schuberts Ges-dur-Impromptu müßte hier jetzt eigentlich kommen, Schumanns »Des Abends« und die C-dur-Fantasie, mindestens Stücker fünf von Mendelssohns »Liedern ohne Worte«, Stücke, die ich an guten Tagen alle recht adrett auch selber auf dem Klavier vortrage – –

– aber was soll's, wir müssen's hier aussparen und leider nämlich mählich zum Schluß hinkommen; zum Ende aber, zum Ende meines Lebens, auf dem Totenbett noch hören möchte ich – tja, das ist eben die große Frage. In einem meiner Bücher habe ich Dvořáks Mondlied aus der »Rusalka« genannt, aber bitte auf tschechisch gesungen, nämlich (tschechisch versierte Hörer bitte weghören) »Měsičku na nebi hlubokém« (ich habe zu Hause mit der Frau geübt, aber so toll war's wahrscheinlich trotzdem noch nicht) –

– in einem anderen Buch aber habe ich gestimmt für Gustav Mahlers Lied »Wo die schönen Trompeten blasen« aus dem frühen »Wunderhorn«-Zyklus. Weil hier und heute genug Zeit ist und mein letztes Stündchen wohl noch einigermaßen fern, führe ich hier beide vor; im Fall von Dvořák entscheide ich mich hier knapp gegen meine Lieblingssängerin Rita Streich und gebe der authentischen Tschechin Gabriele Beňačková knapp den Vorzug:

Dvořák, Mondlied.

Gustav Mahlers Lied kommt mir beim imaginierten Sterben besonders gelegen, weil es auch nochmals das Motiv jenes Elektrisierenden aufnimmt, wie wir es schon vorhin im Falle von »Aida« und »Don Carlo« hatten. Wieder sind es Kriegs- und Blechfanfarenklänge, in welchen Mahler seine Kindheit wiederhörte, eine Kindheit, die nach seinen Berichten wahrlich durchströmt war von Marschmusik und Trompetenunwiderstehlichkeit. Hier im Lied, wie ähnlich im Zentrum des Kopfsatzes der 9. Symphonie, ist es das Schauernmachende der fernen, der geträumten oder auch halluzinierten, der wie schmerzdurchzuckten Trompetensignalklänge, was mich und, hoffe ich, alle Zuhörer in Bann schlägt: das Mahlersche Motiv von Leid und Tod des Soldatenlebens, hier der angehörigen Braut – Schauerliches wurde schauerlicher und schöner nie komponiert; nicht einmal von Mahler.

Aber nichts auf der Welt ist vollkommen, auch nicht im letzten Lebensstündchen. Denn nur ungern entscheidet man sich im Falle dieses von Mahler auch partiell selbst – und genial! – gedichteten volksliedlyrischen Wunderwerks zwischen der Klavier/Lied- und der Orchesterfassung – und noch die ist nochmals gespalten in Versionen, da das Mädchen alleine singt, und die mehr opernhafte Ausführung, in welcher der nächtliche Traum sich strophisch teilt in einen Frauen- und einen Männerpart. Man muß sich im Leben entscheiden, in diesem Fall denn doch und schweren Herzens gegen die durchaus plausible Duett-Version – und am Ende, nach dem Vergleich mancher nahezu äquivalenter Schallplatteneinspielungen vielleicht doch für die Österreich und damit Mahler naheste: für die von Christa Ludwig. Lassen Sie sich, liebe aufmerksame Hörer, von ihr und mit mir zum Beschluß der Sendung möglichst tief beseelen und ergreifen.

Mahler, »Wo die schönen Trompeten blasen«, Aufnahme mit Christa Ludwig und Leonard Bernstein, möglichst ganz, ca. sieben Minuten.

Kokette Kokottenhaftigkeit

Giacomo Puccini: »La Bohème« – meine erste Schallplatte

Meine ersten Platten waren, es muß gegen 1955 und ich vierzehn gewesen sein, SPs und EPs, also Dinge, die man heute gar nicht mehr kennt, nämlich »Short Plays« und »Extended Plays«, die kleinsten unter den drei damaligen Plattengrößen also, 17 cm Durchmesser und 45 Umdrehungen pro Minute; die anderen beiden waren die damalige gebräuchliche Mittelgröße mit 25 cm und 33 Umdrehungen, da ging mit im Extremfall 40 Minuten Spielzeit z. B. noch das Brahms-Violinkonzert drauf; sowie mit 30 cm und ebenfalls 33 Umdrehungen die LP, die Langspielplatte, mit bis zu einer Stunde Musikfaßkraft.

Und davon kriegte ich die erste 1956: Puccinis »La Bohème«, ein Querschnitt.

Die kleine und die Extended-Platte spielten pro Seite drei bis maximal acht Minuten, da lauschte ich bei meinen allerersten Musikkonservenerlebnissen ganz hin und weg und mit seither nie mehr wiederholbaren Jungfräulichkeitsgefühlen z. B. also den Einzelarien aus Fricsays bei der DGG kurz vorher erschienenen Gesamtaufnahmen der »Entführung« und der »Zauberflöte« (mit dem jungen Fischer-Dieskau als Papageno); diese Gesamtaufnahmen gab es schon, sie waren aber praktisch unerschwinglich, nicht nur für einen mittellosen Jugendlichen: Die »Zauberflöte« kostete damals dreimal 32 = 96 Mark – nach heutigen Geldwertrelationen 500 bis 800 Mark also! Heute kostet die Aufnahme als Doppel-CD 20 Mark – ja, Platten sind insgesamt und im Schnitt entschieden billiger geworden.

Ich hätte mir meine erste LP deshalb im Fall des Falles auch nur schwer selber abknapsen können. Sie war ein Geschenk. Diese »Bohème« hatte einen irgendwie fliederlila Umschlag, kostete damals (die Preise waren etwas gefallen) 24 Mark, und das alte Electrola-Signet des seines Masters Voice lauschenden Hundes war auch mit drauf.

Mag sein, nein sicher ist, daß die seither von mir bevorzugten repräsentativen »Bohème«-Referenz-Gesamtaufnahmen, also die mit Tebaldi und Bergonzi, Freni und Pavarotti, diesem Debütbesitz künstlerisch überlegen sind. Damals gab es die genannten noch nicht, es gab noch keine Stereotechnik – und damals sang und also kannte man solche italienischen Opern, vom Stadttheater bis zur Hamburgischen Staatsoper, ja auch nur und exklusiv auf deutsch – und deutsch ward auch dieser »Bohème«-Querschnitt gesungen. Aber von partout keinen schlechten Stimmen, weiß Gott nicht. Erna Berger als Mimi, ihre Schülerin Rita Streich als Musetta und Rudolf Schock als Poet Rudolf – sie machten, lebten sie noch und wären inzwischen stilistisch etwas trainierter und avancierter, noch heute jeder Bühnenaufführung und Studioeinspielung nicht wenig Ehre. Und wenn man 1958 auf der seither wohl besten Aufnahme, der von Decca, selbst in Nebenrollen Großgrößen wie Cesare Siepi und Fernando Corena hört, so gab's damals, 1955, schon immerhin mit Dieskau als Marcel und Prey als Schaunard nebeneinander (und freilich ranglich damals deutlich gestuft) gleichfalls eine auch später nicht gar so häufige Sonderattraktion. Und während heute alle Welt beim großen As-dur-Bogen von Rodolfos Eiskalte-Händchen-Arie das Original »Talor dal mio forziere« im Ohr hat, so gab es eben vormals noch die Version: »Aus meiner Truhe stehlen oft die schönsten Juwelen ein Diebespaar, zwei Äuglein ...«

Der Text ist sicherlich von unangemessener Betulichkeit und Deutschheit, und Schock hatte seine fachlichen Grenzen im italienisch-veristischen Genre. Aber: Keine »Bohème«-Stelle blieb mir seither so unauslöschlich in Ohr und Hirn wie jene und so frühe. Und – Streich und Berger waren auch wahrlich keine Mimi und Musetta, keine frivolen Grisetten und morbiden femmes fatales – allein sie sangen auf ihre etwas bieder-altdeutsche Art aber auch schon so was von schön, daß, Italianità hin und vokale Puccini-Grandezza her, in gewisser Weise seither keine »Bohème« diesen beiden gleichkommt; in ihrer deutschpariserischen femininen Glockenhaftigkeit und sehr silbrigen Softität samt leicht koketten Kokottenhaftigkeit und huriartigen Belcantohörigkeit sowie – –

Na, das ist vielleicht doch etwas übertrieben.

Vom Opernsüden nichts Belangvolles

Zur Verdi-Biographie von Jacques Bourgeois

Von einem hervorragenden Kenner«, schreibt der Hoffmann und Campe Verlag in seinen Anzeigentexten, »wird hier dem Musikliebhaber zum erstenmal eine umfassende Darstellung des Gesamtwerks, des Lebens und der Persönlichkeit von Giuseppe Verdi geboten.« Dies ist ein mehrfacher – und fürs Ganze symptomatischer – Schwindel. Denn nicht nur haben in jüngerer Zeit, allein was den deutschen Sprachraum anlangt, zum Beispiel Karl Holl und Hans Kühner (1947 bzw. 1961) sehr achtenswerte, leicht greifbare und vor allem von Bourgeois' Buch nicht im mindesten »überholte« Verdi-Biographien vorgelegt: die Arbeit des französischen Musikwissenschaftlers und Festspielorganisators löst allenfalls den Anspruch der »umfassenden« Werkdarstellung einigermaßen ein; Leben und Persönlichkeit Verdis fallen eher in Farb- und Konturlosigkeit zurück, als daß beide »zum erstenmal« plausibler geworden wären.

Richtig ist immerhin: Es gab und gibt bis heute über Verdi ziemlich wenig Literatur von Rang oder auch nur Ernsthaftigkeit, Zuverlässigkeit – ganz im Gegensatz zum stetigen und schon beängstigend anwachsenden Schrifttum über den »nordischen Antipoden« Richard Wagner, dessen Gestalt und

Werk sich – von Nietzsche zu Shaw, von Thomas Mann zu Adorno, von Bloch bis zuletzt zu Gregor-Dellin – des Interesses vor allem der Dichter und Denker erfreuten; wie sonst nur noch Mozart. Verdi, dessen Wagner-Ebenbürtigkeit man inzwischen gleichsam stillschweigend-schlechten Gewissens einsehen gelernt hat – Verdi blieb und bleibt trotzdem, aufs Ganze gesehen, skandalös unbeachtet, was die theoretische Beschäftigung mit dem Werk sowohl als der Person angeht – ungeachtet beider Format und Volkstümlichkeit. Schreckt gar dieses Populäre, das vermeintlich Leichte, Gefällige, das »Proletarische« seiner Kunst das ästhetische oder biographische Interesse ab? Oder herrscht die Meinung vor, Verdis »Geheimnis«, seine Person, seine Musik, seine Oper seien längst entschlüsselt?

Sie sind es nicht im geringsten; und bei Bourgeois werden sie es schon gleich gar nicht. Viel weniger couragiert als zum Beispiel Wolfgang Hildesheimer in seinem Mozartbuch setzt der Verfasser auf die Idee und Form einer Art Synthese aus traditioneller Biographik und Werkdeutung, auf ein Ineinander beider tatsächlich kaum sinnvoll zu trennender Gattungen. Wohl möchte auch der Franzose beides leisten, es gelingt aber weder das eine noch das andere. Der biographische Teil kommt über die lineare Abfolge dieses Lebens, über die Repetition des meist längst Geläufigen kaum hinaus; Wichtiges fehlt fast naturgemäß bei einem Buchumfang von 310 Seiten; vielfach erschöpft sich die Darstellung in der Nachbeterei ziemlich sinnloser und zufälliger Akzidenzien zwischen dem Komponisten, seinen Librettisten, Verlegern, Impresarios und Sängern – ohne daß sich daraus irgend Perspektiven (und gar neue) für die »innere Vita« Verdis ergäben; manchmal scheint es, Bourgeois nehme in seinem auch sonst sehr marktgerecht zugeschneiderten Buch nur den heutigen Star-Dirigenten-Topsänger-Vorzeigekult vorweg beziehungsweise projiziere den heutigen tendenziell besinnungslosen Musikbetrieb auf die Verdi-Zeit – es herrscht eine Oberflächlichkeit, die man zwar hin und wieder von Wiener Operncauseuren sich gefallen lassen mag, die aber gerade von einem jüngeren Musikwissenschaftler nicht zu erwarten war.

Die besten der biographischen Buchpartien sind höchstens solid: das Elementarste referierend. Die Gestalt des »Gran Vegliardo« des südlichen 19. Jahrhunderts bleibt insgesamt ausdruckslos. Dabei hat Verdi doch ein sozusagen filmreifes (und natürlich auch verfilmtes) Leben geführt, ein schillerndes Panorama abgeschritten, von den »Galeerenjahren« der Vor-»Rigoletto«-Tage über die personelle Inkarnation der italienischen »rivoluzione« (wider die österreichische und französische Fremdherrschaft) bis zur späten und quasinationalen Patriarchen-Existenz. Doch eben dies Pittoreske, fast »Mythische«, bleibt in Bourgeois' Biographie merkwürdig vage, undefiniert. Der Weg vom armen Häusler-Sohn aus Le Roncole zum Jungtalent, zum mählichen Welterfolgskomponisten, zum durchaus erfolgspragmatisch empfindenden Privatkapitalisten in musicis, zum Parvenu und nicht ganz lupenreinen Großbürger, der doch auch wieder heimischer Bauer sein wollte und sich vom Opernbetrieb zurückzog: dies reizvolle und übrigens gar nicht so wagnerferne Persönlichkeitsbild einer sehr exemplarischen Jahrhundertgestalt interessiert Bourgeois kaum einmal ernsthaft, ja, gelegentlich tappt er schon im planen Bereich scharf daneben: Selbstverständlich war Verdi zum Beispiel keineswegs »Agnostiker«, nicht einmal antichristlich, sondern – und dies allerdings vehement – antiklerikal. Die politischen Hintergründe des Verdi-Lebens referiert der Autor zuverlässig, was Krieg und König und Parlament anlangt – das soziale, politische »Klima« der Epoche verschwindet trotzdem fast völlig. Viel bessere Einsicht vermittelt da ein etwa gleichzeitig erschienener Bild-Großband, herausgegeben von William Weaver (Verdi, Berlin 1980), dem Musikkritiker der Londoner »Financial Times«, der über die schiere Prächtigkeit und Fülligkeit des Bildmaterials hinaus so etwas wie eine Epochen-Aura der Verdi-Zeit entfaltet und zudem mit einer geradezu penetranten Genauigkeit der Fakten brilliert.

Leben und Werkbeschreibung/Kommentar sind in Bourgeois' Buch zwar ineinander geschichtet, jedoch die offenkundige Absicht des Buchs, den heutigen Schnellkonsumenten Verdischer Oper über den Komponisten zu informieren und ihm dabei Opernführer und Libretto zu ersparen, dies hat nun zu dem halb fatalen, halb komischen Schematismus geführt, daß die Inhaltsangaben der achtundzwanzig Opern kleingedruckt zwischen dem forterzählenden Text stehen, wozu sich noch so etwas wie eine Mini-Würdigung der musikalischen Schönheiten – meist der Ohrwürmer – gesellt. Dem an Verdis Lebenskurve Interessierten wird plötzlich mitgeteilt, was irgendein Federico im 2. Akt der sehr zu Recht vergessenen Oper »Stiffelio« treibt. Absurditäten dieser Art haben noch dümmere zur Konsequenz: in Gestalt stenographischer Lobsprüche über die jeweilige Musik, zumeist apodiktische Vokabeln wie »herrlich«, »wunderbar«, »berühmt«. Daß das ätherische Final-Terzett der »Macht des Schicksals« »äußerst geistvoll« sei, dieser Unfug mag noch an der Übersetzung liegen. Aber daß Alfredos Stimme während der großen Violetta-Arie der »Traviata« »durchs Fenster dringt«, derlei (inzwischen nicht allein von Zeffirellis Verfilmung adaptierter!) Schwachsinn stimmt eigentlich schon nicht mehr heiter.

Nicht ein einziges Mal macht Bourgeois den Versuch, an einem Beispiel den frühen Verdischen Chor-Stil oder etwa die späte »Verdi-Phrase« zu beschreiben oder gar zu analysieren –

dafür hat es viele peinliche Mitteilungen wie die, Verdis »Requiem« sei ein »Bombenerfolg« gewesen. Und Fehler nicht zuwenig: Gildas »Caro nome« endet keineswegs auf dem dreigestrichenen C, sondern auf E, des Herzogs Canzone nicht auf B, sondern auf H, umgekehrt Radames' Romanze nicht auf H, sondern auf B. Einzelnes ist wieder schlechthin unsinnig, etwa die Behauptung, der Marquis Posa habe, im Vergleich zum Schillerschen Modell, in Verdis »Don Carlo« an Gewicht eingebüßt. In Wahrheit steht er, was dem schlichtesten Opernbesucher nicht entgeht, »psychologisch« wie musikalisch völlig gleichrangig neben Philipp und Don Carlo.

Richtig statuiert Bourgeois immerhin, was bis vor einigen Jahren sich noch nicht recht herumgesprochen hatte: daß dieser »Carlo« neben der »Aida« besteht – als doppeltes Opus maximum nämlich, welches Prädikat Bourgeois freilich, dem Usus folgend, »Otello« und »Falstaff« einräumt. Hier waltet offenbar der falsche und nicht nur deutsche Mythos der Verehrung von Greisen-Werken. »Otello« birgt einige der erlesensten, erhabensten Musiken Verdis, aber leider fast ebensoviel Mittleres, Unausgeführtes, Kraftloses – keineswegs eignen ihm die kompositorische Perfektion, das Ebenmaß, die sozusagen permanent strömende »Inspiration« (auch diesem Begriff geht Bourgeois nirgends nach) der beiden Vorgänger-Werke. Und daß das Komische Verdis Sache nicht war, das kann der »Falstaff« auch dann nicht widerlegen, wenn er, nach Bourgeois' Überzeugung, die erste moderne Oper sein sollte.

So gut wie überhaupt nicht schert den Verfasser die entscheidende und tatsächlich sehr vertrackte Frage nach Verdis Opernästhetik – ein hochkomplexes System von Kräften und »Einflüssen«, das als solches Wagners Musikdrama fast simpel erscheinen läßt. Zwar fallen hin und wieder Schlüsselbegriffe wie »Belcanto« und »Romantik« und »Risorgimento«,

Bourgeois versucht aber nie, diese wichtigen ästhetischen Kategorien zu definieren und in ihrer Verdischen Synthese zu verstehen. Wenig nachdrücklich ist der Hinweis auf Verdis essentiellen musikalischen und dramatischen Eklektizismus, es fehlt die nähere Beachtung des von »Nabucco« bis »Otello« prägenden »Risorgimento«-Stils (einer Art Symbiose von Musik und patriotischer Militanz). Vergebens sucht man nach einer Erklärung: wie dieser Risorgimento- sich mit dem älteren und neueren Belcanto-Stil verschwistert, wie beides wiederum mit der italienischen und europäischen »Romantik« (z. B. ausgerechnet auf der Folie der Schillerschen »Klassik«) kuriose und eben verdianische Liaisons eingeht – dazu haben zum Beispiel Holl und Kühner immerhin Sinnvolles bemerkt und als ästhetischen Entwurf erläutert.

Wie Verdi, ähnlich auch hierin Wagner, ziemlich mühsam aus den Keimen von Begabung heraus, keineswegs wunderkindhaft, über die stetige Vervollkommnung im Handwerklichen, im Geschmacklichen auch, zu einer Meisterschaft arrivierte, welche ihrerseits plötzlich in eine Qualität umschlug, in der das »Geniale« nicht nur gelegentlich »funkte«, sondern gleichsam Dauerzustand war: diesen steinigen Weg zu verfolgen und beschreibend zu deuten wird auch weiterhin Aufgabe und Anreiz einer Verdi-Psycho-Biographie sein, deren Verfasser noch zu finden ist.

***Jacques Bourgeois**: Giuseppe Verdi. Eine Biographie, Hamburg 1980, 310 Seiten.*

Die Schwalbe kehrt werweiß zurück

Bonns Oper erinnert an Puccinis Operettenflirt »La Rondine«

Ah, mio sogno!« Strahlender wurde das Leben selbst bei Puccini nie besungen. »Ah, mia vita! Folle amore! Folle ebbrezza!« Strahlender, berückender, triumphaler wurde die sich selbst feiernde und genügende Schönheit des Lebens und Lebensgefühls womöglich in der gesamten Opernliteratur nie gesungen, auch nicht einmal in der thematisch ein bißchen verwandten, aber eben mehr hektischfiebrigen Arienstretta der Violetta Valéry; triumphaler, zugleich beseligter und beseligender als in Giacomo Puccinis »Schwalbe – La Rondine« von 1917 ward die wie frühlingsberauschte, die pure Euphorie des Lebens nicht Ton, nie so leuchtend und doch so zart wie in diesem sopranistischen »Ch'il bel sogno di Doretta« zum Eingang der Oper – dabei ist es erst mal keineswegs Sentiment, ungebrochenes Gefühl, sondern eigentlich Rollenliedchen: Magda, die Schwalbe, führt, weil der Poet Prunier nicht weiterweiß, den Traum der imaginierten Figur Doretta aus Laune, Schalk und Animiertheit und allerdings auch wehmütig berauscht durch eine akutisierte Erinnerung zu Ende, in nochmaliger sehr kapriziöser Brechung: Es ist ein melodisch schöner, vor allem aber im Konstruktiven aparter Einfall Puccinis, das Lied von der erträumten Königshochzeit erst mal etwas schulmäßig kläglich vom Dichter anstimmen zu lassen – welche Weise die traviataähnliche Bankiersfreundin Magda stante pede adaptiert, um sie dann frei in jene beinahe elysäischen Freudenregionen voll der vollends berückten »grazie della primavera« (Prunier) hinauf- und hochzutreiben: »O sogno d'or ... sottil carezza! Ahimè!«

Nicht alles, leider, in Puccinis kleiner Oper ist von dieser zudem noch wunderbar zärtlich und raffiniert instrumentierten und eben auch schon in der dramaturgischen Anlage reizend frivolen Hochqualität; natürlich nicht, es wäre ja sonst das Werkchen, das manchen Opernführern mit einigem Grund mehr als Operette gilt (zuerst als solche auch geplant war, nämlich 1913 fürs Wiener Carltheater, ehe es dann gänzlich umgestaltet aus Kriegswirrgründen und sehr passend in Monte Carlo uraufgeführt wurde), kein solches Aschenbrödel selbst unter den etwas rareren Puccini-Werken geblieben. Es scheint, daß nach der deutschen Erstaufführung in Kiel 1927 vor und nach dem Krieg in Deutschland beinahe gänzliche Windstille geherrscht hat; Zeit und Grund genug, daß das die »Oper der Bundeshauptstadt Bonn« in lukrativ klingender »Koproduktion mit der Los Angeles Music Center Opera und der Washington Opera« wieder mal ändern wollte.

Energisch ändern, wenn auch ganz sittsam und ohne Turbulenz. Mit einem gemischt internationalen Ensemble meist derer kurz vorm Star-Ruhm; und der attraktionsförderlichen Regie durch die frühere Opernsängerin Marta Domingo, die Frau des Tenors, der sich anderswo und z. B. auf der CBS-CD für die kleinere Rolle des Liebhabers Ruggero auch schon nicht zu schade war, diesmal aber sich statt dessen tags zuvor in Frankfurt con bravura und mit wieder ein bißchen verbessertem Deutsch im Wagner-Heroenfach hören ließ, vor nicht langer Zeit aber auch – er ist und bleibt agil – erstmals und glanzvoll sämtliche Puccini-Lieder auf CD einsang; für die meisten Puccini-Opern ist seine Stimme inzwischen wohl zu unagil und schwer.

Nicht schlecht macht aber auch Marta Domingo ihre Sache. Sie greift – unter genaugenommen dreien – weitgehend auf die zweite Werkfassung zurück, auf die für die Wiener Volksoper von 1920, mit dem vor allem entscheidend geänderten Finale. Puccini war sich da diesmal selber besonders unschlüssig, ja uneins: In Bonn endet die »Schwalbe« ganz offen und bühnenbildlich nebelhaft mit dem Heimgehen der Protagonistin Magda ins – übers? – Meer unter puccinitypischem Glockengebimmel: Was den nassen Suicid – so operetten- wie puccinifern – als denkbare Variante immerhin inkludiert.

Im übrigen hat Frau Domingo mit sog. Regie-Operntheater natürlich nichts im Sinn, und das ist sehr gut so, denn keiner eignet sich zum sog. Aufbrechen, Gegendenstrichbrüsten und zum Holzhammer-Zeigefinger so wenig wie der wesentlich atmosphärisch komponierende Puccini, und am wenigsten natürlich diese Halb-Operette mit ihren fließenden Übergängen zur Salonkomödie, zum Konversationsstück und zur Ausstattungsrevue, mit ihren thematisierten Zentralgefühlen von Glanz und Rausch und eben Freude an der Illusion – prompt wird auch Michael Scotts prunkvoll kaminknisternde und paraventfrohe und meerprospektfernwehe Empire-Szene dreimal mit Applaus abgesegnet.

Wo Ibsen die moderne Frau als Wildente, Tschechow sie mehr als Möwe, Anouilh sie wie einst Eichendorff als Lerche, Wagner sie eher konventionell als Waldvogel (Zeisig? Meise? Girlitz??) sah, da hatte Puccini offenbar immer schon eine besondere Vorliebe für die Metapher von jener Schwalbe, die in einer der bezauberndsten und traurigsten De Curtis-Canzonen, »Partirono le rondini« (deutsch grauslig: »Du bist die schönste Frau für mich«), schon musikalische Hochform erreicht (und die erklimmt Carlo Bergonzi hier allerdings noch gut eine Klasse schöner als Domingo) – Puccini selbst brachte den bedeutungsgeladenen Zugvogel auch lang vorher schon erstmals zum Einsatz, im 4. und tödlichen Akt der »Bohème« von 1896, als Schmuckname für die ins Mansardennest zurückzwitschernde Mimi, so charakterisiert sie da etwas ironisch verzagt Rodolfo – im späteren Werk ist dann zum einen die Nordsüdrichtung Paris–Riviera–Paris gemeint, mehr noch aber fliegt die Schwalbe, laut Dichter Prunier, der auch hier Stichwort und Deutung liefert, der Sonne entgegen; was Magda in ihrem Lebensgefühl sofort einleuchtet: »Forse come la rondine«, verspürt sie sich, »migrerò verso il mare, verso un chiaro paese di sogno, verso il sole!« –

– wahrhaftig, stich- und reizwortreicher geht's kaum mehr. Die Mimi-Nähe Magdas ist auch sonst beinahe noch ausgeprägter als die zu Verdis Kurtisane, Magda ist so was wie eine gewesene Grisette – und genau hier liegt aber auch der einzige Einwand gegen die Bonner Besetzung: Die Spanierin Ainhoa Arteta ist und singt schmelzend anmutig, vorzüglich zu Beginn – ist aber eine deutliche Nuance zu jung und zu sehr Mimi; viel mehr femme fragile als fatale – Magda sollte eigentlich ziemlich genau die Balance halten.

Die Sache mit ihrem Kurzausstieg ans Meer von Nizza geht natürlich kraftvoll schief und Magda wahlweise ins Meer oder brav zurück wie eine Taube (warum hat, die modernen Frauen zu ärgern, eigentlich kein Dichter-Komponist je die mal als Symbol genommen?) – der Rest aber geht meist schön schräg ab, im Duktus modern, ein bißchen konvulsivisch und auch tonal bacchantisch – und schon deshalb nicht so genuin operettenförmig, wie Puccini das zuerst vorgeschwebt haben mag. Fast pure moderne Operette stellt allenfalls das Schmelz- und

Schmalzduett zu Beginn des 3. Akts vor. Manches gemahnt an den bewunderten Freund Lehár, vordringlich an die »Lustige Witwe« und deren »kleinen Pavillon«, welchen Prunier einmal gewiß nicht zufällig zitiert (»padiglione«); anderes an Kaffeehaus- und Salonmusik und allerlei ähnlich leichtfertiges Genre – insofern meint »La Rondine« gewiß auch »Reaktion auf die abstoßende Musik von heute« (so schreibt der Komponist stark irreführend, denn er war ein überaus aktuell gesinnter Mann, an die Freundin Sybil Seligman); aber die Partitur ist andererseits eben auch sehr auf der Höhe, auch der der Zeit. Vom gerade mal sechs Jahre alten »Rosenkavalier« übernimmt Puccini einiges an Klang und Stilidee; nach Strauss' »Ariadne« und vor Bergs »Wozzeck« reichert er das herkömmliche und zeitgenössisch stark streicherüberreizte Orchester durch den mondän-aparten Klavierklang an; es hat in dieser Oper die »impressionistischen« Parallel-Terzakkorde im, wie bei Strauss, mehr angetäuschten Walzer des 1. Akts, der bald ein Ohrwurm wird für Magda wie für uns; bei dem in quasi-verstimmten Sekunden-Intervallen nebeneinanderher ratternden Duettino »No! Tu sapessi« (Lisette-Prunier) haben einerseits, worauf Harold C. Schonberg bestand, Verdis Fenton und Nanetta Pate gestanden (der späte Puccini lernt u. U. auch von der frühen Modernität seines lang toten Halbvaters) – andererseits hören wir hier, wenn man so will, eine Art Bitonalität, wie sie Puccini ein Jahr später noch viel emphatischer und effektvoller, nämlich als gänzlich unheimliche Sequenzen in der grandiosen und gleichfalls vom Publikum und von der Opernmafia lang als Cenerentola malträtierten »Suor Angelica« wiederverwendet: in einer fast schon außerweltlich düsteren Dialogszene, deren harmonischen Trick der Italiener von einem anderen Halbvater abgelauscht hat: von Wagners »Götterdämmerung« von 1876!

Ganz ohne Zweifel hat »Die Schwalbe« schon wegen dieser interessanten Affinitäten immer wieder mal eine Neubelebung verdient; wie ja überhaupt so ganz langsam auffällt, daß Puccinis weniger populär gewordene Opern kaum oder auch überhaupt nicht schwächer sind als die aller Welt geläufigen: nicht minder stark als die nur besonders runde »Bohème«, die effektvirtuose »Tosca« oder die ausnehmend ehrgeizige »Turandot« von 1926. Auch die der Pariser Schwalbe (Puccinis dritte von insgesamt vier Paris-Opern!) vorausgegangene kalifornische »Fanciulla del West« oder das ganz und gar einzigartige, musikalisch wie epochenphysiognomisch superieure »Trittico« von 1918 sind oder waren lange Zeit beklagenswerte und auch Puccini selbst noch belastende und kränkende Beispiele – zu seinem größten Schmerz hier das am wenigsten ästimierte Mittelstück der »Schwester Angelica«, der genialste Teil. »La Rondine«, angesiedelt im Zweiten Kaiserreich, erreicht zwar weder im ganzen noch, Dorettas Traum beiseite, je im Detail den Rang dieses Triptychons oder der China-Oper; wurde aber doch, der Bonner Neuversuch beleuchtet es, offensichtlich allzeit unter Wert gehandelt, vermutlich in sich selbst fortzeugendem und folglich potenzierendem Unverstand mal Bühnen-Kleinmut.

Puccinis »Flirt mit der Operette« (so wohl am korrektesten der Biograph Ernst Krause) ist ein Werk des Übergangs und mehr noch der Neugier; der Neugier aus dem bekannten und damals dauerkoketten und bestenfalls demimelancholischen Puccinischen Stoßseufzer heraus, er »habe nichts zu arbeiten« (Brief an Elvira). Mit der »Rondine« hatte, forciert durch den ihm offensichtlich aber nie ganz real werdenden Weltkrieg, dies Gefühl der halb lähmenden, halb animierenden Unentschiedenheit wohl seine Klimax und Krise erreicht, sozusagen auch als Neugier auf die eigene Kuriosität und Originalität:

Neugier auf eine werweiß neuartige Form, ja Gattung; Neugier auf neue Koloristik, womöglich raffinierter noch als die der »Fanciulla«, wenn auch nicht ganz so neu wie die neugierig gehörte Arnold Schönbergs (Mahler dagegen kannte Puccini offenbar kaum); Neugier eo ipso. Etwas zwischen »Traviata« (1853) und »Fledermaus« (1874) und Lehárs gigantisch erfolgreicher »Witwe« (1905) sollte es sein, alles klingt tatsächlich irgendwie an alles das an – mehr telepathisch voraus ans »Land des Lächelns« von 1929 gemahnt das doppelsymmetrische seriös-serene Liebespaar – das komische (in Bonn alert und gleichwohl zwiefach kantabel: Inva Mula und Bruce Fowler). Der Tenor und gar zu naive Galan Ruggero (Marcus Haddock: ein Sänger mit Zukunft) erinnert ein paarmal seltsam an die heroische Geste, an die damals so verstandene futuristische Ästhetik des Turandot-Calaf – andererseits wälzt sich da eben ein rosenkavaliermäßig satter Walzer, und im 2. Akt des Luxus-Etablissements »Bullier« wogt und flegelt ein fledermaus-pastoses Neuheiden-Ensemble der reinen und flachsinnigsten Genußsucht herum – man kann es sich schon vorstellen, daß man das Puccini richtig übelnahm, was er da etwas blauäugig oder auch unschuldslammfromm gar als indirekt gegen den Krieg geschrieben ausgab, »gegen die schrecklichen Dinge des furchtbaren Kriegs«.

Der Streit hält an, ob man das darf – und auch der, was eine »Commedia lirica« in der »Falstaff«-Linie im genauen Unterschied zu einer lyrischen Komödie oder eben einer Operette oder einem Singspiel sei. Sei's drum, so ganz überernst sind die betr. Differenzen ja nicht zu nehmen, so wie auch nicht so recht seriös Puccinis Behandlung der Prostituierten-Problematik nach Verdi und Cilèa (1902) und Charpentier (1900), alle drei sich abspielend in Paris. Ernster, sehr ernst wird es mit der eigenen und neuen »Tabarro – Der Mantel«-Version des Motivs, des größeren Themas nämlich vom nicht gelebten Leben im vielleicht ohnehin nicht mehr recht lebenden Leben – die Schwalbe Magda aber kennt das auch ja schon. Sie möchte leben, kontert sie die Frage ihres sie aushaltenden Financiers, welche Närrischkeit denn plötzlich über sie gekommen sei, nämlich im Leben »trovar la vita« (1. Akt, Finale). Ein verwandtes russisches Dramenmotiv drängt und drängelt sich hier in die veristisch-italienische Paris-Oper als ein offenbar international ziemlich kongruentes Epochengefühl: die durchaus Tschechowsche Herumgetriebenheit zwischen Aufbruchswunsch und Beharrzwang – und ja mindestens genauso tschechowsch mahnt Magdas Schlüsselwort aus dem 3. Akt: »Ich bin müde von all dem« – und dies Gefühl nun wieder vermischt, ja legiert mit dem alten »Tosca«-Motiv der beschworenen Ewigkeit von zu Ende gehender Liebe als ihr wahrster Ausdruck, als ihre bleibende Präsenz noch über den Abschied und dort sogar über den Tod hinaus. Bei aller Modernität der immer ein bißchen wie in Schräglage dahersegelnden Melodie und Ästhetik des späten Puccini und seiner vorgetäuschten Walzer und sonstigen halbseidenen Reize: In diesem Punkte war er altmodisch und streng; die Würde dieses übers Opernhafte weit hinaus großen Gefühls, die ließ er sich nicht abdingen; auch nicht im Fall der leichtflügligen Schwalbe.

Die Bonner Oper, ansonsten akut in allerlei von außerhalb schwer durchschaubare Großskandale und Krafteklats verwikkelt, in denen auch noch der alte Mario del Monaco (gest. 1982) i.V. seines Sohnes und Intendanten Gian-Carlo z.T. eine hochobskure Rolle spielt – sie hat recht mit der Reanimation getan. Die Heldin trägt, ihr tenoristischer Gegenpart ist jedenfalls nicht viel haltloser als sein Prototypus Don Alfredo. Die Musik hat meist Substanz; was ihr und damit dem operndramatischen Sukzeß streckenweise schmerzlich mangelt, ist das bei Puccini sonst so ingeniöse Timing, die Dynamik der Proportionen, mithin die zwingende innere Bewegung. Leider hilft da auch Frau Domingo nicht viel nach. Die Vitalistischste ist sie wohl eh nicht. Vielleicht findet sie selbst kleinere Oper einfach viel zu kostbar, um sich an ihr auszutoben. Und da ist sie heute immerhin schon eine schätzenswerte Ausnahme.

Oder das kommt bei ihr noch.

Der Mutter frommer Brief an die Riviera beschleunigt in einer Fassung – nicht der in Bonn gebrachten – wiederum ziemlich traviatafixiert das Ende bzw. die Rückkehr der besserbelehrten Rondine. Irgendwarum wollte Puccini und seinem sonst so kongenialen Textdichter Giuseppe Adami diesmal kein ganz schlüssiger Schluß einfallen. Oder sie hatten einfach keine rechte Lust mehr. Nicht einmal mehr zur hier – wie in der »Bohème« – so naheliegenden, ja zwingenden melodischen Reminiszenz des 1. Akts, an den Walzer mit dem wunderbar refrainheiteren »Fanciulla, è sbocciato l'amore«, an das Mädchen, das für diesen Kuß selbstverständlich mit Tränen zahlt. Oder eben an das (selbst beim Rezensionsschreiben wird es ohrwurmsüchtig wieder vorstellig) hochselige Liedchen von Magdas Traum zu Dorettas Traum: diesen con dolcezza estrema zartleuchtenden, sich wie in leiser Ekstase emporschwingenden, sogar von einem gewissen amerikanisch-broadwaymäßigen Sound inmitten des üblichen Puccini-Idioms rhythmisierten melodischen Bogen, der da, beim zweiten »Ah! Ah!« um eine romantische Terz tonbuchstäblich exsultierend exaltierend, als der vielleicht hingerissenste, euphoristischste, jubilierendste Ton der gesamten Operngeschichte –

– aber das hatten wir wohl schon. Signifikant für die recht glücklose Geschichte dieser Oper nur noch, daß der betreffende Ton weniger an eine zwitschernde Schwalbe als an eine glatt eichendorffisch tirilierende Lerche denken heißt. Aber mit einer solchen »Lodoletta« war im gleichen Jahr, 1917, schon Konkurrent Mascagni dran. Und die Schwalbe von da an und wohl darum irgendwie mit Pech behaftet.

Was ein Quatsch

Zum (nicht nur) Wiener Wiederantritt von Carreras-Domingo-Pavarotti

Was die drei Tenöre José Carreras, Placido Domingo und Luciano Pavarotti dazu treibt, dieser Tage, 1996, zum dritten Mal nach dem Fußballweltmeisterschafts-Initial 1990 in Rom drei Mann hoch gemeinsam zum Solo oder auch zum Trio aufzutreten und herumzuröhren, das weiß im Grunde niemand, auch sie selber wissen's mit Gewißheit nicht. Denn alle Gründe, die man allenfalls dafür geltend machen könnte, haben sich schon nach dem ersten Mal erschöpft, sind längst gegessen bzw. weggehört: Die Überraschung über den seltenen und aparten und freilich etwas abartigen Klangreiz ist beim dritten Male absolut keine mehr; die angeblich so bewirkte Popularisierung von E- und zumal Opernmusik, die ja angeblich sonst immerzu abschrecken und abstoßen würde, schlägt als Argument nicht mehr durch, sondern sich selber knockout und virtuell die dergestalt vorgeblich geförderte Oper wahrscheinlich langfristig mit dazu; so richtig notwendig Geld brauchen die drei Super- oder, um genau zu sein: Mega- bzw. Metastars wahrscheinlich auch keins, denn notfalls kann sich Carreras in Wien und Zürich auf ordentlichen Opernbühnen noch als Samson, José und zur äußersten Not sogar als Turandot-Calaf über Wasser halten, ist Pavarotti außer bei seiner Sekretärin an guten Tagen sogar noch an der New Yorker Met ein gefragter Mann, überzeugt Domingo auf seriösem und höchstem Niveau auch meist noch in Salzburg oder in Bayreuth –

– was also treibt die drei nun abermals aufeinander und hinein ins schiere Unheil?

Domingo hat 1995 in einem »Spiegel«-Interview darum ersucht, man möge doch diesbezüglich und in Anbetracht der Werbung um die edle Sache Musik und Gesang nicht gar zu »puristisch« sein. Darum handelt es sich aber längst nicht mehr. Sondern es geht hier um die tendenziell totale Vulgarisierung einer Sache, die zwar schon immer ein bißchen affiziert war mit Vulgarität und Plebs, mit Lärm und Show, auch zu Mozarts und Verdis und Puccinis und Wagners und Mahlers Zeiten – die sich aber eben nicht exklusiv darin erschöpfte. Als nämlich das Essentielle von Oper und Gesang. Sondern als beider sogar hübsches Akzidentielles.

Braucht das moderne Musiktheater, sprich: die weltweit schon fast allhellige Diktatur der immer noch akuten, ja an Akutheit sich selbst liquidierend fortschreitenden Opernregietheateroper in derlei jenseits von Gut und Böse vor sich hin gurkendem Quark eine Art Kompensation? Oder sind die zwanzig, dreißig, vierzig Jahre lang zunächst ordentlich auf der Bühne Tätigen einfach von Langeweile überwältigt, so sehr, daß alle etwaigen Bedenken davor zerstäuben?

Warum Domingo mitmacht, ist sogar besonders unerfindlich. Denn anders als die beiden anderen Matadore, die längst jenseits des Zenits operieren und wohl wenig Alternativen sehen, ist jener ja noch immer ein guter Otello und im Zweifelsfall sogar Radames; und darüber hinaus ein ebenso ambitionierter wie noch verbesserungsfähiger Wagner-Tenorist und darüber hinaus ein ehrgeiziger Dirigent oder doch Dirigentenaspirant und neuerdings sogar Operndirektor in Washington – treibt ihn gleichwohl die alles überlagernde Langeweile der Zeit und speziell ihrer Kulturlebensabläufe in die Verzweiflung und ergo zum Unfug, zur offenkundigen Nichtsnutzigkeit? Sein kürzlicher Auftritt im Rahmen eines Met-Jubiläums und im – nach Wagner nun auch wieder – Mozart-Fach läßt doch eigentlich noch bessere Perspektiven zu; um es einmal im Stil der neueren Fußballprofis zu sagen.

Das Musikleben, die Musikindustrie und die globale Musikverwertung müssen insgesamt in einer erheblich desperaten Lage stecken – multifaktorell ausgelöst, aber vorzüglich selbst verschuldet, verschuldet durch eine in Jahrzehnten immer dichter werdende Mischung aus Hybris und Ignoranz. Und vor allem in der trügerischen Hoffnung, daß alles immer so und prima weitergehe. Jetzt aber fordert der Spätkapitalismus seine Opfer – wie die sozusagen identische Postmoderne mit ihrem allseitigen Credo des Anything goes auch hier. Schon mit Karajans Tod 1989 brach ein Teil der vermeintlich immerwährenden Musikbetriebs- bzw. Schallplattenabsatzsteigerungsrate so jäh wie andererseits absehbar in sich zusammen. Mit den »Tosca«-Schallplatteneinspielungen Nr. fünfzig bis sechzig nach bereits neunundvierzig bestehenden und häufig überlegenen stellt sich mehr als überzeitig das allzeit flott verdrängte Problem der Redundanz in der ohnehinnigen Überflußgesellschaft auch hier; und mithin das der schon längst mehr als ahnbaren Anfälligkeit des Systems bei noch immer hochgehaltener Scheinflora. Nutznießer der – ganz konkreten – Absatzstockungen sind momentan partiell und paradox die einfachen CD-Käufer, denn die anhaltende Angebotsinflation beschert ihnen sehr angenehme Inflationsfolgen in wahren Strömen erstklassiger Compactdiscs für gerade mal zehn Mark –

– aber die Musikwelt bleibt natürlich aus den Fugen, auch wenn der Bedarf an Musik-»Erlebnis« noch weiter steigt; Erlebnis viel weniger massenproduktiv (als CD, Video usw.) denn »live« – wobei sich die Sucht nach dem Unmittelbaren des Dabeiseins nochmals vermehrt mit dem Willen zum Wertvollen, Bleibenden, »Auratischen« überlagert? Und die Massenauftritte der drei angeblichen Best-Tenöre wären ein besonders heftiger Ausdruck dessen?

Kaum. Dabei ist der Grund für das offenbar anhaltende Publikumsinteresse an »The Three« nicht einmal ganz leicht auszumachen. Normalerweise schmückt sich der Bürger wie sonstwo bei seinen Konzert- und Opernbesuchen mit den großen Namen der Interpreten, die ja den Rezipienten auf eine so reziproke wie plausible Weise pro domo mit auszeichnen: wegen des Gelds, das einer offenbar für den teuren Glamour übrig hat; wegen seiner Qualifizierung als Kenner und Connaisseur. Der Besuch bei oder der Plattenbesitz von »The Three« schmückt aber eigentlich nicht, nicht einmal causa pecuniae – vielmehr er disqualifiziert eher. Wegen erkennbarer Dummheit, für den Quatsch auch noch Geld auszugeben. Ist das – jedenfalls in Deutschland – als Kulturgröße sprichwörtliche und unverzichtbare Lieschen Müller diesbezüglich resistent? Unbelehrbar? Fast könnte man auf die Idee kommen, der Sukzeß der Idee »The Three« danke sich – heute noch – auf eine etwas vertrackte Weise einer selffulfilling prophecy: Ein Veranstalter muß nur (wie wohl im Fall des jetzigen »The Three«-München-Konzerts geschehen) von Beginn des Kartenverkaufs an behaupten, die Chose sei schon ausverkauft, dann – ist sie's irgendwie auch. Notfalls haben halt, den Erfolgsmythos aufrechtzuerhalten, Carreras-Domingo-Pavarotti das ganze Kartenkontingent selber aufgekauft. Von dem Geld, das sie davon später wiederkriegen.

Wird hier gleichwohl gesungen aus irgend Freude an Musik? Nein, niemand freut sich, »Wien, Wien, nur du allein« als Terzett für drei Lirico-spinto-Tenöre und auf italienisch ist einmal hübsch (Rom 1990), dann albern. Freude an den schönen Stimmen, an deren befeuernder Konkurrenz? Ach was. Wird gesungen und vorher getrommelt, bloß um mitzuteilen, wo der Hammer in der auch tenoralen Konkurrenzgesellschaft hängt? Gesungen, ut aliquid fiat, damit überhaupt im Zeitalter Samuel Becketts noch irgendwas geschieht, und sei's noch so dünner Fadenschein von Sinn?

Entschieden sinniger scheint da schon, wenn ein ehemaliger Konkurrent unter den weltweiten Tenorissimi, Carlo Bergonzi, auch nicht mehr der Jüngste, sich selber im Zuge offenbar nicht mehr endender Abschiedssoireen in München, New York, Wien und Zürich immer wieder ausstellt und sozusagen dauerverewigt, mit einem dosiert strapaziösen und genremäßig gescheckten Programm, im Soloauftritt an einem jeweils »emotional aufwühlenden Abend« und sozusagen »im Gegenspektakel zu den Drei« (»Musik & Theater«) – mit siebzig und zuletzt sogar zweiundsiebzig Jahren dabei noch einmal ausholend zu einem »Trionfo di Zurigo« (Neue Zürcher Zeitung, Juni 1996). Aber Bergonzis Ökonomie, Geschmack und Distinktion sind eben den meisten seiner älter gewordenen Kollegen nicht sehr eigen – noch der ihnen zugeordneten Musikindustrie –, im Gegenteil: Schon kommt es zu so verzweifelten wie schamlosen Imitaten dergestalt, daß etwa die drei auch nicht mehr allzu taufrisch bühnenaktiven Sängerinnen Caballé, Bumbry und Marton als die »Drei Soprane« rumtrompeten; daß die Plattenindustrie einerseits »Die drei Bässe« (recht unbekannte Herren übrigens) ebenso verhökern möchte wie andererseits das landesübliche Tenöre-Album unter dem neuen Titel »Die dreimal drei Tenöre« (so gelangen auch

Wunderlich, Schock und der große Gedda noch mal ans Ziel, demnächst vielleicht sogar Gigli und Caruso). Die Dümmsten der nachwachsenden Dummen allerdings sollen offenbar geködert werden durch den jetzt häufiger zu beobachtenden Dreh: daß es zu Simulationstätern und gewissermaßen herostratischen Nachfolgezelebritäten und -kriminalitäten kommt in der Gestalt (z.B. in Frankfurt, Frühjahr 1996) eines »Festivals der Tenöre«, angeblich Stars der Mailänder Scala und der Arena di Verona, die werweiß sogar schon viel schöner singen als »The Three«, die aber halt nur den entscheidenden Fehler haben, daß ihre Namen niemand kennt. Und die aber dieses Manko mit schon verehrungswürdiger Verzweiflungskraft halbwegs wettmachen, indem ihre zutiefst verworfenen Konzertplakate, vom Schreititel abgesehen, auch noch schandbar auf eine etwas verwaschene visuell-figürliche Ähnlichkeit mit den drei Vulgärtenören spekulieren, nein: schon mehr spintisieren.

So wie ja auch die Reklame für Nudeln, Grappa und Asti Spumeranzotti längst, weil das leichter zu haben ist, von einem bärtigen Pavarotti-Double bestritten wird. Und die beiden letzteren Trösterchen haben wir bei alldem ja wahrlich auch immer dauerhafter nötig – mit echtem oder falschem Pavarotti: ist Wurscht.

Postskript:
Gern liest man in Kleinanzeigen (z.B. FAZ vom 6.7.1996), daß die »Drei Tenöre« bei ihren Auftritten in Wien, München und Düsseldorf nicht nur sich selber, sondern zudem auch Kleinaktionisten schädigten, die offenbar in großem Stil auf ihren Schwarzhandelskarten hockenblieben. Noch lieber freilich, daß sie am 3.5.2000 in der New Yorker Carnegie Hall zusammengekommen waren, den wegen Indisposition

gescheiterten Versuch des inzwischen fast sechsundsiebzigjährigen Carlo Bergonzi mitzuerleben, erstmals im Leben Verdis »Otello« zu singen: »All three of the Three Tenors were seated together in a box« (New York Times, 5.5.2000) – vielleicht erstmals in den letzten zwanzig Jahren ohne die Lockung von zwanzigtausend oder auch zweihunderttausend Dollar; zwar noch nicht aus künstlerischen Antriebsgründen heraus, aber immerhin schon aus den sportlichen des Nervenkitzels.

Das Genie und der Terrorist

Unziemlich daneben:
Jonathan C. Carrs Buch über Gustav Mahler

Der Verfasser liebt das Lapidare:
»Sein Leben lang hat (Mahler) Tausende von Briefen geschrieben.«

Das ehern Lapidare con brio:

»In wenigen stürmischen Jahren hatte er diese Einrichtung im Herzen des Kulturlebens der Stadt auf einen Leistungshöhepunkt geführt, den sie vielleicht nie mehr erreichen wird.« Trotz Karajan, trotz Thomas Muster. Denn: »Mahler war« – in Wien – »nicht bloß der geniale Dirigent und Direktor, sondern ein großer schöpferischer Künstler, für manche gar ein Heiliger.«

Nach Sätzen dieser hammerhaften Primitivgestalt beeindrucken Einblicke, die auch das Dialektische in Mahler, den »kräftigen Kontrast zwischen Tragik und Banalität« mitnichten überhören. Den haben zwar andere schon besser ausgedrückt, auch geht es genaugenommen bei Gustav Mahler weniger um den Kontrast als um ein konstitutives Ineinander, eine Legierung oder zumindest Amalgamierung, vielleicht um eine speziell österreichische Melange – aber egal, dialektisch geht's nicht nur in den Sinfonien, sondern auch im Theater zu:

»Mahler verachtete viel an der Oper, dirigierte sie aber, nicht zuletzt Wagner, ganz hervorragend.«

Und da hört man immer (und es stimmt auch insgesamt), daß die Engländer sich über Ernste Musik differenzierter ausdrücken können als die Deutschen und sogar die US-amerikanischen Konzertführer, die da auch noch dem letzten Cowboy Beethoven und Tschaikowski schmackhaft machen müssen – es geht aber auch so:

»Er identifizierte sich vollständig mit dem gerade vorliegenden Werk«, nämlich: »So vollständig klinkte sich Mahler in den ›Wunderhorn‹-Stil ein«, mit dem für ihn so typischen Einklink-Allegro. Mein Gott.

Denn bei Mahler handelt es sich nicht um »Gigantismus um seiner selbst willen, sondern um die Intensität des Suchens« – hier kommt also der gute alte Jargon der Eigentlichkeit und Innerlichkeit von der Insel herüber, die offenbar doch international zeitlose Journalschmach als Stil. Gleichzeitig ist Carrs Tonfall nur allzuoft von grandioser Plattheit: Aus sich holte Mahler »heraus, soviel nur ging«, dabei hatte er gleichzeitig »eine kaum abreißende Kette von Liebesaffären«, »schnarrend verlangte er absoluten Gehorsam« (Carr lauschte hinter der Tür auf das unverkennbare Knarr-Schnarren); allein »Mahler hatte Pech«, und also »stürzte sich Mahler in eine weitere Liebesaffäre, seine bislang verwickeltste«, in ein »Liebeserlebnis«, das »gewissermaßen als Bombe« »die Schleusen aufriß« – wie das wohl wasserpolizeilich durchgegangen sein mag?

Manches könnte an der Übersetzung liegen, aber die meisten Katachresen und Katastrophen gehen schon auf Carrs Kappe. Und auch vor allem Platitüden scheut der Biograph ganz und gar nicht: »Sämtliche Mahler-Sinfonien sind Annäherungsversuche aus verschiedenen Richtungen« – im Sternmarsch? – »an die größten Menschheitsfragen, die Bedeutung des Lebens und das Paradox des Todes. Manchmal geschieht der Klärungsversuch« – der die Sinfonien außer dem Küß-die-Hand-Annäherungsversuch auch sind – »ganz offen«; und jedenfalls für solch einen Stil- und Denkramsch führt Carr zu Buchbeginn sage und schnarre siebzehn Danksagungsadressen als geistliche Berater auf – es ist dies alles wie eine große Selbst- und Formparodie.

Phrasen, Phrasen bis hin zum vollkommenen Weltverschwinden läßt Carr, als ginge es um ein Gelöbnis, nicht eine einzige aus: »Mahler war sich im klaren, daß seine Musik ein Buch mit sieben Siegeln blieb«; worüber die Wiener Presse natürlich »schnaubte« (und eben nicht: schnarrte); und die zu Mahlers Amerikaabreise angerückten Schönberg, Berg und Webern sind selbstverständlich »das avantgardistische Triumvirat«, wo sie doch u. W. vielmehr die bekannte Wiener Menage à trois als Dream-Team der Moderne sind.

Eine Art Späthollywood als Glamoursound einer neuen und international konformen Allroundbiographik – bestenfalls kommt dabei wieder recht altmodisches Feuilleton heraus: »Obwohl Mahler als Ziel Wien fest im Auge hatte, mußte er sich vorläufig mit Prag begnügen.« Dabei hatten sich Mahler und Carr gerade darauf schon so gefreut: »Der stille Aussichtswinkel oberhalb von Grinzing hat ein besonderes Flair. Er überragt die Stadt weit genug, daß man die wichtigsten Wahrzeichen erkennen kann: das massige Opernhaus ...«

Es ist das populistische Stilflair des Fluidisch-Atmosphärischen, in dem das auratisch Alte, hier die Welt der großen Schaffenden, treuherzig wiedererstehen soll – oft als purer Kitsch: »Vielmehr brauste (Mahler) wie ein Meteor durch die Leipziger Szene« – gab's die damals wirklich schon, in der Prä-DDR-Zeit? –, später fand dann logisch Mahlers Begräbnis 1911 »an jenem sturmgepeitschten Nachmittag statt«, der die

Strafe war für all die Affären und Annäherungsversuche und Banalitätsbomben –

– es ist der offenbar unverzichtbare Ganghoferkonnex aus Wetter und Seele resp. Geniewesen, kombiniert mit dem nicht nur US-amerikanischen, sondern scheint's auch in England beliebten doppelten Hörmodell: 1. Viel Aufregung und viel Weiber machen stürmische Sinfonien. 2. Diese funktionieren nach der Regel Dur = Seelenfrieden, Moll = Zerwürfnis mit Alma oder Wien. Denn siehe: »Der Kampf zwischen Feuer und Wasser war gewissermaßen schon bei der Geburt in Mahler verankert und hat nie zu toben aufgehört« – und bei diesem Metaphernkatarakt wäre man ja doch zu gern mit dem Mahler-Zeitgenossen (und Sympathisanten) Karl Kraus dabeigewesen, um zu erleben, wie der Anker im kämpfenden Baby tobt.

Das dann etwas später »die deutschen Klassiker in sich hineinfraß«, während es gleichzeitig selbstverständlich über Don Quixote »Tränen lachte«.

Vieles ist unwillentlich komisch: »Die Deutschen als größte und mächtigste Gruppe fühlten sich hin- und hergerissen zwischen Franz Joseph in Wien und dem Bismarckschen Reich. Als Kind kann Mahler das im einzelnen kaum gewußt haben.« Obschon das Kind frühreif war: »Sicher empfand Mahler für seinen Vater andere Gefühle als für seine Mutter« – wann und wo aber hat es das nun wieder seinem neuen Biographen gesteckt?

»Belassen wir es also bei der Feststellung« (Carr), daß man nach wie vor nicht alles weiß, daß man auch nach der allerneuesten inständig hingeschluderten Instant-Biographie des fünfundfünfzigjährigen englischen Journalisten Jonathan C. Carr, der zuvor seltsam genug auch schon mit einer buchförmigen Helmut Schmidt-Huldigung hervorgetreten war, über Mahler nichts ganz Gewisses weiß. Dabei hätte »The Real Mahler«

(Originaltitel, 1997) beinahe einige Verdienste; dabei hätte eine sinnige Mahler-Gesamtdarstellung im Augenblick durchaus gutgetan:

Der späte und weltweite und nach dem Zweiten Weltkrieg sich erst so recht massierende Exzessiverfolg Gustav Mahlers, er dürfte sich zu großen Teilen und nach wie vor dem schieren Mißverständnis danken: als Anbetung von Leistung i. e. Größe i.e. der puren Länge – die dicksten der neun bzw. zehneinhalb Sinfonien erreichen neunzig Minuten und mehr und gebieten über allzeit maximalen Orchester- und Choraufwand –, und insofern war und wäre der Breitenerfolg gar kein Mißverständnis, sondern Sache und Echo sind doch eben ziemlich eins und identisch: Nichts adoriert ein spätkapitalistisches Publikum so innig wie die Kausalitätsschaukel Aufwand-Leistung-Erfolg. Bei Mahler tritt steigernd hinzu der purifikatorisch-parareligiöse Gestus fast aller seiner Musik, wie er dann etwa als modernes Märchen in der Vereinnahmung des Komponisten, speziell seiner Auferstehungs-Zweiten, durch den exklusiv diese dirigierenden Wallstreet-Börsenmann Gilbert Kaplan mündet: im Grunde die reaktivierte Religionsideologie von Kunst.

Neben dieser Anmutung besonderer Prätention aus Kraft und Länge und Weihe trug zu Mahlers Späterfolg (allerdings gab es auch den frühen; dessen Ausbleiben war immer schon Mahler-Mythe und Legende) ihre aposteriorische und für nachwachsende Ohren anheimelnde Affinität zu breitcolorierter Filmmusik bei (genaugenommen hat sie diese, umgekehrt, schwer animiert) – in der Summe: wo noch »vor fünf Lustren« (Willi Wüllenweber) einem befremdeten Frankfurter Musikchef Georg Solti den Mahler erst ein Adorno hat nahe- und beibringen müssen, da prangt dieser heute, laut Platten- und Konzertstatistik, als der beliebteste und kurrenteste aller (!) Sinfoniker, an dem schon darum kein ehrgeiziger Großdirigent vorbeikommt; als Kanon, praktisch als sakrosankt.

Schon deshalb also verdienstvoll, wieder nachzufragen, ob das einstige Mahler-Klischee von der größenwahnsinnig gewordenen Kapellmeistermusik eben vielleicht doch nicht so ganz verkehrt war und ist; es kann die Einsicht nicht schaden, daß beispielsweise der Schlußsatz der Siebten schon ein rechter Schmarren ist; daß die bekannte Hans Pfitznersche Ranküne hinsichtlich des »Veni Creator Spiritus« der Achten – »Aber wenn er halt nicht kommt?« – eventuell auch ans durchaus dubiose Auferstehungspathos der Zweiten zurückzurichten wäre; daß Mahlers Kunstmoderne einem im Kern recht altbackenen Geniegetue gehorcht – veranstaltet allerdings ganz fraglos von einem Genie, mindestens von einer superieuren und singulären Kraftnatur. »Alles muß Überlebensgröße haben« bei Mahler, so einst halb staunend, halb spottend und synchron zu Schönberg der Kritiker Ernest Newman – allein: Gerade wer größte Teile des sinfonischen Riesencorpus schätzt und liebt, dem schadet die Erleuchtung keineswegs, daß das Werk Mahlers auch seine Leerläufe hat, sein Kunstobskurantisches; daß die Mahlersinfonie und der nachmals nochmals entfesselte Profankult um den »heiligen Menschen Gustav Mahler« (so eine Grabkranzschleifeninschrift) partiell nur ganz stupiden altneuen Kapitalverwertungsinteressen pariert, nach dem erwähnten Schema lang = groß = erfolgreich = wiederum ertragreich. Und immer wieder rundet sich's dabei zum Mißverständnis, zur Mesalliance: Mahlers sozusagen global favorisiertestes Stück ist eins seiner eher flachsten: das Adagietto aus der Fünften – spätestens seit Viscontis ziemlich wüstem Mahler-Thomas Mann-Gebräu »Morte a Venezia« von 1970 ist es zur Animiermusik für etwas sklerotische Jungverliebte heruntergekommen; nicht einmal ganz zu Unrecht.

Hier, in dieser aktuellen öligen Grauzone, hätte Carrs Buch ansetzen sollen, hätte neue Optiken und werweiß Erkenntnisse gewinnen können; und, der Gerechtigkeit halber sei es nicht verhehlt: Es tut es gelegentlich auch, ist wißbegierig und manchmal nah an neuer Wahrheit dran. Etwa in der Demontage des schon frühen Geniekults um Mahler als eines wild tanzenden und fuchtelnden Übermenschen; eines E. T. A. Hoffmannschen Dämons auch; der aber als Imago von Heimatlosigkeit auch wieder stimmt; dem nämlich »das österreichische Idiom« (Adorno) ähnlich wie seinem Nächstverwandten Karl Kraus eben doch nie »Heimat« wurde. Recht hat Carr auch mit seiner Distanz zu der schon von Richard Strauss als überinstrumentiert gewitterten Sechsten, gleichfalls mit seiner Neigung zu ihrem allerdings wieder überwältigend schönen und unheimlichen Scherzo, »kleine Kinder torkelnd durch den Sand laufend« (Mahler) – in diesem Passus wird spürbar, daß Carr sogar wirklich ein Ohr für Musik und Mahler hat.

Den die Eingebung als Welterkenntnis im Sinne seiner »Weltanschauungsmusik« (Hermann Scherchen) allzeit »wie der Blitz« trifft, nicht nur bei seiner Zweiten; der laut Natalie Bauer-Lechners Erinnerungen von 1923 Orchestermusikern gegenüber sein Amt in dem »Terrorismus« ersah, »jeden einzelnen (zu) zwingen, aus seinem kleinen Ich herauszufahren«: der war als Künstlertypus Terrorist weit noch über dies vielleicht zufällige Diktum hinaus. »Gewaltlose Gewalt«, differenziert Adorno an Mahlers Sinfonie – aber es ist nicht nur das: Musikzelebration, Musikprätention und Musikpräsentation selber nehmen bei Mahler, noch über Bruckner hinaus, Züge eines Diktatorisch-Terroristischen an: Wie im italienischen Futurismus Bezüglichkeit zu präfaschistischen Ideengebilden besteht, so wird in Mahlers Gigantomanie mal Blitz mal Terrorismus eine entfernteste Ähnlichkeit mit dem dummen und jüngeren Braunauer Landsmann erahnbar, hier wie dort als eine alles andere als lupenreine, vielmehr heiligmäßig g'schlamperte Persönlichkeitszurüstung – und abermals kommt Bauer-Lechners Anekdote über die Steinbacher Attersee-Zeit von 1895 der Sache nahe: Beschwerdeführende Bauern habe man hinsichtlich des im »Schnützelputzhäusel« komponierenden Mahler mit Bier und der Versicherung beruhigt: »Der Herr ist nicht ganz richtig im Kopf.«

Der Wille zur Entheiligung, er wird an vielen Stellen von Carrs Buch angenehm spürbar, gegen die waltende und wohl noch zunehmende Heiligmäßigkeit. Kenntlicher als in manchen anderen Mahlerbüchern, inklusive dem Adornos, mit ihrem gar zu herrscherlöblich-hagiographischen Hochton ersteht über eine mehr pragmatische Optik die durchaus zwiefältige Gestalt Mahlers, der Karrierist und Opportunist, der zuweilen widerliche Taktiker, der »workaholic«, der Autoritär und Kunstfetischist, der Polizist und eben Terrorist, was alles Mahler außer dem Genie und Großgenie auch und maßlos war, als ein letzten Endes frappant obsoleter Künstlerarchetypus. Hier vermag Carr manches zurechtzurücken. In Anflügen von Aufklärung verwehrt er es sich dabei auch, aus Charakter und Vita ein Werk erklären zu wollen – und verfällt doch schon im nächsten Satz wieder der unausrottbar altvorderschen biographistischen Methode. Und sei's über der nutzlosesten aller Fragen, ob das genannte Adagietto ein »Portrait« Almas sei; jener gespenstisch törichten und distinktionslosen und aber musikalisch sehr begabten Ehefrau, der Mahler schroff alles Komponieren untersagte – diesem idealtypischen Männerunheil hätte Carr ruhig genauer nachgehen dürfen.

Er begnügt sich zumeist aber lieber mit einem rätselhaft platten Bequakeln der Werke; dabei deutet sich ihm deren Architektur z. B. so: »In der Fünften legt Mahler zwei ausgeprägte Alternativen an. Erst breitet er die schlechte Nachricht aus, dann macht er abrupt im Scherzo kehrt, als wolle er sagen: ›Achtung, man kann das alles auch anders sehen.‹« So tönt, wie im Late-Night-Fernsehen, »der ausgekotzte Jargon« (Karl Kraus 1925) einer globalamerikanischen RTLisierung allen Lebens, es ist wie der Pesthauch einer pro forma simulierten Aftersprache. Auch wenn trotzdem nicht jeder Talkshow diese Conclusio des Gedankens dann gelingen dürfte: »Der Philosoph, der einem da einfällt, ist der Däne Sören Kierkegaard.«

Nicht der Deutsche Friedrich Schorlemmer? Was ein Quatsch.

Leider, nicht alles in Carrs Schrift ist von dieser abscheulichen und aberdummen Art, zuweilen machen sich richtige und sogar witzige Einsichten breit. Zu Recht akzentuiert der Biograph auch das Anekdotische um Mahlers Werk und Leben – es gehört wohl zu ihm und zum integral Österreichischen. Gegen Adornos zuweilen allzu pretiösen und zaunpfahlwinkend besserwisserischen, ja g'scheiterlhaften Duktus wäre gewiß mancherlei vorzubringen, und ein Buch wie dieses könnte ein gesunder prosaischer Gegenentwurf sein. Sobald Carr aber tatsächlich einmal über Adornos Mahlerbuch und dessen »sich trübe dahinquälende Prosa« (!) her sich macht und anlegt, wird's schon recht absurd; zumal dann, wenn der Engländer erneut dem steinalten Unfug verfällt, der Adornoschen Deutung der Vierten Erklärungen Mahlers darwiderzuhalten. Als ob nicht alle besseren Komponisten oberhalb ihrer eigenen Sinngebung komponierten. Und unterhalb drüber redeten.

Manchmal, den Kreis zu runden, herrscht beim »hervorragend recherchierenden« (Verlagsreklame) Mahler-Forscher Carr die schon blanke Ahnungslosigkeit des Helmut Schmidt-Kenners: Der von Mahler 1892 in Hamburg dirigierte Millöckersche »Bettelstudent« ist keineswegs, wie Carr allzu großkariert wähnt, ein »seichtes Stück«(!!); sondern eins der zehn vollkommensten des Weltmusiktheaters überhaupt. Aber auch das hat sich nach hundertachtzehn Jahren halt noch nicht bis nach London herumgesprochen.

***Jonathan C. Carr**, Gustav Mahler. Biographie.*
Aus dem Englischen übersetzt von Hermann Kusterer.
München 1997, 352 Seiten.

Millöcker-Mahler-Krakau

In seinem auch sonst recht ahnungslosen und frappant schlecht im Stile der internationalen spätkarlkrausischen Journalpest heruntergeschriebenen Buch »The Real Mahler« (München 1997) notiert der englische Biographensimulant Jonathan C. Carr, Gustav Mahler habe in seiner Hamburger Zeit auch manch »seichtes Stück« dirigiert, wie etwa den Carl Millöckerschen »Bettelstudenten«; was aber natürlich nicht stimmt, denn erstens verwechselt den der Carr gewiß mit dem »Vetter aus Dingsda«; zweitens ist auch der, gemessen an Carrs Prosa, keineswegs so ganz seicht; drittens ragt der »Bettelstudent« im Gegenteil als eines der zehn vollkommensten Stücke des Weltmusiktheaters überhaupt heraus; unter den komischen Werken bzw. Operetten ist er vielleicht sogar knapp vor der »Fledermaus« das superieure.

Nur hat sich das nach hundertachtzehn Jahren noch immer nicht bis nach England herumgesprochen.

Offensichtlich auch nicht bis nach Polen. Daß die Polen den »Bettelstudenten« noch immer nicht zu ihrer Nationaloper gemacht haben, obwohl er im Gegensatz zu dem Opernschmarren ihrer Szymanowski und Penderecki thematisch im Sinne des heroischen polnischen Befreiungskampfes wider die frechen Sachsen ausgezeichnet liegt und obwohl er drittens in Polens schönster Stadt, Krakau, spielt, zentral an deren schönstem, dem Marktplatz: das dürfte gleichfalls entfernt mit dem zusammenhängen, was dem Carr als Halberinnerungsdefekt zum Schaden gereichte – er ist einfach zu komisch und lustig und in den Ensembleszenen z. T. sogar noch über Mozarts Bestes hinaus kunst- und schwungvoll. Und ergo: nicht pathetisch und prätentiös genug.

Erst in zweiter Linie damit, daß der Kompositeur Millöcker irgendwie halt kein rechter Pole war.

Aber immerhin Krakau zur Zeit der Uraufführung der Operette wieder mal österreichisch …

Ach, darum.

Mozarts »Zauberflöte«

*Nachwort zu einem Kinderbuch von Michael Sowa**

Wenn eins »Papageno« heißt, dann ist das ja eigentlich schon ganz schön komisch. Wenn dann seine Braut »Papagen*a*« heißt, noch komischer. Wenn diese dann den Namen ihres Bräutigams »Pa-pa-pa-pa-ge-no« stottert, dann ist es schon kaum mehr auszuhalten. Und wenn dieser Bräutigam »Pa-pa-pa-pa-ge-na« zurückstottert und das Ganze alsbald in einen Wortsalat und Echo-Duett-Verhau aus »Pa-papapapa-geno«/»Pa-papapapa-gena« und immer wieder »Geno-gena-geno-gena« usw. übergeht, dann ist es vor Lachen schon ganz aus.

Zumindest im Parkett. Im Parkett sonst recht vornehm tuender Opernhäuser und sich dick machender Opernhausbesucher in Frack und Smoking und im Abendkleid. Das heißt, heute ist es da gar nicht mehr so schlimm – heute kann man notfalls auch in Alltags- und Arbeitskluft und Bluejeans ins Opernhaus gehen, und viele tun das auch; manche sogar absichtlich und extra, um die anderen, die opernmäßig Angezogenen, zu ärgern oder, wie das dann häufig heißt, zu »provozieren«. Also in gewisser Weise die typisch Bürgerlichen in

* Michael Sowa, Prinz Tamino, Berlin 2000.

einem Opernhaus als typische Proleten zu verärgern und vielleicht gar zu vergraulen, Proleten wie nämlich der Vogelfänger Papageno und seine zukünftige Vogelfängerin Papagena, und damit wären wir wieder beim Thema, dem Unterschied von Hoch und Tief. Und daß man das manchmal zur ersten Unterscheidung eben schon an den Namen erkennt:

Anders ist es nämlich mit »Tamino«. Der ist nämlich erstens sogar noch höher als die Bürger im Opernhaus, nämlich Adeliger, nämlich Prinz. Zweitens stottert er schon deswegen nicht, und drittens hat der deshalb auch keine stotternde Braut Tamina. Sondern diese Braut hat als Prinzessin, nämlich als rechtmäßige Tochter einer sternflammenden Königin der Nacht, natürlich einen eigenen Anfangsbuchstaben und heißt also logisch »Pamina«. So wie eben im Leben der Müller Max zwar seine Marie und der Chefinformatiker Jens-Rüdiger seine Jennifer-Regina hat, niemals aber ein Prinz Peter eine Petra, sondern der heiratet immer eine Berta (mindestens!), ein Bernhard natürlich keine Bernhardina, sondern eine Gerhardina; und ein Prinz Richard von Löwenherz halt auch keine Ricarda, sondern eine Liesl.

Wir erinnern uns: Liesl von Löwenherz, klar.

Denn merke zusammenfassend: Nur Diener, Vogelfänger und sonstige Proleten stottern und teilen den Anfangsbuchstaben. Prinzen und Prinzessinnen teilen aber grundsätzlich nichts. Keine Mahlzeit und kein Geld. Außer in der ersten Zeit auch nicht mal das Bett. Sondern bloß ihre Vornehmheit.

Jedenfalls in der Oper.

Bevor es in dieser Oper aber soweit ist und alle vier – zweimal zwei – sich kriegen und »gefunden haben« (wie man in den vornehmeren Kreisen sagt), findet noch einiges an Arien und Chören, Tutti-Ensembles (das ist, wenn ziemlich alle miteinander singen) und Koloraturen (das ist, wenn die Stimmen möglichst wild und sinnlos durch die Luft fahren) sowie Fanfaren (das ist, wenn's kracht und schmettert) statt. Es sind ziemlich viele, überdurchschnittlich viele Leute, die in dieser Oper – beinahe hätten wir ihren Titel vergessen: »Die Zauberflöte« von Wolfgang Amadeus Mozart – mittun, mehr als sonst meistens in der Oper. Und auch den Rest der singenden Belegschaft kann man schon ganz gut an den jeweiligen Namen erraten. Das heißt, man kann ziemlich ahnen und erraten, ob es ein hoher Regent oder mehr ein armer und dummer Diener ist, ob man bei ihm mehr andächtig zuhören soll oder doch mehr (wenn auch in der Oper, bitte, mehr leise als lauthals) lachen darf:

Der Mohr (heute meist sog. Neger oder Schwarzer) »Monostatos« ist wohl schon wegen seines etwas verhauten Namens wieder mehr zum Lachen – damals, als Mozart und sein Textdichter Emanuel Schikaneder ihre Oper »Die Zauberflöte« schrieben, war es außerdem noch richtig üblich, über Mohren und Neger schon mal vorab und immer wie automatisch zu lachen. Das heißt, man durfte das damals noch, vor allem die ja überwiegend Weißen im Opernhaus – heute ist das meistens verboten, und man nennt es Rassismus. Und: Rassendiskriminierung. Auch wenn es beim Mohren Monostatos von Mozart und seinem Textdichter nicht so bös gemeint war. Sondern fast im Gegenteil: Vielleicht zum allerersten Mal in der Opern- und Theatergeschichte wird dem Publikum hier mitgeteilt, daß Mohren auch Liebesgefühle und -bedürfnisse haben. Vorher wußten das die dummen Weißen im Parkett wohl noch gar nicht.

So oder so dürfen sie aber über den Namen »Monostatos« trotzdem wieder möglichst laut lachen. Vielleicht wegen seiner Ähnlichkeit mit »Monstranz« oder »Monopol«. Oder jedenfalls »Mondschein«. Von daher täte der Monostatos aber noch besser wohl »Monostappados« oder »Monosdepperl« heißen. Aber das wäre dann auch für das moderne und tolerante Publikum vielleicht doch wieder gar zu rassistisch und blöde.

Der Chef des Monostatos wiederum aber heißt »Sarastro« – hieße er zufällig »Sarotto«, wäre das erneut mehr ein Name für einen Mohren. Sarastro aber ist Priester, eine nicht ganz eindeutige Art Hoherpriester und Oberhaupt einer ziemlich seltsamen Priestergemeinschaft, bei der es wohl auf die damals (vor gut zweihundert Jahren) sehr einflußreiche Freimaurerei hinausläuft –

– für seine besondere Feindin, die »Königin der Nacht«, ist Sarastro freilich bloß ein »Bösewicht« (und müßte von daher vielleicht besser Dr. Sarazenodiabolo-Frankenstein oder so ähnlich heißen) –

– umgekehrt plant Sarastro, diese Königin der Nacht und ihr allgemeines »Blendwerk« als ein Reich der Hölle zu stürzen und zu vernichten und statt dessen seine »Tempel der Weisheit« auch dort zu errichten. Diese Königin der Nacht – übrigens die Mutter der schon vorgestellten Pamina, womit die dramatische Handlung langsam in Gang kommt – hat seltsamerweise überhaupt keinen Namen bzw. Vornamen: Vielleicht ist sie einfach zu böse dafür, vielleicht hat es der Textdichter Schikaneder nur einfach in der Hektik der ja schon gleichzeitig beginnenden Proben-Einstudierungsarbeit vergessen, ihr einen zu verpassen. Wenn wir hier das für ihn nachholen sollten, dann würden wir dieser »sternflammenden« bösen Königin vielleicht den erkennungszeichenmäßigen Code-Namen »Herkuleanina« geben. Oder vielleicht noch besser und gemeiner »Judith-Klythämnästra« oder zusammengezogen »Judithestra« – beides Frauennamen aus dem sogenannten klassischen Altertum und zudem hochgebildet anspielend auf den Jesus-Verräter Judas aus der Bibel. Wie leicht einzusehen, sind ja die Namen in der Oper auch von daher ganz wichtig, daß sie schon über allerlei gelehrte oder auch geschraubte Anspielungen die Guten und die Bösen ein bißchen bezeichnen und vorsortieren – und das ist aber gerade bei der »Zauberflöte« gar nicht so ganz leicht: Ein beträchtlicher Teil ihres Personals bleibt moralisch bis zuletzt ziemlich unklar und hat es vielleicht deshalb auch zu gar keinem eigenen Namen gebracht, wie etwa die drei angestellten »Damen« der Königin der Nacht oder jene »zwei Priester«, die da im Auftrag von Sarastro den Tamino und den Papageno bei ihrer schweren Prüfung und Bewährungsprobe begleiten und sie dabei streng beobachten –

– genug, spätestens hier wird aber klar, daß wir uns allmählich, ja eiligst dazu bequemen müssen, die gesamte Geschichte und Handlung rund um diesen Prinzen Tamino und den Gewinn seiner Prinzessin möglichst ordentlich zu erzählen, samt dem von den gescheittuenden Erwachsenen und Opernbesuchern und musikwissenschaftlichen Universitätsprofessoren häufig sogenannten Ideengehalt (meint: was letztlich der Sinn des ganzen Riesenaufwands an Sängern, Choristen, Orchester, Dichter, Komponist usw. ist). Doch siehe: Leider ist das gerade in dieser »Zauberflöte«, obwohl sie doch hie und da als ausgesprochene Kinderoper gilt (d. h., man kann da schon mal versuchsweise einen Vier- oder jedenfalls einen Dreizehnjährigen reinschicken), überhaupt nicht leicht:

Das Ganze beginnt jedenfalls (nach einer relativ kurzen und schmissigen Ouvertüre = Eingangsmusik bloß für Orchester) damit, daß der offensichtlich recht ziellos herumirrende Prinz Tamino von einer riesigen Schlange – meint: einem Drachen – getötet und aufgefressen werden soll. Die dann aber, nachdem der Prinz vor Angst in Ohnmacht gefallen, im letzten Augenblick von drei herumschweifenden Damen erstaunlich mühelos erlegt und erledigt wird. Diese drei Damen haben ihre verblüffende Kraft aber offenbar als Fernsteuerung von der schon vorgestellten mächtigen Königin der Nacht, in deren mehr oder weniger klarem Auftrag sie den Prinzen Tamino mit einem Paßfoto oder so ähnlich in ihre Tochter Pamina verliebt machen, Knall auf Fall verliebt machen. Weniger damit die endlich mal unter die Haube kommt, sondern damit der Prinz sie, Pamina, von jenem uns bereits bekannten Feind Sarastro zurückhole, der sie einst geraubt hatte; vielleicht um sie so den Fängen des Bösen zu entreißen und sie dann zur Priesterin in seinem Sinn zu machen – vielleicht auch, um sie selbst zu heiraten (»Pamina«/»Sarastro«: auch das ginge natürlich vom bloßen Namenssound her gut an), das wird aber nämlich überhaupt nicht so ganz klar und im Verlauf der Oper sogar immer unklarer.

Auch kriegen wir beim Zuschauen und Zuhören erst so allmählich mit, daß die Königin der Nacht eigentlich grundböse und fast eine Hexe ist. Am Anfang haben wir sie nach ihrer ersten und unheimlich schwer zu singenden Arie ja eher für die Gute gehalten und den noch nicht persönlich aufgetretenen Sarastro für den (im Theater und in der Oper immer notwendigen) Bösen – Pamina selbst ist als ihre einzige Tochter noch kurz vorm Ende der ganzen Oper davon überzeugt, daß ihre Mutter im Kern gut ist, auch wenn sie ihr da nun selber einen Dolch zusteckt, mit dem sie, Pamina, den Sarastro töten soll, nachdem Tamino (jedenfalls in den Augen der Königin) diesbezüglich ganz jämmerlich versagt hat, nämlich im Gegenteil grad dabei ist, die Priesterprüfung bei Sarastro abzulegen und sogar zu bestehen.

Möglicherweise, so entsteht in uns bald ein Verdacht, wußte der Textdichter Schikaneder in dieser Oper selber nicht so recht, was er eigentlich wollte, wer die Guten und wer die Bösen sein sollen – dieser in Wien lebende Bayer Schikaneder hatte als Theaterdirektor ja immerzu tausenderlei im Kopf, vom Künstlerpersonal bis zu den publikumswirksamen Stoffen, von der häufig leeren Theaterkasse bis zu den Verhandlungen und Verträgen mit den unterschiedlich fähigen Sängern und nicht zuletzt auch mit dem Komponisten Mozart. Werweiß, brachte er da am Ende seine eigene Oper mehrfach durcheinander und kehrte das Unterste zuoberst und vergaß einfach die schon angeleierten Plots (so nennt man das aber erst heute), also die Handlungsfäden und Personen- und Sinnstrukturen (so nennt man das bei den geistig-seelisch Bessergestellten). Daß alles in dieser vielleicht auch deshalb sogenannten Zauberoper »Zauberflöte« derart durcheinandergeht und z. T. immer unklarer wird, das lag und liegt aber vielleicht nicht an Schikaneder allein (und schon gar nicht an Mozart, der war zwar damals, mit fünfunddreißig Jahren, noch immer ein Bruder Leichtfuß und Filou, aber sonst absolut klar im Kopf!). Sondern z. T. wohl auch am Sinn, an der Idee, am sogenannten Ideengehalt (so nennen es die intellektuell Bestgestellten) der scheint's so heiter-harmlosen, fast kindlichen Oper selber:

Einerseits handelt Taminos Brautgewinnung nämlich auch und unüberseh- und unüberhörbar von ganz hohen Dingen, also von priesterlichen Religionsgemeinschaften und in der Folge davon sogar noch von einer neuen und erneuerten Weltordnung, wie sie eben von Sarastros Reich ausgeht; in dem man heute und schon damals bei der Wiener Uraufführung am 30. September 1791 Züge ebenso der seinerzeit sehr einflußreichen Freimaurerei erkennt wie die altägyptische »Isis und Osiris«-Götterverehrung, von der Sarastro und seine Priester einmal im zweiten Teil der Oper sehr feierlich singen. Sondern darüber hinaus geht es in dieser Märchen- und Abenteuer-Story auch noch vornehmlich um eine ganz merkwürdige Sache, die nicht nur fast alle Erwachsenen im Leben kennenlernen, sondern auch früh schon alle Kinder, jedenfalls die begabteren und sich selbst ein bißchen beobachtenden: Es geht in dieser Oper fast durchweg um den Gefühlszwiespalt, um die Wechsel- und Launenhaftigkeit von Gefühlen. Auch der scheint's ehernen und beständigen. Es geht in der »Zauberflöte« auch und vor allem um das, was die allerintellektuellsten und oberschlaumeierischsten unter den Erwachsenen »Gefühlsambivalenz« nennen.

Was das ist, ist viel weniger schwer zu verstehen, als das Wort auf Anhieb klingt. Jeder kennt es, auch ein jedes Kind (spätestens ab fünf Jahren): daß es nämlich mit den Gefühlen oft mächtig hin und her geht, richtungs- und regellos und manchmal direkt chaotisch – und man weiß oft nicht recht, was ernst zu nehmen und was einfach mehr nur doof ist und flach – und genau davon handelt jene »Zauberflöte«:

Auf eine z.T. richtiggehend raffinierte und verblüffende Weise. Zum Beispiel: Der uns schon wohlbekannte Papageno ist nicht nur von Berufs wegen Vogelfänger; sondern, so wie seine ihm später zulaufende Papagena, selber halb Vogel und nur zur anderen Hälfte Mensch – beide wohl wegen ihres Dauerumgangs mit Vögeln (man sagt ja auch: wie der Herr, so das G'scherr – und umgekehrt!) – und so wie ja aber auch (ist dir das schon mal aufgefallen?) Ehe- und Elternpaare sich wegen des Dauerumgangs miteinander manchmal im Lauf der Jahre irgendwie immer ähnlicher werden –

– aber: Grad um die Liebe und Gefühle dieser beiden in der Oper gesellschaftlich am tiefsten stehenden, wenn auch vom Start weg sympathischsten Figuren –: wegen denen braucht man sich am wenigsten Sorgen zu machen. Die beiden sind mit sich eins und einig und bleiben wohl ganz sicher ein Leben lang beieinander und mit ihren etwas schlichten und eben etwas tierchenhaften Gefühlen voll einverstanden mit sich selber.

Nicht ganz so kraftvoll schaut es etwas verwunderlicherweise mit der angeblich ja so edlen und also beständigen Prinzessin Pamina aus. Nicht bloß singt sie ihr erstes Duett, ein richtiges kleines Liebesduett, keineswegs mit dem ihr noch vom Ansehen her unbekannten Prinzen Tamino. Sondern, auf dessen Erscheinungsankündigung und Brautwerbungsvoranmeldung hin, sie singt es mit Taminos künftigem Diener, eben mit dem Vogelfänger Papageno – den sie dabei fast wie ihren Lover neben sich sitzen hat, während sie doch offensichtlich dabei an Tamino denkt – den sie offenbar dabei ganz ungeschaut = unbekannt liebt! Auf dessen Fern-Werbung hin? Weil sie weiß, daß das, wenn schon sonst nichts, jedenfalls ein Prinz ist? Weil sie halt einfach – irgend jemand irgendwie lieben möchte?

Pamina sagt es da zum Duett ihrem Postillon d'amour Papageno ja auch ganz direkt, daß es ihr eigentlich weniger um diesen Tamino als um die Einbildung, um das Wörtchen »Liebe« letztendlich, geht:

»Er liebt mich also?«, fragt Pamina träumerisch den Vogelfänger, »O sage mir das noch einmal, ich höre das Wort Liebe gar zu gerne.«

»Das glaub ich«, kontert Papageno kalt und lebenskundig, »bist ja ein Fräuleinbild!«

(So, mit diesem kuriosen Wort, steht es im Urtext – heute ersetzt man das altmodische »Fräuleinbild« bei Aufführungen natürlich immer durch das aber weniger lustige »Mädchen«.)

Allerdings auch Tamino bei seiner ersten und bekannten Arie, »Dies Bildnis ist bezaubernd schön«, packt es ja kaum besser an – er verliebt sich nach ziemlich genau 1,8 Sekunden in eine Art ölgemaltes Paßfoto, oder glaubt es jedenfalls, daß dies nun die wahre Liebe ist:

»Dies Bildnis ist bezaubernd schön,
Wie noch kein Auge je gesehn,
Ich fühl es, wie dies Götterbild,
Mein Herz mit neuer Regung füllt.
Soll die Empfindung Liebe sein?
Ja ja, die Liebe ist's allein.«

Frauen und Fräuleins, das weiß man und wußte es schon zu Mozarts und Schikaneders Zeiten, wollen nur halt irgendwen oder irgendwas lieben – der Gerechtigkeit halber legen Librettist und Komponist aber Wert darauf, daß das den Männern (hier: Tamino) im Prinzip ganz genauso geht. Insgesamt freilich bekommen Frauen bzw. Weiber in dieser Oper doch die mehrere Schelte, ja richtig Prügel ab – wäre die Oper erst heute komponiert und uraufgeführt worden, dann hätte man sicher auf ihre frauenfeindliche Grundhaltung geschimpft; jedenfalls in gewissen besonders frauenemanzipatorischen Kreisen. Selbst und vor allem der angeblich so weise Sarastro hat ziemlich verstaubte, ja richtiggehend zurückgebliebene Sprüche drauf:

»Ohne Mann pflegt jedes Weib aus ihrem Wirkungskreis zu schreiten«, informiert er hohepriesterlich die ihm dabei gläubig Zulauschenden – und sein Unterchef, der Sprecherpriester, belehrt schon vorher den Tamino: »Ein Weib tut wenig, plaudert viel, du, Jüngling, glaubst dem Zungenspiel.« Das Damentrio der Königin der Nacht giftet zwar etwas später zurück und den beiden Prüflingen Tamino und Papageno zu:

»Man zischelt viel sich in den Ohren
Von dieser Priester falschem Sinn!«

(Ganz schnell und eben zischelnd muß das von den drei Damen herausgegiftet werden, so flink, daß es zum Zungenbrecher wird und man's beim Singen kaum zuwege bringen kann) –

– und bald zeigt sich auch der Prüfling Tamino, nun dem

zweifelnden Papageno gegenüber, gelehrig und priesterhörig und entsprechend schon hirnwäscheverseucht männerbündlerisch und weiberfeindlich:

»Sie« – die Königin der Nacht – »ist ein Weib, hat Weibersinn!«

Was aber ist das nun eigentlich für eine merkwürdige Prüfung, welche die beiden da unter der wohlwollenden Obhut Sarastros ablegen müssen? Nun, auch da ist wohl manches recht unklar. Einerseits geht es dem Prinzen Tamino einfach darum, Pamina zu gewinnen, oder ging es jedenfalls – im zweiten Teil der Oper geht es ihm gewissermaßen aber schon mehr um seine Priesterbewerbung, um seine berufliche Karriere also – und auch das kennt man ja gut aus dem wirklichen und alltäglichen Leben abseits der Oper: daß speziell bei Männern oft nicht so ganz klar wird, warum sie sich gar so abstrampeln im Berufs- und Vorberufsleben: Um damit eine Frau zu gewinnen? Und mit ihr eine Familie zu gründen? Oder schon mehr dann um der höheren Weihen willen, z. T. dann sozusagen aus Selbstzweck? –

– nein, die Liebe des Prinzen Tamino zu seiner Prinzessin Pamina ist keineswegs so felsenfest und beständig, wie uns das auf Anhieb vorkommen möchte. So wie eben auch die anfängliche vermeintliche Güte der Königin der Nacht später in Bosheit – und dabei in den höchsten gesungenen Ton der Operngeschichte, einen wahren Spitzenschrei, weit über dem hohen C! – eingeht. Und schließlich aber auch Sarastro ist ja gleichfalls vielleicht gar nicht so edel, wie es einem zuerst vorkommt und z. T. von Text und Musik weisgemacht wird: In seiner in Opernbesucherfachkreisen sehr bekannten Lied-Arie »In diesen heil'gen Hallen« verzichtet er zwar auf Rache, läßt am Ende seine alte Feindin dann aber doch ohne Erbarmen in Nacht und Tod versinken!

Nicht ganz klar ist bis zuletzt, auf welcher juristischen Grundlage der Priester Sarastro die Königintochter Pamina eigentlich »rauben«, also: klauen durfte. Noch, wie gesagt, was dieser priesterliche »Bösewicht« (so nennt ihn die Königin, später auch Tamino) eigentlich genau mit Pamina vorhat. Sie zur Liebe zu zwingen, sie zu vergewaltigen? Letztlich wie der Mohr Monostatos, bloß etwas moderater und ziviler?

All das wird im Lauf der Oper gleichfalls nicht so ganz klar, ja eigentlich immer unklarer, ganz im Kontrast zum am Ende ausgesprochenen Thema der Oper:

»Die Strahlen der Sonne vertreiben die Nacht« –

– nein, das ist von Sarastro bzw. Schikaneder schon ziemlich geschwindelt und hergeholt – auch bei Sarastros Männer-Prüfungsprogramm für Tamino und Papageno geht es ja um Dinge, über die man seine erheblichen Zweifel hegen darf, nämlich um

– »Tugend«

– »Verschwiegenheit«

– »Wohltätigkeit«

– sowie im Priesterchor sodann um »der Weisheit Geist« für das neue Paar. Na, hoffentlich wissen Pamina und Tamino dann auch ganz genau, was das wohl alles so bedeutet. Der Text allein verrät es nämlich nicht. Sondern die geballten Rätsel und Widersprüche der Oper lösen sich nur und ausschließlich einigermaßen über: die Musik. Jene also, die insgesamt und vor allem über das titelgebende Zauberflöten- und Glockenspiel bewirkt, daß bei ihrem Hören »selbst wilde Tiere Freude fühlen« (das ist mehr symbolisch und auch recht unklar wieder gemeint: Soll es wirklich der Sinn von Musik sein, daß bei ihrem Anhören Verbrecher Freude fühlen? Sogar Hitler also und der ja selber beim Anzünden von Rom die Leier schlagende Kaiser Nero? Gleichviel:)

Erst mit der sogenannten Feuer- und Wasserprobe, mit der

die Oper dann auch endlich endet, lösen sich alle Widersprüche und Ungereimtheiten der zuweilen doch ziemlich wilden und sogar auch dummen Abenteuer- und Zaubergeschichte auf. Erst hier finden Tamino und seine ihn so treu wie mutig begleitende Prinzessin so innig und fest zueinander, wie sie sich das schon zu Beginn der Oper ein bißchen fadenscheinig eingebildet haben. (Angeblich soll es im Leben auch so sein, daß die wahre Liebe erst später, nicht sofort, beginnt.) Und zu den Seltsamkeiten der Kunstwerke und also auch der Oper gehört es wohl, daß die Kunst selber je nach ihrem Rang und ihrer Größe uns das eigentlich Unerklärliche und Unbeweisbare als durchaus einleuchtend vorspielt. Daß die Schönheit der Feuer- und Wasserprobenszene in Musik und Bild und auch Gesangsschönheit uns glauben läßt, daß nun mit Prinz Tamino und Prinzessin Pamina wirklich alles gutgegangen ist und auch ferner gutgeht.

Und daß umgekehrt das jetzt wohl auch Mozart und Schikaneder glauben. Und hier erst folglich zu ihrer wahren Hoch- und Bestform auflaufen:

»Wir wandelten durch Feuersgluten«
– singen Tamino und Pamina flötenbegleitet im Duett –
»bekämpften mutig die Gefahr.
Dein Ton sei Schutz in Wasserfluten,
so wie er es im Feuer war.«
Und schließlich und endlich:
»Ihr Götter! Welch ein Augenblick!
Gewähret ist uns Isis' Glück!«

Und ihre Ehe klappt samt Taminos Priestertum. Aber vielleicht ist ja auch Pamina wirklich und wahrhaftig als die erste Priesterin in Herrn Sarastros Reich vorgesehen. Werweiß um dessen weltherrscherliches Programm ein bißchen frauenfreundlicher umzugestalten …

Begleitet und gestützt wurden Tamino (jetzt ohne Papageno) und Pamina bei dieser ihrer letzten und schwersten Prüfung von zwei eigenartigen Gesellen, den zwei »Geharnischten«: Männer in schwarzer Uniform, welche Tamino zur Prüfung führen, während auf ihren Helmen laut Regieanweisung Feuer brennt. Sie lesen zuerst singend einen geheimnisvollen Text vor, der da an der Pforte der Prüfungspyramide steht; ein Text, der davon handelt, daß wir irdische Straßenwanderer rein werden durch die vier Elemente »Feuer, Wasser, Luft und Erden«. Durch diese aber, singen die beiden Gewaltigen in Tenor und Baß, überwinde der Mensch des Todes Schrecken, und sodann:

»Schwingt er sich aus der Erde himmelan.«

Ob Tamino und Pamina den rätselhaft altmodisch klingenden Text so ganz begreifen, das verschweigt die Oper, und wir wollen es auch nicht so genau wissen. Gut und gerne könnten wir uns diese beiden Geharnischten aber irgendwie im späteren priesterlichen oder weltlichen Wohnheim des hohen Paars als Bedienstete, wenn nicht gar als – Türpfosten vorstellen. Und, so einprägsam und schön ihre Berufsbezeichnung »Geharnischte« sich ausnimmt, für die beiden hätten wir doch, um darauf zurückzukommen, so wie für Tamino und Sarastro und Monostatos gerne richtige, nämlich sprechende Namen eingeführt, möglichst zur nächsten Neuinszenierung der Oper schon:

Am besten passen täten vielleicht »Kolosso« und »Bombastico«.

Wenn schon nicht gleich Max und Moritz oder Schluck und Jau. Oder, noch konsequenter, Plus und Minus in des hohen Paares künftiglicher Haushaltskasse.

Vom Ursprung der Ohrwürmer

Warum der »Freischütz« – und nicht »Oberon« oder »Euryanthe«?

Allenfalls noch der Prager »Figaro« von 1786 drang derart rasch und vehement ins Volk, nicht nur ins Opernvolk, ein wie der Carl Maria von Webersche »Freischütz« von 1821. Wie damals, nach dem Bericht des Mozart-Biographen Franz Niemetschek, »der Enthusiasmus, den die Oper beim Publikum erregte, bisher ohne Beispiel war« und »Figaros Gesänge auf den Gassen widerhallten, in Gärten, ja selbst der Harfenist bei der Bierbank mußte sein ›Non più andrai‹ tönen lassen« – so waren es fünfunddreißig Jahre später zuerst in Berlin, sodann im ganzen Lande nach aller Legende die allfällig beschworenen Spatzen, die da stante pede von allen Dächern den sofort allseits geläufigen »Jungfernkranz« als Pfeif-Ensemble rezitierten.

»Unbeschreiblicher Jubel«, so ein neuerer Opernführer über die Uraufführung am 18. Juni im Berliner Schauspielhaus, »begrüßte das Meisterwerk, in seinem Siegeszug durch ganz Deutschland übte es eine Wirkung aus, von der man sich heute kaum eine Vorstellung machen kann. In allen Schichten der Bevölkerung gewann sich der ›Freischütz‹ Freunde und Bewunderer, alle Welt sang die schnell volkstümlich gewordenen Melodien.«

Das hat sich, sieht man von der leichten Phraseologie ab und dem in fixen Formulierungen sich selbst fortzeugenden Legendenton, bis zum heutigen Tag nicht sehr geändert – auch nicht mit der Neuinszenierung im Münchner Nationaltheater im Oktober 1998, die davon noch zehrt. Und doch ist bis zum heutigen Tag auch nicht so ganz klar, warum das so ist und sein mußte.

Warum der »Jungfernkranz« es war – und eben nicht z.B. der mindestens ebenso eingängige, wunderbar vom Waldhorn akkompagnierte Meermädchen-Chor aus dem »Oberon«, warum nicht die beseligt sich wiegenden »Fröhlichen Klänge« des gleichermaßen Brauterwartungschors der »Euryanthe«. Warum, noch gut eineinhalb Jahrhunderte später, die beiden jüngeren und unterm Strich sogar überlegenen Weberschen Meisterwerke von 1823 bzw. 1826 bei Neuinszenierungen noch immer um ein Publikum bangen; was beim »Freischütz« wahrlich keiner zu besorgen hätte.

»Weber kam auf die Welt, um ›Freischütz‹ zu schreiben.« Das Hans Pfitznersche Bonmot ist ein werweiß fatal nachwirkendes – eigentlich ein nichtsnutziges. Keine Frage, »Freischütz« bezeichnet singuläre große Oper – Grandioses geschieht in ihr: Im orgelpunktartig tremolierenden Es-dur-Hörnerakkord der Ouvertüre hat der Komponist zweifellos über die böhmische Sturmnacht weit hinaus wahrlich die Supernova-Löcher des Weltraums in aller Rabenschwärze und rotierenden Saugkraft tonlich vorausschwurbeln lassen. Sie im Ohr und desgleichen die das thematische Material weitenden c- und a-moll-Apokalypsenklänge und Unheimlichkeitsakkordblöcke der Wolfsschluchtszene, stand der einundfünfzigjährige Titan Beethoven nicht an, seinen Hut zu ziehen: Er hätte es dem zarten, wenngleich ja schon fünfunddreißigjährigen Männchen Weber »nicht zugetraut« – und Goethe, im Gespräch mit Eckermann am 21. Juli 1827, setzt noch eins drauf: »In der Szene der Wolfsschlucht bleibt es nicht einmal bei der Angst, sondern es erfolgt eine totale Vernichtung in allen, die es sehen.«

»Oberon«, nach dem Text Wielands, muß zwar, so Goethe abermals zu Eckermann, zunächst ein freischützähnlicher Selbstläufer gewesen sein – wenig ist heute davon geblieben, auch wenn unter halbwegs Hörfähigen kein Zweifel aufkommen kann, daß die ebenso fast sinfonisch lange Ouvertüre der Zauberoper der großartigen des »Freischütz« mindestens das Wasser reicht, wenn nicht noch schöner ist: mit ihrem träumerischen Einstandshornruf, den augenreibenden Bläserkapriolen, dem milden A-dur-Mondlicht auf des warmen Lebens Wogentanz: »Jetzt gießt sich aus ein sanfter Glanz« – ehe es dann erneut in nimmermüd hibbeligen Geschwindachteln auf- und niederjagt: eins der, gegen seine scheint's etwas beliebige Potpourri-Gestalt, genialsten, eins der (wenn der falsche Superlativ mal durchgeht) perfektesten Musikstücke überhaupt.

Und die »Euryanthe«-Ouvertüre als dritte mahnt auch kaum schwächer. Geschweige denn, wie beim »Oberon«, die Restmusik. Ein Vergleich, ein Clinch der etwa analogen Glanzstücke der drei Opern geht durchaus nicht zugunsten des »Freischütz« aus:

Zum schwungvollen Bauernwalzer mitten im Böhmerwald – gewiß, zu dieser überhaupt nicht tümelnden Volkskraft gibt es kein Äquivalent. Doch schon gleich drauf Kaspars kohlschwarze Rachearie, ein barockes Relikt voller Modernität, wird im wilden Orchesteraufundniederwogen der tückischsten Leidenschaften übertroffen durch Lysiarts späteres und analoges und gigantisches Exempel »So weih' ich mich den Rachgewalten« – die werweiß pechschwärzeste Pièce der bekannteren Musikgeschichte überhaupt: für Besitzer eines quasi heldischen Koloraturbasses mehr noch als das furiengepeitschte Gefluche Kaspars eine Paradebosheit ohnegleichen.

»Durch die Wälder, durch die Auen?« Max' Tenorarie steht gegenüber Hüons allerdings kaum singbarer an Brillanz und Zartheit deutlich im Schatten. Die große Agathenarie des »Freischütz« hat im »Oberon« in Rezias Ozeangesang ihr gleichwertiges Pendant: wobei dieser mit seinen Echokonstrukten zwischen Stimme und Orchesterblech auch noch genial Sieglindes »Walküre«-Monologerzählung vom Greis im grauen Gewand vorwegnimmt, ja diesen fast zum Plagiat macht.

»Leise, leise« und die zweite Agathenarie vermelden ihrerseits in Euryanthes Idyll »Glöcklein im Tale« ihr volksliedernah celloseliges Gegenstück – wobei das Libretto der vielgeschmäht unseligen Wiener Kulturnudel Helmine von Chézy so wüst und übel nun auch wieder nicht ist, wie es jeder Opernführer unkt. »Wäre der ›Freischütz‹ kein so gutes Sujet«, so noch einmal Goethe (am 9. Oktober 1828 zu Eckermann), »so hätte die Musik zu tun gehabt, der Oper den Zulauf der Menge zu verschaffen, und man sollte daher dem Herrn Kind auch einige Ehre erzeigen.« Freilich, Friedrich Kind, der Librettist, hat im verbalen Mikro- wie im baulichen Makrokosmos der Oper seine Meriten. Daß aber das altbacken Rittermäßige, das verworren Dekonstruierte und Unglaubwürdige im Stück des deshalb allseits (und auch von Goethe) heruntergeputzten Frl. von Chézy Aufführungs- und an sich schon Erfolgsverhinderungsgrund sein sollte: das ist auch so ein Erklärungsklischee bei der »Euryanthe« wie beim »Oberon«. Dann dürfte nämlich auch der »Troubadour« nicht länger die Bühnen der Welt belasten.

Und der unvergleichlich-unwiderstehliche Jägerchor des »Freischütz«, diese Epiphanie von Lebens-, Trink- und Waldeslust? Auch der hat im Jägerchor der »Euryanthe« sein etwas weniger massiv-pastoses, aber nicht minder wald- und hornruf-hochbeseligt schmetterndes Halaligeschwister.

Warum eine Oper Sukzeß hat, die andere und gleichrangige nicht, das ist fast so schwer zu ergründen wie die teils synchrone Frage zu parieren: was die eine Arie meist ab ovo zum Hit und Ohrwurm programmiert hat, die andere und nicht weniger geeignete – nicht. Warum machte »La donna è mobile« so fix Karriere wie der Jungfernkranz – warum nicht Puccinis »Donna non vidi mai«? Welche letzten Endes heute noch unerkannte Qualität unterscheidet den Nabucco-Gefangenenchor in seinem populistischen Kern vom eigentlich gleich eingängigen Kreuzfahrerchor aus den »Lombardi«? Warum gräbt sich die mäßig, ja lustlos herunterkomponierte Sarastro-Hallenarie ins kollektive Gemüt ein – nicht aber Fiescos grandiose, Takt für Takt inspirierte Arietta »Il lacerato spirito« aus Verdis »Simone«? Warum »Nessun dorma« und eben kaum »Non piangere, Liù«? Wegen der Menschheitsappell-Anmutung des ersteren? Reziprok wegen der – Fußballweltmeisterschaft?

Warum, noch einmal, bei Weber nicht der Meermädchen-Hornchor, mit dem Oberons Reich beginnt und der ja tatsächlich zu einer Art Galionsmusik, zur emblematischen Erkennungsmelodie der deutschen Romantik getaugt hätte. Zu der es aber halt dann der Jungfernkranz und der eher banal-lärmige Mendelssohnsche Hochzeitsmarsch gebracht haben.

Warum der und nicht der? Die großen Mysterien der Musikgeschichte sind oft nicht zu enträtseln – im Fall »Freischütz« ist es wohl der »deutsche Wald« selber, der da, laut Pfitzner wie Theodor W. Adorno, die »Hauptperson« der Oper vorstellt – und als gemütvolle solche den Erfolg festschreibt: Eichendorffs Waldesrauschen fusioniert mit Wagners Waldweben; dieses in der Wolfsschlucht tatsächlich auch in der Invention als Keimzelle vorweggenommen.

Laut Darwin überleben nur die Fittesten. Das gilt auch fürs Operngenre. Das ist oft ungerecht, und ganz sind die Rätsel damit auch nicht getilgt.

Am gescheitesten wäre halt – und das ist wohl auch die unbewußt innerste Absicht dieses Kleinessays –, daß jetzt nach dem »Freischütz« ein Münchener Musiktheater halt auch mal wieder »Euryanthe« und »Oberon« auf die Beine verhilft.

Oscar Straus-Operette u. m. a.

Vorvergangenes Jahr im August weilte ich bei den Operetten-Freiluftfestspielen Mörbisch am Neusiedler See südlich von Wien, man gab einen meiner Lieblinge, Carl Zellers »Vogelhändler«, der mag nicht jedermanns Sache sein, gehört doch dieser Evergreen aus dem Jahr 1899 selbst innerhalb der rasant weniger werdenden Gattungsfans zum heute minder ästimierten Genre der gemütvoll-sentimentalen klassischen Operette, als eines ihrer fünf oder sieben ragenden Exemplare; und als ebenso exzessiver wie kühner Melodiker ist Zeller dabei bis heute unterschätzt, da sind ihm nämlich höchstens noch Schubert, Verdi und Dvořák über.

Der spätestens seit Karl Kraus auch in linkskritischen Kreisen wieder mehr hochgehaltene parodistisch-parasozialkritische Typus der Operette Offenbachs und ff. hat heute mit noch etwas mehr Resonanz zu rechnen; wobei es aber auch da nicht gut aussieht, wovon ich mich bei einem großen Fachkongreß im Herbst 1999 in Wien leider überzeugen lassen mußte – es fehlt jetzt überall an allem, an Kenntnis, an Geld, an Geschmack, an Entdeckungsfreude, es fehlt sogar zumeist und auch bei den bekannteren Exemplaren bis heute an einem nichtkorrumpierten Notenmaterial; bei einem der genialen

Werke der Gattung, Millöckers »Gasparone« von 1884, fehlt es sogar noch an einer geklärten Urheberrechtslage; was aus verquollenen Gründen dazu führt, daß bei einer Aufführung 1998 im Münchner Gärtnerplatztheater fünf der vierzehn stärksten Nummern wegfallen mußten –

– »ich als Operettenfreund« (Alfred Edel sel.) möchte da manchmal glatt verzagen, wie über dem modernen Musical- und Revue- und Phantomoper-Schnickschnack eine der liebenswürdigsten und lebensschönendsten und eben edelsten Geistesleistungen der Humanitas zügig begraben wird. Ganz trostlos ist die Lage aber trotzdem nicht, es gibt immerhin noch manches auf Konserve, z. B. von Oscar Straus (1870–1954), auf den ich hier aufmerksam gemacht haben möchte: Auf einer prominent besetzten CD hat es eine Kurzversion vom einstigen Großerfolg des »Walzertraum« von 1907, der als letztes Exempel der absterbenden sentimentalen Gattung sogar vom rigiden Adorno seinen anerkennenden Segen abkriegte und in dem der genuine Wiener Walzer Lanner-Straußscher Prägung ein letztes Geniestück vollbrachte mit seinem (so die Figur der Fränzi über die Wiener Frauen) Reiz des »Quasig'wissen« (gespr.: Gwasigwissn), »auf das die Männer so fliegen tun«.

Es gibt aber seit ein paar Jahren auch eine Ersteinspielung der von Operettenkennern wie Volker Klotz allzeit bewundernd umraunten »Lustigen Nibelungen« von 1904 als eines weiteren Leitparadigmas der frech-provokant-parasitischen und deshalb (fast) sentimentlosen Operette – allzu erfolgreich war diese Species aber von Anfang an auch nicht, so daß Straus, nicht viel anders als Lehár nach der »Lustigen Witwe« von 1905, bald auf die rührselige und allenfalls dosiert komische Operette umsatteln zu müssen glaubte. Daß heute und eigentlich schon seit 1900, ja 1860 Parodien auf Wagner und seinen »Ring« eher üblich-überraschungslos sind, soll meine

Empfehlung der betr. gutgelaunten Capriccio-CD nicht schmälern. Allein, wenn stimmt, was Karl Kraus 1927 (Fackel 757, 40) zu wissen glaubt: »Der Gedanke der Operette ist Rausch« – dann ist Oscar Straus mit seinem späten Traum von Walzer dem rauschigen Geheimnis vulgo dem Geist des Dionysischen eben doch noch näher als bei beider Parodie.

Lehrstunde des Gefühls für Laura

Zu einer Gestalt aus dem »Bettelstudenten«

Am Anfang, von Beginn des 2. Bilds an bis etwa zu dessen Mitte, ist sie nichts anderes als eine arrogante adelige Schnepfe, deren bis dahin vergleichsweise beste Leistung es noch gewesen ist, am Vortag dem nicht weniger aufgeblasenen sächsischen Stadtkommandanten Oberst Ollendorf mit dem Fächer ins Gesicht geschlagen zu haben, wegen allzu penetrant werbender Schulterküsserei. Dann jedoch, innerhalb einer halben Bühnenstunde, läuft Komtesse Laura Nowalska aus Krakau zu denkbar größter Form auf. Wie der »Bettelstudent« insgesamt. Laura aber schwingt sich im Rahmen der Konkurrenz der lieblichsten, liebenswürdigsten, liebefähigsten und eben dadurch wiederum Liebe zeugenden Frauenfiguren der Musikbühne von der Erde vollends himmelan. Als vermeintliche Minderschwester aus dem scheinbar leichteren Fach hält sie mühelos die Balance zu den anderen führenden Sympathieträgerinnen der bekannteren Opernliteratur, den durchaus und noch heute stärkstens erotisierenden Agathe und Ännchen, Mimi und Musetta und Minnie – und zeigt sich in dieser Beziehung natürlich sogar weit überlegen den schwereren Fällen der Brünnhilde und Isolde und Aida und Gilda.

Symon, der Bettelstudent, hat recht, daß er – Wette hin und

her – sie längst wirklich liebt und also so leibhaftig wie dringlich heiraten will.

Und diejenigen haben gewiß nicht unrecht, die in Carl Millöckers Operette von 1882 vielleicht doch die bedeutendste ihrer Gattung und bisheriger Zählung erkennen zu müssen wähnen, knapp, aber sicher vor Johann Straußens musikalisch etwa äquivalenten »Fledermaus« und »Zigeunerbaron«; denen sich der »Bettelstudent« aber nicht allein in Erzählhandlung, Struktur und Dramaturgie, sondern auch in der Wahl des geschichtlichen Moments und vor allem in Psychologie und Personalkombination, alles in allem im Ideelichen, richtig turmhoch überlegen zeigt.

Fünf Hauptpersonen sowie drei auch noch sehr profilierte Nebenfiguren plus etlicher farbiger Chargen sind an dem Operettenwunder beteiligt. Nicht zuletzt, sondern mehr als alle anderen zusammen, ratifiziert aber Laura den Rang des fast zwei Stunden lang beinahe durchgehend inspirierten Segens aus Austria-Polen.

Anders als ihre jüngere und durchaus naturhafte, ja proletarisch gestimmte und elaborierte Schwester Bronislawa – und beide sind wunderbar komplementär zueinander geführt – ist Laura mit ihrem Erstauftritt, dem mozarthaft delikaten Terzett der Nowalska-Gräfinnen Mutter und Töchter, erst einmal ganz verzogenes Gänschen, das den Ernst der Lage nicht begreift oder eben nicht begreifen will: daß Matthäi am letzten ist; daß man zwar Einkäufe eigentlich machen wollte, aber gar nicht die Münzen dafür hat.

Wir befinden uns auf dem schönsten Platz Polens, dem Marktplatz von Krakau, neben der nicht minder schönen und nur bis heute gar zu frommen Marienkirche, auf der Frühjahrsmesse des Jahres 1704 und inmitten einer aus Kaufleuten, Schaustellern, Akrobaten und Budenwirten bunt und froh gemischten Menge Volks, und schon, keine zwei Minuten nach ihrem Entree, schlägt die falsche Erhabenheit des Stolzes und insofern auch letzten Kapitals der schwerstverarmten Familie Nowalska durch: »Der Duft von diesem Pack ist gar nicht mein Geschmack«, mokiert sich, obwohl sie doch extra dazu mit Mutter und Schwester hergekommen ist, die so schöne wie allzu hohe Gräfin Laura, er »beleidigt mein Gefühl, ich hasse das Gewühl« – und während Schwester Bronislawa sofort barbarisch-proletarischen Appetit verspürt und deshalb zum Ruhm wenigstens der Kartoffel ein sehnsüchtiges Couplet singt (nach Claudius' und Voss' Gedichten die dritte hochverdiente Preisung großen Stils der in Polen dazumal eigentlich noch gar nicht bekannten Frucht), ist Laura derweil voll die lieber hungernd Hochnäsige, ganz im Stil und Gedankengut der davon allerdings insgeheim wieder weniger überzeugten Mutter, der prachtvollen Adelsbombe Palmatica Nowalska: »Den Hunger spürt nur die Canaille, und nur der Pöbel ißt sich satt; der wahre Adel hält auf Taille – natürlich, wenn er eine hat.«

Sie hat natürlich keine mehr.

Laura schon. Und sie zeigt diese so stolz wie selbstbewußt und ein bißchen sogar aggressiv, als endlich und sehr rasch die Erlösung von aller Langeweile und Armut eintrifft, der Millionärsdandy und Fürst Wybicki, der da die drei Gräfinnen zum Opfer von Wette und Intrige machen soll, und Laura zumal – diese gerade nun allerdings gänzlich unfreiwillig und verblüffend und wie durch natürliche Magie inklusive der Magie der Musik zur Heroine hebt, über alle Blamage hinaus und durch sie hindurch; zur Heldin nämlich einer in Literatur und Opernwelt ziemlich singulären Gefühls-, ja Menschwerdung. Wie Laura innerhalb fünfer aneinandergefügter und formal exzellent durchmischter Szenen von insgesamt kaum einer Dreiviertelstunde Dauer zur ganz wunderbaren Frau, zu einem Inbild von Mensch, ja Humanität wird: das ist so atemraubend wie studierenswert – und wiederum ziemlich einzigartig: In der Operette findet Figurenentwicklung ja sonst so gut wir gar nie statt; und auch in der Oper ja nur in Ausnahmefällen.

Wieder zwar ist die kleine Schwester Bronislawa Laura einen Sprungschritt voraus, indem sie, statt auf die sowieso dubiosen »millionenschweren« Aussichten durch den steinreichen Fürsten zu setzen, sich sogleich und intuitiv auf die Seite wiederum des Proleten schlägt, des schmucken Sekretärs, der ihr »fast noch mehr gefällt« (und der kreuzweis ironisch irisierend ja nun, anders als Symon, sogar ein wirklicher Graf ist). Doch dann geschieht auch mit Laura innerhalb von Minuten Eklatantes, eine Menschwerdungsdynamik, wie sie sich auch im Seriösfach der Oper nur recht selten zuträgt, genaugenommen allenfalls in Wagners vierzehn Jahre älteren »Meistersingern« und in Mozarts »Così fan tutte« von 1790 – und ebendort hat Laura in Fiordiligi ihr einzig gleichwertiges Pendant, zur Ehre beider selbanderweis:

Während Millöcker von nun an (»Das ist der Fürst Wybicki«) fast schon demonstrativ Mozartsche Ensemblekunst im Stil der späten italienischen Opern vorführt; während er dabei zu einem praktisch ununterbrochen sich steigernden, langgezogenen Aktschluß nach dem Modell des ersten Figaro-Finales ansetzt, welches im Prinzip uneinholbare Paradigma der jüngere der beiden Österreicher aber erstens tatsächlich doch einholt und an tänzerisch-rhythmisch vibrierendem Elan sogar hinter sich läßt; während die Dinge aufs erste Hinschauen und -hören bloß noch ihren komödienfest soliden Gang zu gehen scheinen; währenddem schält sich plötzlich aus den walzerig schunkelnden Wett- und Spottgesängen der ollendorfhörigen Offiziere (»Bravo, es geht ganz famos«) eine ganz anders gestimmte Tonlage heraus, rankt sich Lauras kräftigzarter Sopran an ihnen hoch, schwebt ein bißchen über ihnen und schleudert sodann, wie von Zauberhand gelenkt, in die höheren akustischen Lüfte, nämlich präzis zu dem nunmehrigen Schlüsselwort »Liebe« – und gemeint ist hier, scheint's noch unbewußt formuliert, nämlich schon genau jene, die nun wirklich und sogleich Gestalt gewinnt, verzaubert und verzaubernd und im Fortgang immerzu neuen Zauber schaffend; die Liebe, die sich da gewissermaßen an sich selber produziert – und das bereits deutlich jenseits der plausiblen Neugierlust auf einen offenbar reichen und auch sonst gesellschaftlich attraktiven jungen Mann, den es nun irgendwie heimzuführen gilt.

Aus einem in jedem Betracht armen adeligen Äffchen und Automaten ist quasi via die Sehnsucht nach dem tollen und bislang arg versagten Leben nicht allein eine Verliebte geworden, sondern innerhalb von fünf bis zehn Minuten jener – »neue Mensch«, nach dem seit ca. zwei Millionen Jahren alles kräht. Über den Zauber und Zauberschlag der beschwingten, zuweilen wie von sich selber berauschten Musik natürlich – und die aber holt sich ihre Kräfte jetzt zunehmend deutlicher und prononcierter vom Volk und vom Volkstümlichen; so wie das jetzt auch – die Liebe selber tut!

Jetzt geht alles wie im Wirbel, Etikette und noble Art und Inbrunst wild und taumelig durcheinander. Als Laura gleich nach Symons musikalisch wie textlich hochvirtuos launigem, aber auch innigem Werbelied von den »zarten Banden« und »der Polin unerreichtem Reiz« (was eine raffinierte Projektion, der einen zu huldigen, indem man Land und Gattung preist!) bereits glückübersät zugestimmt hat, als Krönung von beider hingerissenem Coup d'amour »die Seine« zu werden, unterläuft es ihr mit dem Überlaufen des Herzens gewissermaßen kathartisch, die eigene Hochnäsigkeit von vorhin stante pede zu dementieren, indem sie, jetzt als plötzlich wie völkisch-na-

Karl Millöcker

tional geweitete Polin, »das Pack« in ihren Glückstaumel einbezieht. Ja, jenseits ihrer Verstandesschwelle schwant ihr, daß beides, Liebe und Volk, gewissermaßen gar nicht zu separieren ist. Und ganz anders geht der schönen Krakauerin jetzt der vorher so blasierte Mund:

»Freudenvoll das Herz mir schlägt, seh rings ich alles frohbewegt!«

Das ist schon ganz die Summa des »Meistersinger«-Schlußbilds: daß ohne den Kontext eines vernünftigen und schönen Sozialen auch das Privateste, die Liebe, sich erst gar nicht ereignen kann – Symon aber beobachtet ganz richtig an seiner Braut, »wie Tränenschimmer diese Augen hold verklären«, und zart frägt er vor der festlichen Intonation einer schmelzsentimentalen Romanze, ob es »das Glück« sei, das sie, die Tränen, »gebar« (wieder eine ganz ausgezeichnete Text-Nuance: denn es handelt sich ja wirklich um eine Wieder-Geburt der Protagonistin). Welche Frage nun wiederum Laura, mehr als signifikant, mit der Ankündigung ausgerechnet eines »vaterländischen Liedes« pariert, das sodann als flügelschwirrig levitationsmäßiger Erdabheber sondergleichen wahrlich rauschhaft den grandiosen Akt beschließt; sinnig nicht allein durch den naiv seligen Volksliedton, sondern auch durch seine richtiggehend taumeligen Textgirlanden, die da nicht allein das Glück spendierende Volk und »Vaterland« rezitieren, sondern mit den strahlenden »Bergegipfeln« der nahen Karpaten oder wer weiß der Hohen Tatra sogar noch dem Genius loci des schönen Polnischen Rechnung tragen und es ins höchstartistisch geschürzte dramatische Ganze einbeziehen.

Ehe dann, kurz bevor der Vorhang fällt, das Volk doch auch noch seine leicht chaotisierenden Krallen schnell zeigt, dem Prügelgewese der »Meistersinger« wieder nicht gar zu fern.

Durch »Freude« selber ist Komtesse Laura geläutert, vermenschlicht, »hold verklärt« sogar – so ihr künftiger Gatte, so wie immer wunderbar genau F. Zells und Richard Genées geniales Libretto in seiner sonst in keinem Werk der Gattung mehr erreichten Konzisarbeit, wie sie sich vom Großstrukturellen in Idee und Intrige bis in die Miniaturen der Reimkultur hinein offenbar ganz mühelos erstreckt. Das Holdverklärende geschieht, wie sonst nur bei Mozart, natürlich letzten Endes durch die Schönheit der Musik und mithin des Lebens selber – und wie einst Fiordiligi vollzieht unter allen Nachgeburten allein Laura jene weit ausholende Kurve nach, die vom Aufschwung von der Schnepfe und »Bestiolina« (Da Ponte) ausgeht und von der Höhe herab der liebenden und ebendarum wundervollen Frau in einem leichten Abschwung mündet – dort wie hier. Kaum allerdings gerät Laura wie ihre ferne Schwester aus Ferrara dabei wieder vollends in die Fänge von Trivialität und Wiederholung; sondern via einen weiteren seelischen wie musikalischen Höhenflug kraft des auch ihren Bräutigam auszeichnenden »Ich setz den Fall«-Duetts mit den beiden Folgebildern erst mal nur ins forcierte Chaos der Handlung, aber auch ihrer nolens volens immer taumeligeren Gefühle. Man muß sich das vom Schluß her einmal vorstellen:

Komtesse Laura ist innerhalb der Operette und innerhalb eines Tages hintereinander: (verarmte) Gräfin – Fürstin Wybicki und Millionärin – dann gar nichts – dann wieder und jedenfalls mit einem verzückten Aufschluchzer ihrer Frau Mutter gar Herzogin, nämlich Gattin von Herzog Adam (Laura: »Ein Herzog, soll ich's glauben?« Sie singt es schon ganz verzagt, fast gleichgültig) – dann erneut gar nichts – schließlich doch noch Gräfin gnadenhalber und aus Huld des noch fernen König Stanislaus, jetzt gleichsam doppelte Gräfin: nämlich auch über ihren neuernannten Grafen Symon, bisher Bettelstudent. Sie, Laura, wird im Zuge dieser zwei Bühnenstunden manchmal ganz schön verschattet dreingelinst haben, die verhätschelte Gräfin; so wie die Jungfrau, die da vom Engel die unglaubliche Botschaft empfing; wie Grace Kelly am Ende von Alfred Hitchcocks Krimi, wo sie partout nicht mehr so ganz genau weiß, ob sie Mörderin ist oder doch wohl eher ermordet werden sollte; und insgeheim vielleicht mit Karl Valentin halb im Traum gemurmelt haben, daß es ja doch nicht so ganz Wurscht sein könne, ob eins »Otto oder Marie« heißt.

Allein, so eine richtige Identitätskrise drohte eigentlich doch seit dem Ende des 2. Bildes schon längst nicht mehr. Schon nicht dank des allzeit »siegreich aus dem Chaos hervorbrechenden Humors« (Duett 1. Bild) des eben dafür machtvoll selbstreferentiellen Musikmirakels, des »lichten« Humors, wie er noch jeden »Kleider machen Leute«-Pessimismus souverän herbremst. Und auch weil eben Laura seit dem 2. Bild, über die Herzogin hinaus, längst Königin ist. Ihrer Gefühle und – ihres Volks. Schwer einsehbar, daß die Polen sie nicht zur Nationalheiligen erkoren haben und den so famos gefühls- und sozialrevolutionären »Bettelstudenten« zu ihrer nach schweren Teilungsschicksalen halbwegs würdigen Nationaloper. Als wenn auch Operette eines Österreichers.

Syntax, Rezeptionsästhetik, Identitätskultur
Oder: aus der Welt der Operette

In Carl Millöckers brillanter Operette »Gasparone« singt im zweiten Akt der Toresinoer Bürgermeister Nasoni ein heiter-melancholisches Couplet, dessen wehmütige Pointe schon in den ersten beiden Zeilen eingebracht und im Fortgang nur mehr variiert wird:

»Auch ich war einst ein junger Mann«,

eröffnet der schlitzohrige, sogar etwas vergaunerte Dorfschulze, um fortzufahren:

»Sieht man mir das auch nicht mehr an«

– denn gut vierzig Jahre ist es her. Tempi passati, tempora mutantur, vanitas mundi – wichtiger jedoch ist die Erkenntnis, daß Nasoni dabei genausogut hätte singen können:

»Sieht mir man das auch nicht mehr an«

– aber auch diese beiden Inversionen gehen ja durchaus:

»Sieht das man mir auch nicht mehr an«

»Sieht auch man das mir nicht mehr an«

Ein etwas anderer Sinn im Sinne der Linguistik Ferdinand de Saussures und der Hermeneutik Hans-Georg Gadamers ergibt sich allerdings durch die folgenden Umgruppierungen:

»Sieht auch mir mehr das nicht man an«

»Sieht nicht man das auch mir mehr an«

»Mehr sieht nicht an das mir man auch«

Grenzfälle im Zeichen von Paul de Mans Dekonstruktivismus und des schon älteren Auseinanderfallens von Signifikant und Signifikat i.e. von parole und écriture als »Entgrenzung der Zeichen« (Derrida) ergeben die weiteren Permutationen:

»Sieht mehr nicht das auch mir an man«

»Mehr sieht man auch nicht an mir das«

sowie:

»Man sieht nicht mehr mir an das auch«.

Man sieht aber schon: Zu sechsundachtzig Prozent der Fälle ist die Sprache in der Tradition Sepp Schleiermachers auch heute noch mit sich mehr oder weniger identisch. Nur in vierzehn Prozent der Fälle sieht man ihr das auch kaum mehr an.

Busch, Kremplsetzer u. a. m.

Vor gut zwei Jahren war es, da machte ich einigermaßen öffentlich auf den Kompositeur Georg Kremplsetzer aufmerksam, dessen Singspiel-Operette »Der Vater auf Besuch« (1863) von seinem Studienfreund Wilhelm Busch librettiert worden war; inzwischen kenne ich den Einakter in einer Version des Südwestfunks resp. der Danziger Philharmonie, er ist wirklich nicht schlecht und in der Gesinnung durchaus buschisch, und ich befehle also den seit zwei Jahrzehnten operettenmäßig völlig verderbten bzw. dahindarbenden Städtischen Bühnen Frankfurt, die Sache für die nächste Saison vorzusehen und mir zwei Ehrenkarten für Kulturgedächtnisinnovationswillen zuzuschicken.

Nicht so gut finde ich die gleichenorts vorgestellte Zwischenmusik zur »Frommen Helene« aus der Feder des damaligen Nachwuchs- und nachmaligen Dicktuer-Komponisten Bernd Alois Zimmermann, der so klingt, wie's immer klingt, wenn genuin unkomische Menschen komisch sein möchten: hier also wie eine dumm herumfachierende Melange aus forcierter Dissonantik und Orffschem Schulwerk. Auch die »Lieder eines Lumpen« des unlängst verstorbenen Frankfurter Komponisten Kurt Hessenberg erweisen sich schnell als

Mißverständnis, nämlich Busch als Afterexpressionismus in der Manier der recht unerträglichen Kunstlieder Schönberg-Krenekscher Prägung. Eher schon buschwindig, nämlich im Stile des Gounodschen Faust-Walzers, walzt der Busch nachempfundene »Auf dem Lande« nach Jacques Offenbach des Wegs, sehr schön die beinahe völlige Leere und Trübnis des spätsäkularen Pastorallebens und -gegackeres versinnlichend. Dafür wieder ganz daneben: Ernst Hilbichs gesungene Busch-Interpretationen, ein Schulbeispiel vierzigminütiger fugenloser Uninspiriertheit, das ebendeshalb von wem maßlos gelobt wird? Genau, von Kay und Lore Lorentz, requiescant in der aber schon wirklich unendlichen Nachsicht Gottes. Ohne die geht ja auch sonst immer weniger.

Wagner-Anekdoten

Ab ca. 1870 waren sich Wagner und F. Nietzsche spinnefeind geworden, und Nietzsche vor allem war es, der nicht müde ward, überall, wo es irgend ging, gegen sein früheres Idol zu eifern und es zu verleumden. »Richard Wagner«, so geiferte er zum Beispiel, »bleibt, bloß in Hinsicht auf seinen Wert für Deutschland und die deutsche Kultur abgeschätzt, ein großes Fragezeichen, ein deutsches Unglück vielleicht, ein Schicksal in jedem Falle. Der deutsche Geist hat zu allen Zeiten in psychologicis der Feinheit und Divination ermangelt. Heute, wo er unter dem Hochdruck der Vaterländerei und Selbstbewunderung steht, verquickt und vergröbert er sich zusehends: wie sollte er dem Problem Wagner gewachsen sein!«

Doch einmal mehr hatte Nietzsche sich verrechnet. Als Cosima ihm den Schrieb aus der Zeitung vorgelesen hatte, entgegnete Wagner nur knapp mit einem lachenden »Ach was!«

◇

1849 floh der wegen revolutionärer Umtriebe steckbrieflich gesuchte Wagner in die Schweiz und fand dort in der Villa Wesendonck Asyl und Auskommen sowie bei der Kaufmannsgattin Mathilde Wesendonck ein stets geneigtes Ohr. Die hohe Frau mußte sich nämlich immer zu ihm hinunterneigen, wenn der kleine, nur 153 Zentimeter große Wagner ihr etwas besonders Laszives oder aber Musikalisches ins Ohr sagen wollte. Als Wagner nun, keck geworden, ihr eines Tages den Schlager »Gern hab ich die Frau'n geküßt« in die Ohrmuschel zwitscherte, hatte Mathilde es satt. Er, Wagner, rief sie, wohne nun schon lang genug gratis hier, tue nichts, könne nichts, wisse nichts als Ferkeleien – und er solle endlich wenigstens mal was Gescheites komponieren, damit ihrer beider Techtelmechtel doch noch etwas Sinn bekomme.

Wagner, erschüttert, setzte sich noch in derselben Stunde ans Klavier, erfand den wunderbar chromatischen »Tristan«-Akkord, wurde dadurch steinreich und brachte es in der Folge sogar noch zu einer eigenen Frau (Cosima).

◇

Eines Tages wurde Richard Wagner auch gefragt, wie denn das sei, daß er, der nur Zwergengröße erreicht habe, zwar in dem Rabauken und Riesenmenschen Siegfried seine Wunschprojektion und sein offenbares Ichideal geschaffen habe, gleichwohl in seiner Alter-ego-Aftergestalt als Nibelungenzwerg Mime sich von diesem aber ermorden lasse.

Wagner dachte lange nach, kam nicht drauf, dachte weiter nach, kratzte sich zuerst am Kopf, dann am Kinn, kam aber noch immer nicht drauf – und parierte schließlich lachend mit den Worten Mimes: »Hier hilft kein Kluger, hier hilft dem Dummen die Dummheit allein.«

◇

Das waren noch Zeiten! Immer wenn bei der Uraufführung von R. Wagners »Ring des Nibelungen« in Bayreuth (1876) die drei Rheintöchter auftraten, sangen sie ihr unweigerliches »Weia! Waga! Wagalaweia! Wallala weiala weia!« Schlagartig antworten jeweils die neun Walküren: »Hojotoho! Hojotoho! Heiaha! Heiaha! Hojotoho!«

Versteht sich, daß da die drei Nornen nur noch betreten dreinschauen konnten ...

◇

Überaus verhaßt war Richard Wagner das italienische Opern- und Koloraturen- und Fiorituren-Unwesen, namentlich G. Verdi. Als aber Wagner später am Schluß der »Meistersinger« Evchen auf deren eigenen Wunsch zu der echoenden Textstelle »Keiner wie du so hold zu werben weiß« einen – ein Unikum im Spätwerk – Triller singen läßt und deshalb Vorwürfe einstecken mußte, er bediene sich ja nun doch bei dem verachteten Verdi – da wußte sich Wagner wohl zu helfen:

»Der Triller? Der ist von Rossini! Ha!«

◇

Wie schon manchen Zeitgenossen nicht entging, machte Wagner auch immer wieder mal gern Anleihen bei musikalischem Fremdmaterial – so im »Lohengrin« und in der »Walküre« unzweideutig bei Mendelssohn. Der generöse Bayreuther Meister legte indessen Wert darauf, sich bei dem Juden Mendelssohn wenigstens im Essay dafür zu bedanken:

»Als durchaus fremdartig und unangenehm fällt unserem Ohre ein zischender, schrillender, summsender und murksender Lautausdruck der jüdischen Sprechweise auf: Eine unserer nationalen Sprache gänzlich uneigenthümliche Verwendung der Worte und Phrasenkonstruktionen gibt diesem Lautausdrucke vollends noch den Charakter eines unerträglich verwirrten Geplappers.« (Das Judentum in der Musik)

Später widmete Wagner dem Judentum zwei humorvolle Portraits, den Stadtschreiber Beckmesser und den Zwerg Mime, welchen letzteren sein Ziehsohn Siegfried so charakterisiert: »Seh' ich dich steh'n, gangeln und geh'n, knicken und nicken, mit den Augen zwicken: beim Genick möcht' ich den Nicker packen, den Garaus geben dem garst'gen Zwicker!«

Sehr aber liebte vor allem der späte Wagner das gute Bayreuther Bier.

◇

Wieder einmal, mit den gleichen Sprüchen wie schon so oft, geiferte F. Nietzsche gegen seinen einstigen Freund Wagner: »Richard Wagner bleibt ... ein großes Fragezeichen, ein deutsches Unglück vielleicht, ein Schicksal in jedem Falle. Der deutsche Geist hat zu allen Zeiten in psychologicis der Feinheit und Divination ermangelt. Heute, wo er unter dem Hochdruck der Vaterländerei und Selbstbewunderung steht, verquickt und vergröbert er sich zusehends: wie sollte er dem Problem Wagner gewachsen sein!«

Doch wieder einmal hatte Nietzsche sich schwer verrechnet. »Ach was!« parierte Wagner, als Cosima ihm zum Bayreuther Dämmerschoppen den Zeitungsschrieb unter die Nase hielt, »Divination, Divination! Und dieser Spinner, der doch nur an meinem Ruhm partizipieren will, glaubt wirklich, Cosima, daß wir beide jetzt im Brockhaus nachschlagen, was das heißt, der alte Knaller, haha, hahaha!«

Von Gossensaß nach Mottl

Die Genialität des Schüttelreims

Der Wagen fuhr nach Gossensaß
durch eine rechte Soßengaß,
bis daß die ganze Gassensoß
sich über die Insassen goß

gründet so recht erst in dem Hintergrund des leicht spukhaften Zufalls, daß, welche Beobachtung jeder Brenner–Italien-Eisenbahnreisende kennt, das südtirolerische Dorf Gossensaß wegen der Gleis-Tunnelschleife zuerst rechts, dann links im Coupéfenster auftaucht; kein Wunder, daß der fiktive Wolfgang Hildesheimer auf seiner schwer wirrseligen Queralpenbahnfahrt Poschiavo–Graz in der Vision meines Erzählerfreunds H. auf der Höhe von Gossensaß sich besonders verirrt und genarrt und verschaukelt fühlt.

Dagegen, gegen diese schon metaphysische Absegnung der unio mystica von Sprache, Landschaft und Technik, kann der dem Dirigenten und Wagner-Spezialisten Hans von Bülow zugeschriebene Vierer-Schüttelreim, gemünzt auf den Wagner-Konkurrenzdirigenten Felix Mottl und seine »Tristan und Isolde«-Version

Geh ja nicht in Mottls Tristan
und hör dir des Trottls Mist an,
schaff lieber ein Drittel Most an,
trink dir mit dem Mittel Trost an

nicht ganz bestehen und wirkt wegen seiner etwas kontingenten thematischen Überführung ins Schluckspecht-Motiv vergleichsweise plump. Wenn man aber mit einkalkuliert, daß jener v. Bülow als Ex-Mann Cosimas gleichsam der Hahnrei Wagners war, sich aber wahrlich geniedienlich nicht an diesem rächte, sondern die Rache gleichsam thanatoslibidinös, ja christlich bruderliebend auf den Surrogat-Rivalen Mottl projizierte, dann hört sich die Sache schon wieder weniger »trist an« (R. Gernhardt).

I solde ihr mal genauer nachgehen.

Drei Mäuslein wachend, spähend, lauschend

Über Giacomo Puccinis »Madama Butterfly« und seine Heldin

Die gleichsam impressionistischen, wie schräg und zerdehnt und ebendeshalb beengt liegenden Terzketten sind, vielleicht nicht beim ersten, wohl aber beim abermaligen Hören, von der allergrößten Eindringlichkeit. Sie finden sich nach dem bekannteren Kirschduett des 2. Akts als sozusagen den »psychologischen Kommentar« sprechende »Situationsmusik«, so der Biograph und bisher wohl beste aller Puccini-Deuter, Mosco Carner (Frankfurt/Main 1996, S. 667), Cio-Cio-Sans etwas wirre und doch entschlossene Vorbereitung der geplanten Nachtwache untermalend; sie gehen eigentlich als harmonisch neugestaltige und vieldeutige Abwandlung zurück aufs alte, aus dem 1. Akt her bekannte Bonzen-Fluch-Motiv, welches sie hier nur zur melodischen Phrase verlängern und gleichsam etwas ins Nirgendwo hineinmodulieren; diese terzakkordliche kleine Szenenmusik nach Suzukis Wangenröten und Haarkämmen ihrer Herrin ist von einer besonders glasigen Härte, paradox aber auch von einer herzverengenden, herzzerdrückenden und -zerknitternden Weichheit; ihre zauberhaft anrührende Wirkung dankt sich zum Teil auch dem superben orchestralen Zusammenspiel von Streichern, Holzbläsern und gedämpften Hörnern, die den nahen Hafen von

Nagasaki mehr spirituell halluzinierend als mimetisch ohrenscheinlich machen; es folgen diese drei Takte den gleichfalls fast schaurigen, wie von fern her hallenden, ja wie klirrenden Terzfigurenschleifern eine Minute vorher und Cio-Cio-Sans bedeutungsschwerer Anweisung »pria portami il bimbo« –

– und es geht aber hier natürlich um viel mehr als um Impressionismus-Adaption und Leitmotiv-Gebrauch, den der fleißige Bayreuthwallfahrer Giacomo Puccini wohl auch vorher schon Wagner abgeschaut und -gelauscht hatte. Es geht hier wirklich um alles, ums Leben, es geht von hier ab um eine nicht mehr zu verhindernde Tragödie als um die forcierte Form und Gestalt dieses »psychologischen Musikdramas« (Carner, S. 652), des im engeren und zwingenden Sinn einzigen, welches Puccini schrieb. Hier in dieser quasi rezitativischen Zwischenmusik zwischen dem populären, wiewohl auch reichlich zwielichtigen Kirschduett und dem chorgesummten Aktschluß hat Madama Butterflys Schicksal seine Klimax erklommen und auch schon die Peripetie beschritten; hat ihre systematische und deshalb die Tragik doppelnde Selbsttäuschung ihr beinahe schon komödiantisches Ziel gefunden; und die Musik ahnt das genau und spricht es aus:

»Eine Phrase von nahezu unerträglicher Bitterkeit« (Carner, S. 667) ist aus dem alten kleinen Bonzen-Fluch-Motiv geworden, noch einmal und definitiv zum Austrag bringt sie Cio-Cio-Sans »jämmerliche Vergeblichkeit ihrer Hoffnung« wie gleichzeitig »ihre gänzliche Verlassenheit«, jedenfalls von ihrem amerikanischen Pseudoehemann und Ehetraum. Es wird nachgerade nötig, den schon übermäßigen Schmerzakkord ins Nachspiel des träumerischen und schmerzlösenden Summchors aufzuweichen, der dann sozusagen im mehr impressionistischen Matrosengesang des 3. Akts (nach anderer Zählung: des 2. Teils des 2.) wieder aufwacht – in dies äußerst delikat wortlose (»Coro a bocca chiusa«) und vollends zauberisch flöten- und pizzikatogestützte Wiegenlied, wie es Puccini als Inspiration von seinem eigenen Hausmädchen beigekommen sein mag, als »eine der poetischsten Situationen« (Carner, S. 667) aber nicht allein dieser poesierandvollen Oper, sondern der gesamtheitlichen Gattung. Die Fluch-Terzen schwingen und klingen freilich tonlos in ihm nach und über den Aktbeschluß hinaus: als ein extrem passionierter, kompassionierter, vom Komponisten bei allem gleichzeitigen Raffinement mimetisch, gleichsam stellvertreterlich mit erlittener Schmerzakkord; für manchen Hörer gleichfalls und als Alternative zum heute bekannteren Lulu-Schmerzakkord, wie er zwar erst 1937 öffentlich, von Berg aber tatsächlich schon akkurat im »Butterfly«-Uraufführungsjahr 1904 vorformuliert worden war.

Bei Puccini steht er inmitten aller ostkulturellen Pentatonik, aller Miniaturfreudigkeit und malerischen Japonaiserien und ungeachtet auch der formalen Zugehörigkeit seines Werks zur genuinen Opéra comique auf halber Höhe ihres Verlaufs im Zentrum seiner »wahren Tragödie« (Carner, S. 655); als zentraler und aber zarter Monolith im Nervgefüge der vielleicht anrührendsten und auch ergreifendsten aller Opern.

Wenn, für sich genommen, die beiden ersten, je knapp einstündigen Teile des »Trittico« von 1916/18 Puccinis formal Vollkommenstes vorstellen, so nähert sich dieser Stufe die zweieinhalbstündige »Madama Butterfly« konkurrierend immerhin eindrucksvoll an: Nicht ganz so konzis, stringent und ökonomisch im Bau wie jene beiden, etlicher Redundanzen und sentimental-pittoresker Girlanden und Manieriertheiten nicht vollends entratend, übertrifft »Butterfly« sie alle, alle übrigen Werke Puccinis, auch die heute allseits hochästimierte und modernere »Turandot«, in ihrer Leidensgestalt, in ihrem jenseits aller Phraseologie existentiell bedrohlichen und noch heutige Hörer und Zuschauer gewissermaßen weiter bedrohenden Ernst, Ernst als eine zuweilen bis ans nervlich Schmerzhafte gehende Bedrückung – als Weiterleitung ihrer eigenen Getroffenheit und der des Kompositeurs; bis hin zur Erzwingung veritabler und durchaus gemischter wehmütig-freudiger Tränen in der Konsequenz spätaristotelisch Schillerscher Tragödientheorie. Daß dabei gerade sie, die »Butterfly«, sich seit dem Mailänder Uraufführungsdebakel im Grunde immer und auch noch heute den besonders dämlichsten Fehleinschätzungen und Falschverständnissen ausgeliefert sah, das dürfte die verschiedensten Gründe haben, von der geradezu puccini- und auch richtiggehend opernfeindlich schlampigen Aufführungspraxis früherer Jahre bis hin wohl zu den sich nicht zuletzt daraus wiederum speisenden und hier ganz besonders töricht und tückisch sich selbst fortzeugenden Gerüchten von Süßlichkeit und Soldatenbrautliebe und Fernostkitschindustrie – als einem einst beliebten, heute offenbar ohne näheren Augenschein mehr negativ funktionierenden Logo und Emblem.

Fast kein Wort daran ist wahr bei Puccinis Oper.

Sondern mit einem Wort aus dem 2. Akt der »Manon Lescaut« kommt hier in der um elf Jahre jüngeren und noch besseren Operntragödie alles aus der Idee des »dolcissimo soffrir«, welches sich in der »Bohème« von 1896 auch mal zur »dolcezza estrema« erweitert findet – wäre überhaupt noch Steigerung denkbar, dann liefe es bei der »Butterfly« auf eine estremissima hinaus: eine Süße, die aber, bei einem ästhetischen Aristokraten wie Puccini eigentlich die bare Selbstverständlichkeit, nirgends süßlich und kandiert und parfümiert ist und keine Sekunde lang, dem Ondit zuwider, spekulativ und auf Dummenfang aus; sondern thematisch wie szenisch wie musikalisch immerzu obersten Anspruchs.

Es geht, wie häufig bei Puccini, um die Ambivalenz und also formale Balance von halb freiwilliger, halb unfreiwilliger Illusion und Selbsttäuschung, auch und in der Folge um die von Eigentlichkeit und Uneigentlichkeit, um Ernst und zugleich gleichsam Ernst zitierende Ironie – ein Verfahren seiner Oper, eine Naturbegabung des Komponisten wohl auch, die ihn zumindest in dieser Hinsicht sogar Verdi und Wagner überlegen macht, in der Komplexität und zugleich Zerbrechlichkeit der Kunstgestalten nämlich – allenfalls Mozart leistet im italienischen Fach Vergleichbares. Sozusagen synchron geht mit dem Kompositionsstil, dem teils schon zuhandenen Puccini-Idiom gleichsam unentschieden die Psychologie einher, als Spezifikum mehrerer, wenn nicht fast aller Puccini-Opern: Ganz ähnlich wie Manon/de Grieux, wie Tosca/Cavaradossi »weiß« natürlich auch Cio-Cio-San, jetzt »Madama Pinkerton, prego«, spätestens mit Beginn des 2. Akts, allerspätestens aber mit Konsul Sharpless' Auftauchen »il triste vero«, daß im Grunde längst alles aus, tutto finito, ist; glaubt auch sie natürlich im Ernst nicht länger an ihr Heil und daß der Ehemann zurückkommt; durch die eigene Musikkreation hindurch und durch deren Wahrheitscharakter ratifiziert, spürt sehr scharf sie, daß da nichts mehr zu erhoffen und zu salvieren ist – aber noch virtuoser und auch verbissener als jene Früheren zeigt sich die Kleine Frau Schmetterling als Verdrängerin und Selbstirreführerin, ja als wahre Meisterin eben darin: mit teils schon unglaublicher Raffinesse Hoffnung wider jede Vernunft zu hegen und zu hätscheln. Und daraus, daß auch Puccinis Musik mit größtmöglicher Diskretion alles immer in der Schwebe hält, entwickeln sich Kunstfiguren und -charaktere der durchaus höchsten Art, welche die »Butterfly« eben deshalb sogar zu einer recht schwer erträglichen Oper machen. Weniger wegen der traditionell kitschanfälligen Inszenierungsanstrengungen, wie sie aber heute zumeist ohnehin durch gleich dumm-blind-blindwütiges Aktualisieren zur Antikriegsoper und dgl. abgelöst sind. Vielmehr resultiert ihr fast einsam ragender Rang aus einer gewissen Rücksichtslosigkeit, mit der der Komponist, der Fama Puccini folgend und ihr doch auch gänzlich zuwider, beim hörwilligen Hörer und Zuschauer, wie eigentlich seit alters erwünscht, kompassionierte Leidensgefühle erzwingt. Es hat in der »Butterfly« Takte, die einem sogleich und ohne daß irgend Widerstand möglich wäre, das Wasser in die Augen sprießen lassen – offenbar aus genau jener Erde heraus, in die laut Kirschduett Cio-Cio-San ihre Tränen vorher versenkte.

Ob Isolde, Aida, Carmen, Pamina Empathie ähnlicher Art zu erwirken vermögen, sei dahingestellt; bei Puccini ist die Gabe schon Mimi und Minnie und Musetta und Magda und Manon gegeben (das Mama-Mütterlichkeits-Motiv sollte bei ihm auch mal dringender erforscht werden); erst recht und noch energischer Madama Butterfly. Die von Puccini seiner Protagonistin angetanen Mischverhältnisse sind dabei, vor allem seit dem 2. Akt, nicht allein von extremer Süßigkeit, sondern ebenso großer Subtilität: in der Verspannung des Süßen mit boden- und namenloser Traurigkeit, mit dem Kummer – »Dolore« heißt ihr Kind, die deutsche Version »Kummer« ist hier tatsächlich schöner, poetischer, symbolisch sprechender. Für den Lucceser Meister der kleinen, manchmal nur wie vorgetäuschten Melodie sind die kleinen Gefühle der Kleinen häufig die interessierenderen – hier bestätigt und erweitert sich jene bekannte Puccinische Ästhetik dahin, daß die Kleine Frau Schmetterling ihre größten Momente in den Übergängen hat, sie in den kleinen Zwischenstadien und Gefühlsgemischtheiten aufbringt:

Schon ihr komisches Schimpfen und Keifen mit der Dienerin Suzuki gehört hierher, die durchaus halbernste Morddro-

Giacomo Puccini

hung gegen sie. Der charakterisierende Eigensinn Cio-Cio-Sans im Verein mit den derart erzeugten geishahaften Reminiszenzen ist sogar ein bißchen unangenehm – verfolgt aber natürlich künstlerische Absicht: die aufgeregte Emotion notdürftig zu kaschieren – was wiederum die treue Dienerin treu auch im Nachfühlen schön durchschaut: »Come una mosca prigioniera« bebe ihrer Herrin »piccolo cuor« bei der Erwartung der Rückkehr P(L)inkertons und dann zumal beim Ansichtigwerden seiner Gattin Kate – wie eine gefangene Fliege, so wandelt Suzuki derart die Schmetterlingsmetapher präzis ins mehr Prosaische und Physiologische ab: das »quecksilbrige« (Carner, S. 674) Hin- und Hertrippeln und halb bedeutungsvolle, halb sinnlose Agieren Cio-Cio-Sans vor dem Nachtwachenritual kommt hier zur realbildlichen Eskalation und Konklusion – und zum Kollaps –: Der Schmetterling als Fliege geht daran zuschanden.

Ihre Wehrlosigkeit ist es, was Madama Butterfly-Pinkerton so bezwingend macht, ihre beharrliche Gefangenschaft zwischen »bonzeria« und Geishavergangenheit hie und dort Eheillusion, die aber nichts als Kummer ist und in die sie sich trotz eines (eine wunderbare Idee Puccinis!) zur atmosphärischen Aufhellung eintreffenden ehewilligen Fürsten Yamadori fortschreitend und ihre Selbsttäuschungsmanöver forcierend verstrickt. Und uns Zuschauer/Hörer mit dazu; gegen die Mitte des 2. Akts hin ist es, mit einer sieben Jahre später uraufgeführten deutsch-österreichischen Oper zu seufzen, schon wahrlich: »als lägen Stricke um das Herz«. Erst ganz am Ende zerreißt – so wie beinahe strawinskihaft desillusionistisch der h-moll-Schlußakkord brutal in die Sexte G – das Selbstbelügungsgefüge, bricht Cio-Cio-Sans Illusionstheater in sich zusammen – übrig bleibt die nackte und pure »paura« von Wahrheit, die Angst, welche der Anblick der fremden Kate Pinkerton der betrogenen Japanerin macht. Es ist die Todesangst, die ihr Schicksal besiegelt: mit der besten von drei denkbaren Entscheidungen sich der tragischen, nämlich so oder so unauflöslichen Verstrickung zu entwinden.

Vorher, in der Szene zwischen den beiden finalen Akten (bzw. nach anderer Zählung zwischen II, 1 und II, 2) kommt es aber noch zu dem allerletzten Illusionierungsversuch und mit ihm zu einer gewissermaßen negativen und an Feinheit, ja Schönheit kaum auslotbaren Idylle, zu einer selbst bei Puccini so nicht allzu häufigen Zärtlichkeitsepiphanie – in Musik wie Text wie szenischer Erfindung. Das wunderbare Motiv der Nachtwache selbdritt samt dem auf das imaginierte Schiff gerichteten Fernglas – es ist, freilich in Ermangelung der ganz und gar unentbehrlichen Duftmusik, erstaunlicherweise in Prosa schon ziemlich akkurat vorgebildet bei einem der Butterfly-Anreger, in John Lutter Longs ansonsten künstlerisch weniger wertvollen »Madam Butterfly«-Erzählung von 1898, die dann wiederum David Belasco zu jenem Einakter bewog, welcher Puccini entzündete. Szenischer Einfall und Worte konvergieren zu einer extremen, Süßigkeit wie Leid und Kummer schon fast hinter sich lassenden Verengung, die aber den kleinen und familiären Mikro- jetzt sogleich wieder in den Makrokosmos weitet:

Drei kleine Löcher macht Cio-Cio-San in die papierdünne Wand ihres Häuschens – »stille wie drei kleine Mäuschen«, »come topolini ad aspettar«, wird man zu dritt auf der Mutter Wunsch, fast schon Befehl, durch die ganze Nacht und die drei Löchlein hindurch auf den Hafen hinunteräugen, um nur den Ehemann, Vater und Herrn beim Eintreffen ja nicht zu versäumen. Dessen Ankunft, wie auch immer beschaffen, aber der Gewalt einer solchen herzzerreißend symbolischen Inszenierung freilich ohnehin nicht gewachsen wäre – was wohl auch und nicht zuletzt Cio-Cio-San weiß! Der Rest dieses also mehr nur so selbst sich genügenden Wartens braucht, ehe sodann der Summchor doch noch tröstend-trauernd einsetzt, im Charakter die höhere Gleichgültigkeit des Hirtenlieds aus der Rom-Oper wiederaufnehmend, schon fast gar keine Musik mehr. Das Kind Kummer sitzt auf dem Kissen und schläft aber bald seitwärts kippend ein; Suzuki hockend erst viel später; allein Cio-Cio-San, in einem letztdenkbaren Aufbieten von Stil- und aber auch noch und schon wieder Selbsttäuschungsanstrengung, hält bis zum Morgen aus und durch: »Butterfly stellt sich vor das oberste Loch und blickt regungslos, starr wie eine Bildsäule hindurch.«

Währenddessen Puccini jetzt den sehr träumerischen Einfall gebiert, dem das uns schon aus der Sharpless-Briefszene bekannte Pizzikato-Summwiegenlied zu unterlegen. Gewissermaßen ohne daß die Heldin es weiß. Um uns zu beschwichtigen; durch eine merkwürdig transzendierende, gewissermaßen schon außerirdische Heimeligkeit.

Es ist noch keine fünfzig, ja dreißig Jahre her, da glaubten Komponisten, zumal aus Italien, darauf bestehen zu müssen, der verstorbene Kollege Giacomo Puccini, wenn er schon zeit seines Ablebens der populärste aller gewesen sein sollte, ja der bekannteste Bewohner der westlichen Welt sogar, sei gewissermaßen dafür zum Ausgleich ganz ohne Interesse für sie und die Musikgeschichte. Die Namen der Betreffenden, die sich mit solchen Meinungen vor und nach dem Kriege dicktaten, sind heute schon ziemlich vergessen. Indessen akklamierten diesem meist pro domo praktizierten Naserümpfen ein ganzes Jahrhundert lang auch Schriftsteller von einigem Prestige, Feuilletonisten vom hier allerdings reichlich ahnungslosen Tucholsky über den kenntnislosen Adorno bis zum noch besinnungsloseren Willi Wüllenweber; mit pointierten Kraftsprüchen wie dem, wenn Lehár der Puccini des kleinen Mannes sei, dann Puccini dem kleinen Mann sein Verdi und umgekehrt oder was – Aphorismen, die lediglich allesamt einen Umkehrschluß gestatteten: Die Naserümpfler und ihr Ressentiment wissen bei günstiger Auslegung so recht eigentlich nicht, wovon sie da uneigentlich faseln.

Sich selbst fortfaselnder Unverstand war da am Wirken und Toben und ist es hier und da noch und milderte sich aber so mählich wie dialektisch erst grosso modo mit dem Segen des technischen Fortschritts einerseits und ausgerechnet im Zuge des kapitalistischen Verwertungsinteresses andererseits, nämlich mit dem nun weltweit hart konkurrierenden Opernbetrieb und der ihn begleitenden Plattenproduktion, zugunsten der die ersten Pultstars ebenso willig und wegen Puccinis sattsamer Opulenz für sich rentabel beitrugen wie die allerbesten Sänger, die da beide derart und quasi durch den Rang ihrer Interpretationen hindurch den verschütteten der Werke erst und z. T. erstmals hervorschälten.

Aber, die alte Geringschätzung wirkt nach. Noch der endlich auf deutsch vorliegende Mosco Carner (Puccini, 1958/1984/1996) dient als der in diesem Jahrhundert wohl gründlichste weltweite Kenner der noch weltweiteren Legende und hat durchaus unrecht, wo er Puccini lediglich als einen Sonderfall, nämlich als einen Bescheidenen, der zuweilen an die Grenze zum Großgenie vorrückt (S. 9), erachtet; den »Meinungsumschwung« in der Ästimation des Komponisten seit 1920 und vor allem seit 1950ff. zwar akzentuiert, jenen, der aus dem vermeintlichen und minderen Kitschier und allenfalls Kleinmeister den zumindest kleinen und jedenfalls serieusen Giganten macht; im Zuge dessen aber doch selber immer wieder und wie unter Zwang aufs alte Unwahre von wegen Zuckerbäcker und Seelen-, i. e. Hörerausbeuter zurückkommt. Dabei ist dafür sogar mit dem prominentesten Beleg, dem Liebesduett aus der »Butterfly«, der Beweis eben mitnichten zu führen. Weder ist die zuzeiten allzu populär gewesene Musik durchaus Schmalz und Fett – noch laboriert sie, so der etwas nachdenklichere Einwand, z.B. in Reclams Lexikon der Opernwelt von 1998, an dem elementaren Fehler, daß sie Cio-Cio-Sans und Pinkertons je unterschiedliche und nie und nimmer konvergierende Charaktere und Gefühlsniveaus unberücksichtigt läßt. Das stimmt nicht im Detail und auch nicht im Ganzen. Vielmehr läßt sich leicht und im Sinne von Dramaturgie plausibel geltend machen, daß der »vagabondierende« (1. Akt) Stromlinien-Yankee und Fastfood-Hochzeiter in seiner Eigenschaft als »un Americano« zwar auch »un barbaro« ist, so sagt es Butterfly in der ersten Fassung; daß aber, inmitten der »notte serena« und hingerissen vom Zauber der kleinen Japanerin, er seine Gefühle für opernmäßige zwölf bis zwanzig Minuten durchaus annähernd auf die Ebene seiner fünfzehnjährigen Braut zu heben vermag; vorübergehend sein Privatprogramm transzendierend, daß »amore« bloß eine »grillo« für einen »dovunque al mondo« herumflegelnden und »America forever!« bescheidwissenden Amerikaner sein darf.

Wenn Puccini insgesamt und im Sinne seiner genuin süßen Oper, aber auch der Sympathieerweckung für seinen Tenor, vor allem von Longs Vorgabe abweicht und Pinkerton-Linkerton zum sehr wohl gefühlsfähigen, zumindest periodisch generös-feurigen Charakter macht, so soll dies Duett darüber hinaus ja vor allem die Fiktion einer Utopie aufbieten, der per Liebe besiegelten Konkordanz, der Äquivalenz eines eigentlich zutiefst Heterogenen – nein, noch von ihm und seiner etwas prekären und nämlich gar zu einwickelnden Sentimenthaftigkeit aus versteht man Puccinis wiederholte und durchaus nicht bloß selbstbeschwörerisch übertriebene Versicherung, die Musik dieser seiner Oper habe ihm »der liebe Gott persönlich« eingegeben.

Allein, so wie die »Butterfly« nach ihrem Debüt von 1904 mit vier Umarbeitungen/Umdispositionen noch vor ihrem sogenannten und durchaus zweischneidigen Welterfolg sogleich als Schmerzenskind Kummer sich anließ (noch über der »Fanciulla« und vor und über den beschämenden Vorgängen rund ums »Trittico«), so war sie halt offenbar auch, im Großen wie im Kleinen, ganz besonders mißverständnisträchtig und -virulent; vornehmlich mit dem »Bimba dagli occhi pieni«-Liebesduett. Manches wurde einfach nicht richtig oder gar nicht gehört. Nicht viel anders als im Kirchen-Liebesduett der »Tosca« oder auch schon im »Quartett« der »Bohème« ist die Homogenität der Stimmen und mithin Empfindungen hier partiell auch ja eine bloß wieder ironische, eine ironisch simulierte, vermischte der Komponist auch hier kunstvoll-diskret die Wahrheitsebenen – neben Mozart und dem auch sonst nicht so ganz fernen Mahler ist Puccini einer der ganz wenigen, die in diesem Sinne »misto«, nämlich changierend ernst-unernst zu schreiben verstehen.

So wie sich Cio-Cio-San in jenem Duett außer zu sublimer Freude auch zur Koketterie fähig zeigt, sogar bei einer gewissen Neckischkeit Zuflucht sucht: so im folgenden auch – auch! – außer zu Sanftmut sowohl als Heldinnenmut zu einer seltsamen Dummheit, Bockischkeit, ja Sturheit. Etwa wenn sie, ebenso rührend und erhobenen Haupts wie auch ein bißchen töricht, ab dem 2. Akt partout als »Madama Pinkerton« angeredet werden möchte; wenn und wo sie letztlich via ihr Kind – und insofern wäre selbst die Person Pinkerton nur zweitrangig! – »americana« zu werden wünscht, eine seltsam fahle Interpretation, welche Puccini und Illica und Giacosa aber immerhin mindestens andeuten.

Hier, in der Kleinarbeit am sehr schillernden Charakter Cio-Cio-Sans, knüpft Puccini abermals bei einer seiner Sujetvorlagen an, Pierre Lotis 1887 erschienenem Roman von »Madame Chrysanthème« (in spiritueller Korrespondenz widmete Puccini schon vordem der schwer morbiden Blume eine kleine orchestrale Tondichtung resp. ein Streichquartett): ans Motiv der kultivierten Geisha nämlich innerhalb einer kurios befristeten Pseudo-Ehe, wofür es wohl historische Parallelen gibt –

– als Meister der »kleinen Gefühle« und entsprechender kleiner Melodien läßt der Komponist im Verein mit seinen beiden Librettisten die Betrogene und tschechownah immerzu Wartende am Ende auch recht infantil und kleinsinnig und sogar penetrant für Bimbo Dolore die amerikanische Staatsbürgerschaft erträumen, als eine seltsamliche Art von Ersatzbefriedigung und nicht mehr allzu mutterliebender Rechthaberei; und ihn deshalb, weniger real als halluziniert, auch noch die amerikanische Fahne hissen –

– und aber mehr noch als zuvor läuft Puccini jetzt in der Vermischung des Kleinen und Großen, des Albernen und sogar Verlogenen mit dem Heroischen, zu größter Form auf – gerade indem er, jetzt aufs Ende hin, Cio-Cio-San auch ein bißchen als kitschfroh und sogar abstoßend vorführt. Das immer ergreifende, einen Hauch aber auch verlogene, nämlich erpresserische »Onore«-Grundmotiv, welches sie final zum suicidalen Dolch des Vaters greifen heißt, es hat auch, sogar auf melodramatischer Opernebene, ein überkommen Verqueres – so wie der Heldin eigenwilliger Gedanke, der Knabe möge einmal später keine Schuld fühlen, wenn er übers Meer in sein eigentliches Vaterland fahre, ein eigentümlich Verschrumpeltes im Pathetischen und Sentimentalen. Wunderbar vorher schon in diesem bald allseitigen Selbstverwirrungszusammenhang, wie Butterfly die eigene Hoffnungslosigkeit anheizt, indem sie sich durch besonders unverhältnismäßiges Schimpfen bei der besonders unschuldigen Dienerin austobt und projektiv statt an Pinkerton an ihr sich schadlos hält – schöner noch, wie sie derart Suzuki mehr und mehr zu einer der eindrucksvollsten Nebenfiguren der Opernliteratur macht, fast unwillentlich zu einer abermals ergreifenden, ja zur – geheimen Hauptfigur! Wo sich alle anderen am Ende entziehen, durch Rückkehr nach Amerika, ins Konsulat oder eben durch den Freitod, da bleibt allein Suzuki übrig – bleibt die arme Suzuki ganz allein zurück – als die leidvollste, verzweifeltste Person, jetzt ohne jeden Halt, nicht einmal den ihr bis dato gewährten des gemeinsamen Austragens oder auch Austarierens der hoffnungsspärlichen Illusionen im Verein mit Mrs. Pinkerton hat man ihr belassen. Daß die eigentlich nur wenig Singende derart beinahe unversehens zum sozusagen ex negatione schimmernden Star der Szene wird: diesen Kunstgriff hätten Verdi, Wagner, Strauss nimmermehr erwirkt, und auch Puccini gelang dieses kein zweites Mal. Er allein ratifiziert noch einmal den obersten Rang des Werks.

»Die empfindungs- und ausdrucksstärkste Oper, die ich je geschrieben habe«, so faßte es der Komponist nach dem Mailänder Uraufführungsdebakel nicht bloß trotzig an einen Freund. Es handelte sich um jene, die ihren, nach Puccini, größten professionellen Fan bislang in Leoš Janáček hatte, jenen, der mit Jenufa und Katja Kabanowa nicht ganz unähnliche Frauenschicksale veroperte, kompositorisch übrigens im Sinne von Moderne kaum radikaler. Jedoch selbst unter ihren Enthusiasten hat man vorerst noch keinen vernommen, der sich bei Puccinis eigener Lieblingsoper für ihren letzthinnigen Finaleinfall stark gemacht hätte. Der mutet wahlweise etwas zufällig und notlösungshaft an – oder spekulativ, mindere Emotionen befriedigend. Der Eindruck täuscht:

Vielleicht braucht es wiederholtes Hören im Verein mit einer gewissen parapuccinoiden Inspiration, um zu erahnen, daß der Komponist, unmittelbar vor dem chocartig-modernistischen Tonartenwechsel des Beschlußakkords, mit dem dreifach aus dem Hintergrund und also eher sordiniert hervortönenden »Butterfly«-Ruf des Tenors durchaus keine billige und probate, ja letztendlich sinnlose Arrondierung im Sinn hatte. Sondern mit ihr nur einen genialen Gedanken zu Ende brachte. Denn exakt dies ja hatte Cio-Cio-San am Schluß ihrer großen Ges-dur-Arie als dereinstige Wunsch-Chimäre vorformuliert: daß er, Pinkerton, dann, sobald er wiedergekommen, »Butterfly!« rufe »von weitem« (»dalla lontana«) und sie sich jedoch »verborgen« (»nascosta«) halten werde – um am Glück dieser noch entfernten Stimme »nicht schon zu vergehen«.

Nun, am Ende der Oper, vergeht sie ebendaran. Es ist dies eine bis ins Detail genaue Wiederholung und Spiegelung zwischen 2. und 3. Bild. Es hat etwas Brutales und ein letztmals Geniales: Man mache sich klar, daß Cio-Cio-San, indem sie sterbend und so weit noch ihre Kräfte reichen, auf die Stimme zukriecht, wohl ohne ihren Träger nochmals zu sehen noch vielleicht auch sehen zu wollen, triumphal den ihr akkuratest vorschwebenden, den mithin schönsten, den euphorischsten aller Operntode stirbt:

»Butterfly! Butterfly! Butterfly!«

Opernquiz

1. *Was sind die eindrucksvollsten jahreszeitlichen Anachronismen der Operngeschichte – und was gerade nicht?*

In Wagners »Meistersingern« duftet der Flieder akkurat am 23. Juni; im wirklichen Nürnberg meist Ende April. In Mascagnis »L'amico Fritz« werden schon anläßlich des »dolce aprile« im berühmtschönen Kirschen-Duett ebenjene besungen; sie tragen in den Elsaß-Landschaften der »Freund Fritz«-Örtlichkeit aber frühestens im Juni Frucht.

Hingegen sind die »duftenden Orangen« zu Ostern in Mascagnis »Cavalleria« kein Zeitmißgriff: In Sizilien, wie in Rom, gibt es sie da als Früchte nämlich bereits.

2. *Wo wird außerdem der April extensiv gefeiert, wo der Mai?*

Der April, klar, in Puccinis Opernzweitling »Edgar«, wo der Tenor in Des-dur sogar »quell alba d'april« bestaunt. Der Mai aber? Noch klarer, »Andrea Chénier«: »Come un bel dì di maggio ...«

3. *In welchen Verismo-Opern stirbt die Heldin jeweils an – ausgerechnet Blumen?*

In Cileas »Adriana Lecouvreur« sowohl als in Puccinis »Suor

Angelica« – jeweils an ihrem Gift nämlich. Allerdings: einmal am Duft, einmal am Trank.

4. Welche opernstrategische Kausalkorrelation ist noch vollkommen unerforscht, ja war bis vor fünf Minuten selbst von mir noch ziemlich unentdeckt?

Die zwischen veristischer (naturalistischer) Oper und Gebirge bzw. Mittelgebirge. Während klassische Oper so gut wie immer in der Ebene spielt (Lohengrin, Meistersinger, Cosi fan tutte, Aida, Rigoletto usw.), trägt sich jene so gut wie immer stark erhöht zu: Puccinis »Le Villi« im Schwarzwald, Mascagnis »L'amico Fritz« in den Vogesen, »Cavalleria« in Sizilien. Catalanis »La Wally« im Schweizer Alpendorf Hochstoff (!) und d'Alberts »Tiefland« dort eben nur zum ungünstigeren Teil. Insofern wäre veristische Oper wohl der wichtige Vorläufer des Berg- und Heimatfilms.

5. Wenn Verdi im 1. Akt des »Otello« mit dem Entree des Helden (»Esultate!«) paradoxerweise den schon zehn Jahre älteren Auftritt Enzos in der Oper »La Gioconda« seines Schülers und Epigonen Ponchielli stilzitiert (»Assassini!«); wen zitiert er aber dann am Ende des 3. Akts mit Jagos »Ecco. Il Leone!«?

Nein, weniger Barnaba (»Oh monumento«) in der Ponchielli-Oper. Sondern diesmal vorwegnehmend um volle dreizehn Jahre das Werk seines besten Adepten, Puccini; das Finale des 2. »Tosca«-Akts: »E avanti a lui tremava tutta Roma!«

6. Wer aber stellt den gewagtesten, den ambitioniertesten Satz der Opern-, ja vermutlich der gesamten Dramengeschichte?

Nein, diesmal eben nicht schon wieder Jago mit seinem vergleichsweise harmlos-atheistischen Credo, daß nach dem Tode »nulla« kommt. Sondern keine andere als die Prinzessin von

Bouillon in Cileas Oper »Adriana Lecouvreur« aus der Zeit von 1730 (Uraufführung 1902): daß jene Adriana ihr den Maurizio rauben will, das, so sie, »perdonar nol potrei nemmeno a Dio – das verzeihe ich nicht einmal Gott«.

Kein Wunder, daß sie schon fünf Minuten später nach der Kraftanstrengung dieser Nietzsche-Fortschreibung mit der Frage an den Abbé sich etwas durchhängen lassen muß: »Ist mein Rock zu kurz?« Kurzum, man darf für diesen Fin de siècle-Zeitraum mit G. Puccini (Brief an die Mutter vom 18. 12. 1880) zusammenraffen: »Hier schreiben alle Opern, was das Zeug hält« (Carner, S. 77).

7. In welcher Oper waltet die allergrößte Komponisten-Infamie resp. -Sadomasochie?

»Götterdämmerung« ist auch ein guter Tip. Daß Siegfried kurz vor seiner Ermordung noch ein wagnertenorwidriges hohes C zu singen hat und dann drei Strophen lang die Waldvogel-Erzählung in dessen, des Vogels, schwerst stressigem A-dur-Idiom durchhalten muß, das ist schon eine grausame Strafe. Aber noch härter trifft es Kundry. Während ihre Mezzo-Kollegin Eboli in Verdis »Don Carlo« nach ihrem großen As-dur-Arien-Abgang wohl mehr aus Versehen und in der Folge der etwas unübersichtlichen Umarbeitungskonfusionen im nächsten Bild fast wortlos, aber nur kurz nochmals auftreten muß, derweil hat Kundry nach ihrem Großeinsatz im 2. im 3. »Parsifal«-Akt nur mehr annähernd eineinhalb Stunden lang auf der Bühne herumzustehen, -liegen, -hängen; und dabei zweimal heftig zu »stöhnen«; einmal einen Schrei zu tun; und dann zweimal, auf einem Ton, »dienen« zu sagen, »dienen«. Eine subtile Rache Wagners an der ihm zügig lästiger werdenden Cosima? Das auch, vor allem aber eine gralsprofanierte Neufassung des altbewährten »Taceat mulier in ecclesia«: Es habe die Frau zu schweigen, wo es um die höheren Weihen des Männerstammtisches geht.

Und darf an den Männern, wenn sie ihnen schon nicht das Wasser reichen kann, aber immerhin eine Art Fußwaschung vornehmen.

Und wird, Übermaß der Güte, von Chauvi Wagner dafür sogar zum Dank getauft.

Opernquiz-Bonus

Wer bisher mitgekommen ist und alles einigermaßen richtig geraten hat, der darf auch das folgende schwere Rätsel noch lösen:

Wie kommt es, daß in einem ansonsten hochgediegenen Aufsatz über Tenöre (»Der Tenor ist ein singendes Erotikon«) in der »Opernwelt« 12/1996 der Autor Stephan Mösch ganz am Ende aus einem Brief Mozarts an den Vater zitiert: »Und allemahl diese Tenori hauen mich toujours fast um«, den aber – Mozart nie im Leben geschrieben hat?

Na? Naaa??

Nein, die richtige Antwort kann man hier einfach nicht rauskriegen, fast nicht einmal Gedächtnisvirtuosen wie ich. Sogar ich habe ca. elf sec. drüber nachdenken müssen. Bis mir alles klar wie der Tag ward. Dabei ist, jedenfalls für mich, die Antwort so naheliegend: Genau, S. Möschens wahrlich rarer Fauxpas rührt daher, daß er aus einem Aufsatz, »Erlösung durch den Tenor« von Eckhard Henscheid, also praktisch von mir, zitiert (Verdi ist der Mozart Wagners, Stuttgart 1991, S. 198), in welchem ein längeres Briefzitat an den »mon très cher Père« zwar korrekt Mozart zitiert – gerade die obige einverwobene Tenor-Passage aber ist sodann restlos getürkt.

Nun, das kommt davon, wenn man mir gar zu bedingungslos vertraut. Schon manche gar zu harmlose Zeitgenossen haben da bitterlich ins Gras beißen müssen. Ja. Warum aber – Bonus-Supplement-Frage – habe ich derart verräterisch getürkt? Naaaaa? Na klar, um Mozart auf diese Weise eine kleine Hommage für seine Türkenoper »Idomeneo, König von Zypern« darzutun; bzw. nein, natürlich Unsinn, sondern vielmehr deshalb, weil ich als alter Rassist neueren Zuschnitts den Türken insgeheim so hasse. Hasse, hasse, hasse, hasse und verachte, wie sonst nur Verdi. Verdi – Supplement 2 – aber wo?

Genau: »Otello« 1. Akt, »Forza«, vorletztes Bild.

Ach darum

Wußten Sie schon, daß – Herbert Rosendorfer scheint's hat's herausgefunden – der Musikschriftsteller Eduard Hanslick und der Philosoph und Musikschriftsteller Theodor W. Adorno am gleichen Tag (11.9.) geboren *und* gestorben (6.8.) sind? Das aber kommt gewiß daher, daß Hanslick in Richard Wagners »Meistersingern« für jenen komisch »jüdischen« Stadtschreiber Beckmesser das Modell abgab, dem der Jude Adorno einst die Ehrenrettung schrieb, der nämlich sei jenseits allen landläufigen Karikaturverdachts die musikalisch erheblichste Gestalt in der Oper jenes zeitweilig judenfeindlich schriftstellernden Wagner, der ja auch nicht zufällig im gleichen Jahr wie Verdi, Hebbel, Büchner, Kierkegaard und Otto Ludwig geboren wurde: dem deshalb sog. Dramatikerjahr 1813.

Obschon der Kierkegaard halt schon partout keiner ist.

Der italienische Gast- und Startenor Franco Bonisolli beschwert sich anläßlich einer Aufführung von Ponchiellis »La Gioconda« an der Berliner Deutschen Oper am 27. Januar 1988 mitten im Duett des 2. Akts mit Laura und von der Bühne herunter in rasendem Sprechschwall beim spanischen Hausdirigenten Miguel Gomez Martinez über dessen gar zu schleppende Tempi – ein selbst für »Rambo« Bonisollis skandalumwitterte Verhältnisse wohl unerhörter Vorgang vor den hingerissenen Ohren und Augen sowohl des Zeichners als auch des Autors dieses Buchs. Die beide bei insgesamt vierundneunzig Jahren Opernerfahrung dergleichen sonst noch niemals erlebt haben; weder in Deutschland noch in Italien.

Nachweise

Warum Frau Grimhild Alberich außerehelich Gunst gewährte. Vortrag in der Frankfurter Oper anläßlich einer Neuinszenierung des »Ring« im Oktober 1994. Abgedruckt in Gondroms Bayreuther Festspielmagazin 1995.
Splitter zu »Don Giovanni«. In: Programmheft Städtebundtheater Hof, September 1994. In einigen Partien übernimmt und rezitiert der Text Passagen aus den analogen Arbeiten der »Musikplaudertasche« und des Opernführers »Verdi ist der Mozart Wagners«.
Winterreise eines Genies. In: Stuttgarter Zeitung vom 25. 1. 1997. Leicht überarbeitet.
Das dreigeteilte Unikum. In: Oper in Hamburg – Jahrbuch 1995.
Es ist ein Ros entsprungen. In: FAZ-Sonntagszeitung vom 29. 11. 1992.
Der große Fehler des Don José ... In: Frankfurter Rundschau vom 13. 3. 1972.
Warum ich Carmen nicht möchte. In: Jahrbuch der Bayerischen Staatsoper 1992/93.
Wagner-Märlein. In: konkret 6/97. Ein z. T. analoger Text findet sich in Eckhard Henscheid/Gerhard Henschel: Jahrhundert der Obszönität, Berlin 2000.
Die Göttin, die nicht so recht eine sein will. In: Aviso 1/98.
Oper – Definitionen. In: Brunner/Moritz, Literaturwissenschaftliches Lexikon, Berlin 1997. Es handelt sich um eine ergänzte und jetzt definitive Version eines Erstversuchs des »Opernführers« von 1979 ff.
»Falstaff«-Miszellen. In: Programmheft Salzburger Festspiele 1993.
Lieber Maestro – lieber Boito. In: Merkur 2/88.
Des Volkes wahrer Himmel. In: Deutsche Zeitung vom 30. 7. 1976.

Tango und Terzen. Zuerst in: Max/Moritz (Hg.), Schlager, die wir nie vergessen, Leipzig 1997, S. 29ff.
Das Unzulängliche: wohl doch ein Ereignis. In: Programmheft Frankfurter Oper, Januar 1994.
Loriots »Ring«. In: Titanic 3/94.
Opern-Travestien. In: Titanic 10/95.
O giubilo, o infamia! In: Secco 2/94.
Jauchzen möcht' ich, möchte weinen. Geschrieben für Secco 3/94 – wegen Ruin des Blatts nicht mehr erschienen.
Elektrisierende Musik. Bayerischer Rundfunk, 13.2.1994. Eine etwas kürzere Version wurde im Jahr zuvor vom NDR gesendet.
Kokette Kokottenhaftigkeit. Zuerst in: Holger Jenrich, Meine erste Platte, Frankfurt/Main 2000.
Vom Opernsüden nichts Belangvolles. In: Merkur 4/81.
Die Schwalbe kehrt werweiß zurück. In: Die Zeit vom 29.12.1995 (dort gekürzt).
Was ein Quatsch. In: Profil vom 8.7.1996.
Das Genie und der Terrorist. In: FAZ vom 2.12.1997 (dort gekürzt).
Millöcker-Mahler-Krakau. In: Titanic 5/98.
Mozarts »Zauberflöte«. Zuerst in: Michael Sowa, Prinz Tamino, Berlin 2000.
Vom Ursprung der Ohrwürmer. In: Abendzeitung München vom Okt. 1998.
Oscar Straus-Operette u.m.a. In: Titanic 6/2000.
Lehrstunde des Gefühls für Laura. In: Frankfurter Rundschau vom 29.4.2000.
Syntax, Rezeptionsästhetik, Identitätskultur. In: Büchner, Oktober 2000.
Busch, Kremplsetzer u.a.m. In: Titanic 6/2000.
Wagner-Anekdoten. In: Merian Franken, 1995 (dort gekürzt).
Von Gossensaß nach Mottl. Zuerst in: Eckhard Henscheid, Über Manches, Zürich 1996.
Drei Mäuslein wachend, spähend, lauschend. Unveröffentlicht.
Opernquiz. Unveröffentlicht.
Opernquiz-Bonus. Unveröffentlicht.
Ach darum. In: Titanic 3/97. Ein analoger Text findet sich in Eckhard Henscheid/Gerhard Henschel/Brigitte Kronauer, Kulturgeschichte der Mißverständnisse, Stuttgart 1997.

Eckhard Henscheid
Goethe unter Frauen
Elf biographische Klarstellungen
mit zahlreichen Illustrationen von Klaus Ensikat

Ach, sie sind alle vergessen, alle totgeschwiegen – die Frauen in Goethes 83jährigem Olympierleben. Was dachten eigentlich Friederike Brion und Bettina von Arnim, Frau von Stein und Ulrike von Levetzow, Marianne von Willemer und nicht zuletzt Christiane und Gretchen von ihrem Freund? Eckhard Henscheid bricht ihr Schweigen, läßt sie endlich zu Wort kommen und schildert, wie sie Goethe sahen, erlebten und zu guter Letzt allesamt wieder loswurden.

»Was für ein Genie ist dieser Autor!«

Berliner Zeitung

»Das raffinierteste Buch, das das Goethe-Jahr mit sich brachte. Etwas anderes war von Henscheid ja auch nicht zu erwarten.« *Die Welt*

230 Seiten
Gebunden
ISBN 3-8286-0084-0

Eckhard Henscheid/Gerhard Henschel
Jahrhundert der Obszönität
Eine Bilanz

Welcher Begriff erfaßt die Signatur des 20. Jahrhunderts genauer als der der Obszönität? Schamlos war, wie Eckhard Henscheid und Gerhard Henschel zeigen, beinahe alles – von der nationalen Begeisterung angesichts des Ersten Weltkriegs bis hin zu den finalen Vorgängen rund um Lady Di. Und nimmt man verbindend Freuds alte Diagnose hinzu, daß Verlust von Scham Schwachsinn befördere, im individuellen wie im kollektiven Leben, so wird rasch einleuchtend, daß es wenig Anlaß zur Zuversicht gibt.

»Ein Standardwerk wider die Dummheit – von stilistischer Eleganz.« *Die Woche*

»Herrlich amüsante Bestandsaufnahme.« *Die Presse*

608 Seiten
Gebunden
ISBN 3-8286-0057-3

Umschlaggestaltung: Ott + Stein, Berlin
Umschlagreproduktion: MetaDesign AG, Berlin
Buchgestaltung: Ⓢ sans serif, Berlin
Reproduktionen: Mega-Satz-Service, Berlin
Gesetzt aus der Apolline
Druck und Bindung: Clausen & Bosse, Leck
Printed in Germany 2001
ISBN 3-8286-0115-4